You should know these
essential rules

TOEIC® L&R テスト 800点攻略 ルールブック

改訂版

石井洋佑

テイエス企画

はじめに

「仕事で英語を使うためにスコアがどのくらい必要か聞かれることがあるんですけど、正直どう答えていいかわからないんですよね」
「決まってるじゃない。800 点でしょ」
「一般的には 900 点と言われませんか？」
「それはマニアか英語を専門にしている場合でしょ？　仕事で使うのにそんなハイスコア必要ない」
「でも、800 じゃ実際は話せない人も出てくるかも…」
「それは 900 点以上でも同じこと。800 点あれば、ある程度は聞き取れるし、本人にその気さえあれば、場数を踏んでいくうちにかなり上手くなるものよ」

企業の人事部に勤める友人とこの会話を交わすまでは全く意識していませんでしたが、800 点というスコアはある程度「英語ができる」という判断をする上で便利な指標かもしれないと思うようになりました。確かに800点台の人はそれなりに語彙力もあります。スピーキングが苦手だという人がいても、全く話せない、というわけではないでしょう。逆に、英会話は好きだけれど文法は嫌い、というタイプの学習者でも、800 点台の人は致命的な文法の間違いはあまりしません。

本書は、800 点とそれに見合うだけの英語力を無理なく身につけられるように書きました。800 点を取るのに必要な英語力というのは、600 点と 730 点の人より難しい知識を追いかけるのではなく、精度が高い勉強をする必要があります。精度の高い勉強というのは、簡単に言えば、得点を取る部分に一見関係がなさそうな部分をできるようにすることです。例えば、リスニングで全部聞き取れなくても正解できますが、聞き取れなかった部分がコロケーションだったり、限定詞や前置詞だったりするわけです。ですから、全部とは言わなくても少しずつでも聞き取れるようにする工夫が大事です。スコアは狙って「取りに行く」ものではなく、こういった学習を積み重ねていけば、自ずと向こうから「やってくる」ものです。みなさんの学習がスムーズに進むことを祈っています。

石井 洋佑
Yosuke Ishii

目次

本書の構成と使い方

本書はミニサイズの TOEIC L&R 形式の模試になっています。取り組みやすい分量のミニ模試ですので、無理なく続けられます。ミニ模試は Unit 1 から Unit 14 まであり、各 Unit を本試験でよく取り上げられるテーマ別にまとめました。模試を解きながら、そのテーマに関連する語句や表現もまとめて学ぶことができます。

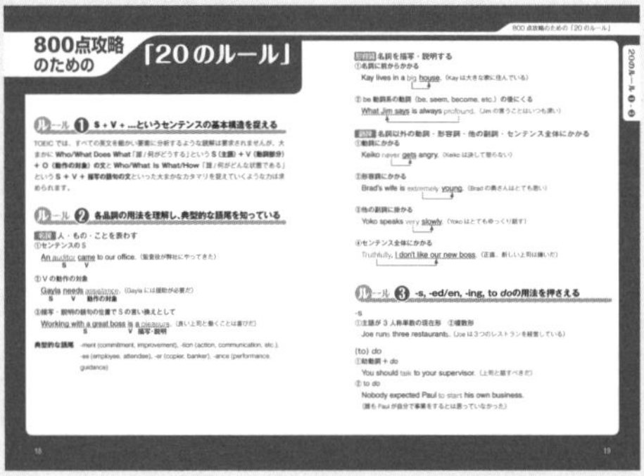
800点攻略のための「20のルール」

ルール ❶ S + V + ...というセンテンスの基本構造を捉える

ルール ❷ 各品詞の用法を理解し、典型的な語尾を知っている

名詞 人・もの・ことを表わす

An auditor came to our office.

Gayla needs assistance.

Working with a great boss is a pleasure.

典型的な語尾 -ment (commitment, improvement), -tion (action, communication, etc.), -ee (employee, attendee), -er (copier, banker), -ance (performance, guidance)

形容詞 名詞を描写・説明する

Kay lives in a big house.

What Jim says is always profound.

副詞 名詞以外の動詞・形容詞・他の副詞・センテンス全体にかかる

Keiko never gets angry.

Brad's wife is extremely young.

Yoko speaks very slowly.

Truthfully, I don't like our new boss.

ルール ❸ -s, -ed/en, -ing, to doの用法を押さえる

-s

Joe runs three restaurants.

(to) do

You should talk to your supervisor.

Nobody expected Paul to start his own business.

800点攻略のための「20のルール」

本書の最大の特長である **TOEIC の「解法法則＝ルール」全 20** をまとめたページです。ミニ模試に取り組む前に読んだり、学習途中で参照したり、試験直前の復習に使ったりなど、有効にご活用ください。

問題

まずは模擬試験のように**時間を計って**解いてみましょう。実際のテストはリスニング 100 問、リーディング 100 問ですが、本書では取り組みやすいように、1 Unit 20 ～ 23 問になっています。問題に直接答えを書きこまず、**別紙に答えを書く**ようにしましょう。

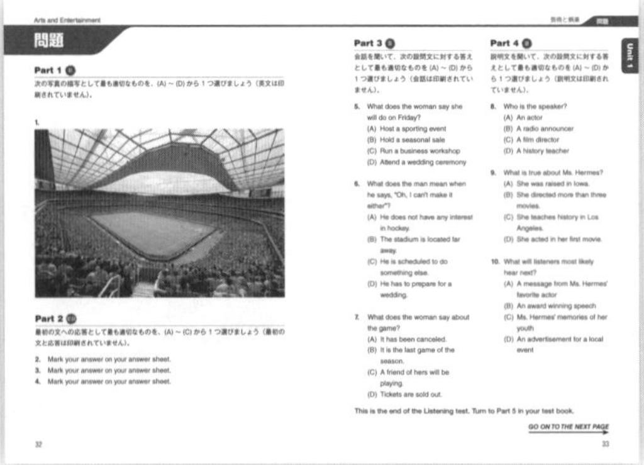
Arts and Entertainment

問題

Part 1

次の写真の描写として最も適切なものを、(A) ~ (D) から 1 つ選びましょう（英文は印刷されていません）。

1.

Part 2

最初の文への応答として最も適切なものを、(A) ~ (C) から 1 つ選びましょう（最初の文と応答は印刷されていません）。

2. Mark your answer on your answer sheet.
3. Mark your answer on your answer sheet.
4. Mark your answer on your answer sheet.

Part 3

会話を聞いて、次の設問文に対する答えとして最も適切なものを (A) ~ (D) から 1 つ選びましょう（会話は印刷されていません）。

5. What does the woman say she will do on Friday?
(A) Host a sporting event
(B) Hold a seasonal sale
(C) Run a business workshop
(D) Attend a wedding ceremony

6. What does the man mean when he says, "Oh, I can't make it either"?
(A) He does not have any interest in hockey.
(B) The stadium is located far away.
(C) He is scheduled to do something else.
(D) He has to prepare for a wedding.

7. What does the woman say about the game?
(A) It has been canceled.
(B) It is the last game of the season.
(C) A friend of hers will be playing.
(D) Tickets are sold out.

Part 4

説明文を聞いて、次の設問文に対する答えとして最も適切なものを (A) ~ (D) から 1 つ選びましょう（説明文は印刷されていません）。

8. Who is the speaker?
(A) An actor
(B) A radio announcer
(C) A film director
(D) A history teacher

9. What is true about Ms. Hermes?
(A) She was raised in Iowa.
(B) She directed more than three movies.
(C) She teaches history in Los Angeles.
(D) She acted in her first movie.

10. What will listeners most likely hear next?
(A) A message from Ms. Hermes' favorite actor
(B) An award winning speech
(C) Ms. Hermes' memories of her youth
(D) An advertisement for a local event

This is the end of the Listening test. Turn to Part 5 in your test book.

GO ON TO THE NEXT PAGE

ミニ模試の問題数と目標時間は、各 Unit の扉に掲載しています。

解答と解説

正解の横に**「800 点攻略のための『20 のルール』」の番号**が示してありますので、適宜参照してください。**「ここも押さえよう！」「例文でチェック！」**などのコラムは本試験に役立つ内容ですので、正解した場合でも目を通すことをお勧めします。

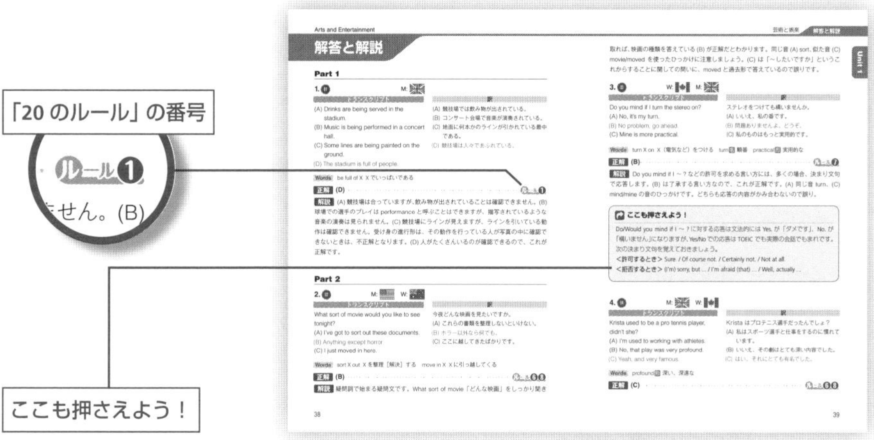

Arts and Entertainment

解答と解説

Part 1

1. M:

トランスクリプト

(A) Drinks are being served in the stadium.
(B) Music is being performed in a concert hall.
(C) Some lines are being painted on the ground.
(D) The stadium is full of people.

訳

(A) 競技場では飲み物が出されている。
(B) コンサート会場で音楽が演奏されている。
(C) 地面に何本かのラインが引かれている最中である。
(D) 競技場は人々であふれている。

Words be full of X X でいっぱいである

正解 (D) ルール❶

解説 (A) 競技場は合っていますが、飲み物が出されていることは確認できません。(B) 球場での選手のプレイは performance と呼ぶことはできますが、描写されているような音楽の演奏は見られません。(C) 競技場にラインが見えますが、ラインを引いている動作は確認できません。受け身の進行形は、その動作を行っている人が写真の中に確認できないときは、不正解となります。(D) 人がたくさんいるのが確認できるので、これが正解です。

Part 2

2. M: W:

トランスクリプト

What sort of movie would you like to see tonight?
(A) I've got to sort out these documents.
(B) Anything except horror.
(C) I just moved in here.

訳

今夜どんな映画を見たいですか。
(A) これらの書類を整理しないといけない。
(B) ホラー以外なら何でも。
(C) ここに越してきたばかりです。

Words sort X out X を整理［解決］する move in X X に引っ越してくる

正解 (B) ルール❻❽

解説 疑問詞で始まる疑問文です。What sort of movie「どんな映画」をしっかり聞き取れば、映画の種類を答えている (B) が正解だとわかります。同じ音 (A) sort、似た音 (C) movie/moved を使ったひっかけに注意しましょう。(C) は「～したいですか」というこれからすることに関しての問いに、moved と過去形で答えているので誤りです。

38

芸術と娯楽 解答と解説

Unit 1

3. W: M:

トランスクリプト

Do you mind if I turn the stereo on?
(A) No, it's my turn.
(B) No problem, go ahead.
(C) Mine is more practical.

訳

ステレオをつけても構いませんか。
(A) いいえ、私の番です。
(B) 問題ありませんよ、どうぞ。
(C) 私のものはもっと実用的です。

Words turn X on X（電気など）をつける turn 名 順番 practical 形 実用的な

正解 (B) ルール❼

解説 Do you mind if I ～？などの許可を求める言い方には、多くの場合、決まり文句で応答します。(B) は了承する言い方なので、これが正解です。(A) 同じ音 turn、(C) mind/mine の音のひっかけです。どちらも応答の内容がかみ合わないので誤り。

ここも押さえよう！

Do/Would you mind if I ～？に対する応答は文法的には Yes. が「ダメです」、No. が「構いません」になりますが、Yes/No での応答は TOEIC でも実際の会話でもまれです。次の決まり文句を覚えておきましょう。
<許可するとき> Sure. / Of course not. / Certainly not. / Not at all.
<拒否するとき> (I'm) sorry, but ... / I'm afraid (that) ... / Well, actually ...

4. M: W:

トランスクリプト

Krista used to be a pro tennis player, didn't she?
(A) I'm used to working with athletes.
(B) No, that play was very profound.
(C) Yeah, and very famous.

訳

Krista はプロテニス選手だったんでしょ？
(A) 私はスポーツ選手と仕事をするのに慣れています。
(B) いいえ、その劇はとても深い内容でした。
(C) はい、それにとても有名でした。

Words profound 形 深い、深遠な

正解 (C) ルール❻❽

39

◆ テーマ別ボキャブラリー

テーマごとに**キーワードとなる語彙**を整理しました。本編に載せられなかったものも含まれています。**語彙は正しい発音とともにどう使われるかを意識しながら**覚えることをお勧めします。

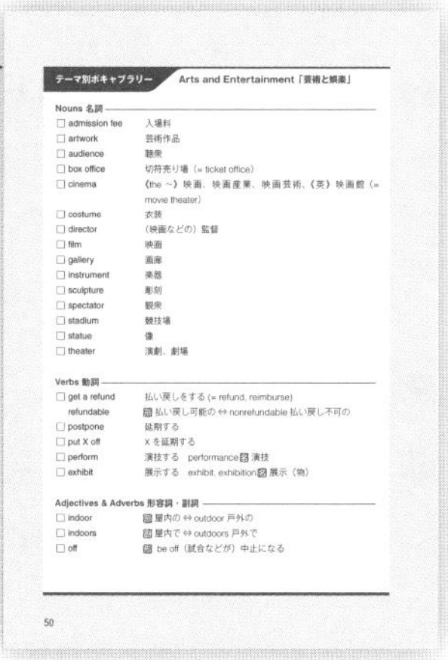
テーマ別ボキャブラリー Arts and Entertainment「芸術と娯楽」

Nouns 名詞

□ admission fee	入場料
□ artwork	芸術作品
□ audience	聴衆
□ box office	切符売り場（= ticket office）
□ cinema	《the ～》映画、映画産業、映画芸術、《英》映画館（= movie theater）
□ costume	衣装
□ director	（映画などの）監督
□ film	映画
□ gallery	画廊
□ instrument	楽器
□ sculpture	彫刻
□ spectator	観衆
□ stadium	競技場
□ statue	像
□ theater	演劇、劇場

Verbs 動詞

□ get a refund	払い戻しをする (= refund, reimburse)
refundable	形 払い戻し可能の ⇔ nonrefundable 払い戻し不可の
□ postpone	延期する
□ put X off	X を延期する
□ perform	演技する performance 名 演技
□ exhibit	展示する exhibit, exhibition 名 展示（物）

Adjectives & Adverbs 形容詞・副詞

□ indoor	形 屋内の ⇔ outdoor 戸外の
□ indoors	副 屋内で ⇔ outdoors 戸外で
□ off	副 be off（試合などが）中止になる

50

本書で使用した記号について

名 ＝名詞　他動 ＝他動詞　自動 ＝自動詞　形 ＝形容詞　前 ＝前置詞
副 ＝副詞　接 ＝接続詞　限定 ＝限定詞　*do* ＝動詞の原形
※ get rid of X（X を取り除く）のように名詞は X で示しています（2 つある場合は X、Y）。

本書を活用した勉強法

ミニ模試を解いて復習が終わったら、さらなる英語の総合力アップをめざし、本書を有効にご活用ください。解き終わった問題を利用した勉強法を、Part ごとに紹介します。

Part 1

❶ 本書に出てくる選択肢の英文は正・誤にかかわらず、すべて覚える

同じ表現の英文が何度も繰り返し出題されていますので、本書では、正答・誤答とも頻出するような英文にしてあります。**文ごと覚える**つもりで取り組んでください。

❷ 音声の後に自分で発音する

文を覚える際、音声を選択肢の 1 文ごとに聞いてはその内容を口に出して言う、という練習をしてください。できれば同じ発音で言えるまで繰り返してください。**正しい発音をまねる**ことで、表現は知っていたけれども聞き取れなかったということを防ぎます。

❸ 場面を頭の中に思い描く

誤答の選択肢の場合は、自分でその文の**場面を思い浮かべる**練習をします。

❹ 写真を見ながら、描写する英文を自分で言ってみる

また、今度は写真だけを見て、写っているものを**自分で描写する**練習をします。思いつくだけたくさんの英語を口にする練習をすると力がつきます。描写したいのに表現を知らないときは、調べたり、上級者に聞いたりするといい学習になります。

Part 2

❶「問題文」「選択肢」をそれぞれ Listen & Repeat

問題文を聞き、一時停止（ポーズ）機能を使って音声を止め、文を繰り返します。その後、(A) の選択肢を聞き、一時停止、そして、声を出す、次に (B)…というように進めていきます。基本的にスクリプト（英文）は見ないようにしてください。

Listen	Where is the meeting room? 一時停止
Repeat	*Where is the meeting room?*
Listen	(A) It starts at 7 o'clock. 一時停止
Repeat	*(A) It starts at 7 o'clock.* …以下同様に

大事なのは、機械的にこの作業をするのではなく、英文を口にしながら、常に **Who is saying What to Whom Where When How and Why（誰が・何を・誰に・どこで・いつ・どのように・なぜ言っているのか）を意識する**ことです。

❷「問題文」をそれぞれの選択肢の前に繰り返す

選択肢の前に問題文の音声を声に出す練習をすることで、**選択肢を聞く前に、問われている内容を振り返る癖がつきます。**

Listen	Where is the meeting room? 一時停止
Repeat	*Where is the meeting room?*
Listen	(A) It starts at 7 o'clock. 一時停止
Repeat	*Where is the meeting room?*
Listen	(B) She is meeting with her supervisor. 一時停止 …以下同様に

簡単に感じられてきたら、それぞれの選択肢を聞いた後に、正解か不正解かを考え、正解と判断した選択肢を繰り返してください。

❸「問題文」「選択肢」をそれぞれの選択肢の後に繰り返す

Listen	Where is the meeting room? (A) It starts at 7 o'clock. 一時停止
Repeat	*Where is the meeting room?* *(A) It starts at 7 o'clock.*
Listen	(B) She is meeting with her supervisor. 一時停止
Repeat	*Where is the meeting room?* *(B) She is meeting with her supervisor.* …以下同様に

❹ すべてを聞いた後で問題文と正解を繰り返す

Listen	Where is the meeting room? (A) It starts at 7 o'clock. (B) She is meeting with her supervisor. (C) It's around the corner. 一時停止
Repeat	*Where is the meeting room?* *(C) It's around the corner.*

Part 3 & Part 4

❶ 何度も音声を聞き、内容を英語でまとめる練習をする

設問は無視して、1つの会話・トークを聞き、その直後に（その途中ではいけません）、自分が**聞き取った（と思っている）内容をできるだけ詳しく口頭で言ってみる**か、紙に書き出してください。必ず英語で書いてください。文法やスペルなどは間違っても構いません。わからないと思う部分があれば何度でも聞きかえして書き足してください。この作業をする際はスクリプトと和訳は絶対に見ないでください。

❷ 音声を聞き、続いて流れてくる設問に英語で応答する

文法的に正しい英語でなくても構いません。会話・トークの中で設問の答えの部分になっていた表現を繰り返すだけで構いません。**大事な部分を押さえながら聞く**練習になります。

❸ 音声の後に1テンポ遅れて、かぶせるように発音する

これは**シャドーイング**と呼ばれる学習方法です。英語に慣れていない人にとってはPart 3、Part 4の音声は速く感じられるかもしれませんが、この練習をするとだんだん慣れてきます。また**強くゆっくり読む部分と、弱く速く読む部分の区別、正しいリズム**などがわかってきます。

❹ 会話・トークを1セット暗記する

上記の①から③を繰り返すと、だいぶ1セット分の会話やトークが頭に入ってきます。ここで1語1句、発音やイントネーションも含めて**会話やトークを覚える**練習をします。覚えたころにはかなりの力がついてきます。しかし、この練習はすべての会話やトークについてする必要はありません。

Part 5

❶ 選択肢なしで空所に何が入るのかを自分で考える練習をする

間違えた問題を何度も繰り返し解いていると、答えを覚えてしまうことがあります。それを防ぐためには、選択肢を見ずに、**空所に入る語句を自分で考える**練習をします。もしかすると実際の正解以外の適切な語句を思いつくかもしれません。そういう作業も文法力・語彙力を大きく伸ばすことに役立ちます。

❷ できない問題の問題文、知らなかった文法・語法・語彙を含んだ文を覚える練習をする

一般の英語学習者には、文法用語や文法の理解力より、**正しい文法や語彙を身につけている**ことの方が大事です。ですから、文法用語ではなく、文を覚えるような意識でいてください。20 語以上の文など、あまりに長い場合は余計な部分をそぎ落とし、自分が覚えるべき項目を含んだ文や句にしてしまっても構いません。本書ではわかりにくい語法などの場合、できるだけ例文を入れるようにしましたので、未知の内容についてはそちらも覚える対象にします。

〈英文の覚え方〉
基本的に１回その例文を音読します。次にその例文を隠して口で言えるかどうか試します。できるようになるまでこれを繰り返します。

１回できたらそのままにして次の文に進んでください。特に振り返る必要はありません。少し面倒ですが、この作業を繰り返すことで、**正しい英文に対する感覚**のようなものが身についてきます。

Part 6 & Part 7

❶ わからない語彙・表現をつぶす

Part 5 の②同様、ここでも**新しい語彙・表現を英文の中で覚える**作業をしてください。

❷ 速読と短期記憶の練習をする

Part 3 & 4 の①に書いた学習法のリーディング版です。**１つの文書をできるだけ速く読みます。**読み終わったら、英文から目を離して、紙に英文の内容について自分が**覚えていることをできるだけ英語で書き出して**ください。文法やスペルなどはあまり気にする必要はありませんし、必ずしもセンテンスで書く必要もありません。メモ程度で構いませんが、必ず英語で書いてください。まだ読めていないと感じたら、最初に戻ってもう一度自分が読める最速速度で読みます。そして、読み終わったら、また筆記用具を手にして、１回目で落としていた内容上重要な情報を書き足します。これをやると英文での情報処理能力が圧倒的に上がります。

TOEIC Listening & Reading Testについて

TOEIC（Test of English for International Communication）は、米国にある非営利テスト開発機関であるEducational Testing Service（ETS）によって開発・制作された世界共通のテストです。聞く・読む力を測るListening & Reading（L&R）Testと、話す・書く力を測るSpeaking & Writing（S&W）Testがあります。L&R Testの評価は合否ではなく10点から990点までのスコアで表されます。このスコアは、能力に変化がない限り一定に保たれるように統計処理がなされます。TOEICは現在、世界の約160か国で実施され、年間約700万人が受験しています。日本の受験者は年間250万人に達し(2018年度)、さまざまな企業で、自己啓発や英語研修の効果測定、新入社員の英語能力測定、海外出張や駐在の基準、昇進・昇格の要件に使われています。また、学校では、授業の効果測定、プレイスメント、さらには英語課程の単位認定基準、推薦入試基準などに使われることもあります。公開テストは年10回以上（2021年度は13回）、全国の70以上の都市で実施されており、インターネットかコンビニ端末で申し込むことができます。年度によっても受験地によっても実施の回数や時期が異なることがありますので、詳しくは下記の公式ページなどでご確認ください。

URL：http://www.iibc-global.org
一般財団法人
国際ビジネスコミュニケーション協会
IIBC 試験運営センター
〒100-0014
東京都千代田区永田町2-14-2
山王グランドビル
電話：03-5521-6033
(土・日・祝日・年末年始を除く10:00～17:00)

● TOEICの構成

リスニングセクション（約45分間）		100問
Part 1	写真描写問題	6問
Part 2	応答問題	25問
Part 3	会話問題	39問（3×13）
Part 4	説明文問題	30問（3×10）
リーディングセクション（75分間）		100問
Part 5	短文穴埋め問題	30問
Part 6	長文穴埋め問題	16問（4×4）
Part 7	読解問題（1つの文書） （複数の文書）	29問 25問

● TOEICで800点をめざすにあたって

TOEICで800点を超える人は、仕事その他である程度英語に慣れている人でしょう。そのため、TOEICをよく知らない学習者はそういう人に追いつくべく実力に合っていない教材に取り組んだり、あまりTOEICで求められないスキルを必要以上に追いかけたりと学習効率の悪い勉強をしがちです。本書では、スコアを取る上で求められる英語力を知り、効率的な学習ができるようにサポートしています。

■リスニングセクションの概要と対策

	Part 1	Part 2
問題数	6 問	25 問
目標	5 ～ 6 問程度	20 ～ 22 問程度
解答時間	1 問につき約 5 秒	1 問につき約 5 秒
問題形式	1 枚の写真について、4 つの短い英文が一度だけ放送されます。問題冊子には写真のみが印刷されています。（A）～（D）の 4 つのうち、写真を最も的確に描写しているものを選び、解答用紙にマークします。	最初に 1 つの質問または文が読まれ、次にそれに対する 3 つの応答がそれぞれ一度だけ放送されます。問題冊子には、問題番号と Mark your answer on your answer sheet. という文のみが印刷されています。（A）～（C）のうち、設問文に対する応答として最もふさわしいものを選び、解答用紙にマークします。
傾向	2016 年の新形式変更以前は、Part 1 は後半に若干なじみがない表現を含む難しい問題が何問か出題されることがあったのですが、6 問に減ってからは比較的標準的な問題の出題が続いています。	この Part の最大の特徴は、質問や文とそれに対する応答がかなりパターン化されていることでした。しかしながら、最近では、典型的な応答ではないものが正解となる問題も増えつつあります。
対策	The man's speaking into a microphone. / They are greeting each other. / Some plants have been placed in a row. など、毎回出題されるセンテンスがあるので、問題で出会ったセンテンスは一つ残らず覚えるつもりで学習することが大切です。800 点を狙うには、a/the やその有無、The top drawer has been left open. / The top drawer is being left open. のような have + been + -ed/en と is + being + -ed/en の違いなども含めて、声に出して再現できるように練習しましょう。この練習はリスニングや文法力をつけると同時に、スコアアップに欠かせない短時間で短めの情報を暗記する練習にもなります。	設問文の内容を忘れる、正解と思われる選択肢を忘れてマークできない、というミスを防ぐことが大切です。必ず (A) (B) (C) の選択肢を聞く前に、設問文が何だったのかを振り返ることが大切です。最近はコンテクストを予測する力を問う難しめの問題が増えているので、漫然と解くのではなく、Who Does What to Whom When How and Why（誰が、する、何を、誰に、どこで、いつ、どのように、なぜ）を意識して聞きましょう。また、映画や海外ドラマのやり取りの一部をそういう意識を持って観るようにすると普段の学習に相乗効果がでてきます。

	Part 3	Part 4
問題数	39 問（3 × 13）	30 問（3 × 10）
目標	30 ～ 35 問程度	24 ～ 26 問程度
解答時間	1 問につき約 8 秒 （図表を見て解く問題は約 12 秒）	1 問につき約 8 秒 （図表を見て解く問題は約 12 秒）
問題形式	2 人、あるいはそれ以上の人物による会話が一度だけ放送されます。会話は問題冊子には印刷されていません。会話の後で、問題冊子に印刷された設問文（放送される）と選択肢（放送されない）を読み、選択肢（A）～（D）の中から最も適当なものを選び、解答用紙にマークします。各会話には設問が 3 問ずつあります。	アナウンスやナレーションのような説明文が一度だけ放送されます。説明文は問題冊子には印刷されていません。説明文の後で、問題冊子に印刷された設問文（放送される）と選択肢（放送されない）を読み、（A）～（D）の中から最も適当なものを選び、解答用紙にマークします。各説明文には設問が 3 問ずつあります。
傾向	1 つの会話の語数はおおむね 100 語前後ですが、120 語を超えるような長いものに出会うこともあります。会話は A → B → A → B の 4 ターンの問題が圧倒的に多いですが、2016 年 5 月に新形式に移行してやりとりの回数が非常に多いものや、3 人の人物の会話が出題されるようになりました。また、会話中の表現の意図を問う問題、図表を見て解く問題も出題されるようになりました。	基本的にトークは 100 語前後です。Part 3 同様、新形式になってから、図表を見て解く問題、トーク中の表現の意図を問う問題が追加されました。留守番電話・コマーシャル・公共放送・スピーチなど以前から多かったトークに加えて、近年では会議・ワークショップの一部など職場に関係するものが増えています。
対策	本書に掲載する Part 3 のような会話の大まかな内容が聞き取れるようにすること。次に細かい部分も正確に聞き取れるようになるまで繰り返し聞いてみることです。聞き取れないとき、音を間違って覚えているのか、単語を知らないのか、など自分の弱点を探して潰していく学習も大事です。並行して、長いリスニング素材を聞く習慣をつけるといいでしょう。「聴き流し」は、聞き取れる部分と聞き取れない部分をきちんと区別しながら聞く練習と並行して行なえば、大きな力になる勉強法です。	1 人の話者で構成される Part 4 は、自分が苦手そうな素材をいくつか選び、何度も繰り返して聞きながら、音声の真似をして声に出して覚えましょう。1 つ覚えて、そっくり音声通りに声に出せるセットを作ると、発音が向上して聞き取りの力が上がり、正しい文を覚えることで文法力がつきます。同時に、英語を話す人が情報をどのように展開するのかが感覚的にわかってくるので、800 点をめざすのであれば、是非取り組んでみましょう。

■リーディングセクションの概要と対策

	Part 5	Part 6
問題数	30 問	16 問（4 × 4）
目標	21 ～ 25 問程度	12 ～ 13 問程度
解答時間	1 問につき約 5 ～ 30 秒	1 文書約 2 ～ 3 分
問題形式	空所を含む文を完成させるために、4 つの選択肢の中から最も適当なものを選び、解答用紙にマークします。	4 か所の空所を含む不完全な文章を完成させるために、4 つの選択肢の中から最も適当なものを選び、解答用紙にマークします。
傾向	文法問題・語彙問題の比率はやや語彙問題の方が比率が高く、6 割弱となっています。文法では、品詞問題は Part 5 全体のほぼ 3 割前後を占めます。その他、動詞の形、代名詞、関係詞などが出題されます。接続詞、前置詞の問題は TOEIC では語彙問題の中に分類されています。	Part 6 は Part 5 に似た部分もありますが、多くの場合、空所のあるセンテンスを超えた部分にヒントがあります。Part 5 と同じような文法事項・語彙が問われている場合でも、文脈から判断しなければいけない要素が絡んでいることが多く、最近その傾向は強まりつつあります。
対策	品詞の区別、代名詞、接続詞、to *do*, *do*ing, -ed/en、動詞の使い方など頻出項目の知識に自信がない場合は復習することも必要ですが、800 点を狙う学習者は、むしろ語彙問題が正解となるように、TOEIC で出題されるような内容の英語の読書量を増やしましょう。Part 6 や Part 7 の文書にも Part 5 に出題される表現や文構造がたくさん出てきます。responsible, reimbursement, address, refer to などの職場で標準的に使われる語彙をコロケーションを含めなじみのものにしていくことが一番大事です。目新しい語や表現に手を出すより、よく見ているけれどもまだ覚えていないものを意識して学ぶようにするとよいでしょう。	試験場では、Part 6 で時間をかけすぎると、Part 7 の読解問題に使える時間がなくなります。わからない問題は適当にマークして、とにかく先に進むことが大切です。Part 6 全体で 10 分以上時間をかけないようにしましょう。普段の勉強としては、時制と助動詞の用法および in addition, for instance, in summary などのディスコースマーカーは整理をしておいた方がいいでしょう。また、英語を読むときに代名詞が何を指しているのか、列挙・対比・因果関係・時間順などの展開パターンを始めとするセンテンス同士の「つながり」と文章全体の「まとまり」を意識して英文を読むようにしましょう。解き終わった Part 6 のパッセージを何度か、何も見ずに速く正確に読めるようにするのも Part 6 にとどまらない総合的な英語力を上げるのに効果的です。

	Part 7
問題数	54 問（1 つの文書：29 問、複数の文書：25 問）
目標	45 問程度
解答時間	1 問 1 分
問題形式	広告、通知、フォーム、表、メール、チャット、記事と多様性に富んだ文書が出題されます。質問は文書も概要・目的・書き手・読み手を問うもの、文書中の詳細を問うもの、文中の語・表現を問うもの・文書中に 1 文を挿入させるものが出題されます。
傾向	読解のテーマに大きな変化はありませんが、Part 7 の総単語数は徐々に増えているようです。したがって、同じ箇所をただ何度も読み直す、頭の中で一字一句日本語に置き換えようとする、というような読み方をしていると、時間内に全部の問題をこなすことができません。普段日本語を読む時のように、必要な情報のみを拾って内容を把握するようなリーディングの技術が要求されていると言えます。複数の文書（multiple passage）を読んで解く問題は、5 問のうち 2 問は 2 つ（以上）の文書を参照して解く問題になっています。
対策	文書の種類・構造を押さえて、必要に応じて、さっと読んだり、じっくり読んだりできるようになることが大事です。無理に英字新聞や英語雑誌などを読もうとする学習者もいますが、それらの記事の内容に関心がないのであれば、TOEIC で高得点を取るためにそういう努力は必須ではありません。政治など社会的要素の強い記事に頻出する語彙の中では TOEIC には全く出題されないものもあるからです。むしろ新聞よりもやさしめの英語のビジネス書を読む方が、文章構成や頻出する表現を学ぶ上で有益です。何でも自分の好きなものを読めばいいのですが、*The Presentation Secrets of Steve Jobs by Carmine Gallo* (McGrawHill) などは比較的読みやすいと言えます。Graded Reader なら *Invention that Changed the World by David Maule* (Penguin) や *Business at Speed of Thought by Bill Gates* (Penguin) もオススメです。英語を読むことに対して抵抗をなくすために教材以外に読む習慣をつけることは良いことですが、基本的にあまり無理をする必要はありません。一度読んだ文書を繰り返し読むのでも十分です。ただし、２回目以降は、1 回目よりも速く読む、あるいは日本語を介さずに英語の語順で読む、など 1 回目にはできなかったことをして、読む精度を上げるようにしましょう。文書がチャットや SNS のときに口語表現がでてくることがありますが、Part 2 や Part 3 のリスニング対策がきちんとできていれば知っている表現ばかりなので特別な対策は必要ありません。

音声ダウンロードについて

本書に掲載されている英文の音声が無料でダウンロードできますので、下記の手順にてご活用ください。

パソコンにダウンロードする

❶パソコンからインターネットでダウンロード用サイトにアクセスする

下記の URL を入力してサイトにアクセスしてください。

https://tofl.jp/books/2465

❷音声ファイルをダウンロードする

サイトの説明に沿って音声ファイル（MP3 形式）をダウンロードしてください。

※スマートフォンにダウンロードして再生することはできませんのでご注意ください。

音声を再生する

❶音声ファイルをパソコンの再生用ソフトに取り込む

ダウンロードした音声を iTunes などの再生用ソフトに取り込んでください。

❷音声を再生する

パソコン上で音声を再生する場合は、iTunes などの再生ソフトをお使いください。iPhone などのスマートフォンや携帯用の音楽プレーヤーで再生する場合は、各機器をパソコンに接続し、音声ファイルを転送してください。

※各機器の使用方法につきましては、各メーカーの説明書をご参照ください。

音声は 4 カ国の発音で録音

音声は、アメリカ、カナダ、英国、オーストラリアの 4 カ国の発音で録音されています。スクリプトには、それぞれの音声を表す下記のマークがついていますので、さまざまな音に慣れる練習に役立ててください。

アメリカ　カナダ　イギリス　オーストラリア

800点攻略のための「20のルール」

ルール❶ S + V + …というセンテンスの基本構造を捉える

TOEICでは、すべての英文を細かい要素に分析するような読解は要求されませんが、大まかに **Who/What Does What**「誰/何がどうする」という **S（主語）＋ V（動詞部分）＋ O（動作の対象）の文**と **Who/What Is What/How**「誰/何がどんな状態である」という **S ＋ V ＋ 描写の語句の文**といった大まかなカタマリを捉えていくような力は求められます。

ルール❷ 各品詞の用法を理解し、典型的な語尾を知っている

名詞 人・もの・ことを表わす

①センテンスのS

An auditor came to our office.（監査役が弊社にやってきた）
S V

② Vの動作の対象

Gayla needs assistance.（Gaylaには援助が必要だ）
S V 動作の対象

③描写・説明の語句の位置でSの言い換えとして

Working with a great boss is a pleasure.（良い上司と働くことは喜びだ）
S V 描写・説明

典型的な語尾 -ment (commitment, improvement), -tion (action, communication, etc.), -ee (employee, attendee), -er (copier, banker), -ance (performance, guidance), -ship (membership, leadership), -ness (usefulness, fairness)

形容詞 **名詞を描写・説明する**

①名詞に前からかかる

Kay lives in a big house.（Kay は大きな家に住んでいる）

② be 動詞系の動詞（be, seem, become, etc.）の後にくる

What Jim says is always profound.（Jim の言うことはいつも深い）

典型的な語尾　-y (healthy), -ic/-ical (scientific, economical), -ful (successful), -less (pointless), -able (manageable, considerable), -ive (active)

副詞 **名詞以外の動詞・形容詞・他の副詞・センテンス全体にかかる**

①動詞にかかる

Keiko never gets angry.（Keiko は決して怒らない）

②形容詞にかかる

Brad's wife is extremely young.（Brad の奥さんはとても若い）

③他の副詞に掛かる

Yoko speaks very slowly.（Yoko はとてもゆっくりと話す）

④センテンス全体にかかる

Truthfully, I don't like our new boss.（正直、新しい上司は嫌いだ）

典型的な語尾　-ly (thoroughly, accurately)

ルール 3 -s, -ed/en, -ing, to *do*の用法を押さえる

-s

①主語が 3 人称単数の現在形　②複数形

Joe runs three restaurants.（Joe は3つのレストランを経営している）

(to) *do*

①助動詞 + *do*

You should talk to your supervisor.（上司と話すべきだ）

② to *do*

Nobody expected Paul to start his own business.

（誰も Paul が自分で事業をするとは思っていなかった）

③ have, make, help etc. ＋名詞＋ *do*

Jason helped Beth carry her luggage.（Jason は Beth が荷物を運ぶのを手伝った）

-ed/en

①過去形 <-ed>

Lewis Limited opened an office in Yokohama in May.

（Lewis Limited 社は５月に横浜に事務所を開いた）

②受け身形 <be+-ed/en>

Mark was hired as a sales representative.（Mark は営業スタッフとして雇われました）

③現在完了形 <have ＋ -ed/en>

The Internet has drastically changed people's lives.

（インターネットは大きく人々の暮らしを変えた）

④形容詞の働き

Ms. Sawada is a talented speaker.（Sawada さんにはスピーチの才能があります ）

-ing

①進行形 <be+ -ing>

I am preparing a trip to New York.（New York への旅行の準備をしています）

②名詞の働き

Alan likes explaining his new ideas to his colleagues.

（Alan は同僚に自分の新しい考えを説明するのが好きです）

③形容詞の働き

Jenny Silver discussed an ongoing project to update our customer database.（Jenny Silver は顧客リストを更新する進行中の案件について話した）

while/when -ing

Lisa always takes notes while talking with a customer. (= while she is talking with a customer)（Lisa は顧客と話しているあいだはいつもメモをとる）

ルール❹ 動詞の使い方や他の語との意味関係に注意する

このような動詞の型をパターン化して整理して覚える必要はありませんが、なるべく意味と形の両方に注意して基本的なものは文が作れるようにしておくといいでしょう。

①＋形容詞

Bill remains silent.（Bill は黙ったままだ）

②＋人＋もの・こと

Kathy offered me the job. = Kathy offered the job to me.

（Kathy は私に仕事をくれた）

③＋ to *do*

I hope to see you soon.（近いうちお会いできたらと思います）

④＋ -ing

Todd admitted going out with his assistant.

（Todd は秘書と付き合っていることを認めた）

⑤＋人＋ to *do*

Wendy asked me to contact her.（Wendy は私に連絡するように頼んだ）

⑥＋前置詞＋もの・こと

This book should comply with the new format of the exam.

（この本はテストの新形式に沿っているはずです）

⑦＋もの・こと / 人＋形容詞

Nick left the door open yesterday.（Nick は昨日そのドアを開けたままにした）

ルール❺ 動詞の時制に習熟する

現在時制

We hold a weekly meeting every Monday.（私たちは毎週月曜日に会議を開く）

When you reach the station, please send me a text message.

（駅に着いたら、私にメッセージを送ってください）

過去時制

Joe started working with us five years ago.（Joe は５年前から一緒に働いている）

When I got back home, my wife and kids were eating dinner.

（私が家に戻った時、妻と子供は夕ご飯を食べていた）

未来時制

Paula is going to visit some customers in Germany next month.
（Paula は来月ドイツの顧客を訪れる）

Ethan is coming back soon.（Ethan はすぐ戻って来る）

Borris & Co. and LMH International will merge into one big company in November.（Borris 社と LMH International 社は 11 月にひとつの大きな会社に合併する）

The movie starts at 8 P.M.（映画は8時に始まる）

be+ 形容詞 +to *do*

be eager to *do*（しきりに…したがる）/ be poised to *do*（…することになっている）/ be set to *do*（…する準備ができている）/ be sure to *do*（きっと…する）/ be supposed to *do*（…することになっている）

ルール 6 疑問文とその応答のルールをマスターしておく

Are you from Los Angeles? — Yes, I grew up there. / Actually, I'm from Chicago.（Los Angeles 出身ですかーはい、ここで育ちました／実は Chicago 出身です）

Do you know Mike's phone number? — Yes, it's on my cell phone. / No, but probably Annie knows it.（Mike の電話番号を知っていますかーはい、私の携帯に入っています／いいえ、でも多分 Annie が知っています）

What company do you work for? — GGO Bank.
（どの会社に勤めていますかー GGO 銀行です）

How did you find Mr. Berg's new movie? — Honestly, I found it a bit boring.
（Berg 氏の新作を見た？—正直、ちょっと退屈だった）

You used to work with her, didn't you? — Yes, a long time ago.
（彼女と働いてたことがあるんでしょ？—うん、ずっと前だけど）

Didn't you go to London? — No, the trip was canceled.
（ロンドンに行ったんじゃなかったの？ーいや、旅行は中止になったんだ）

ルール 7 許可を求める・依頼する・提案する・申し出るための表現と応答の際の決まり文句を知っている

	表現	同意するとき	断るとき
許可	Would/Do you mind … ? Can/May I … ?	No. Absolutely not. / Not at all./ I wouldn't mind it at all.	Actually, I would/do. Yes, I do mind.
許可	Can/May I … ? Is it/ Would it be okay … ?	Go ahead. / Go for it. / Yes, please do.	I'm afraid you can't. I'm sorry, but … Unfortunately, but … Actually, …
依頼	Could/Can you … ? Would/Will you … ? I was wondering if you could …	Sure. / Certainly. Of course (, you can.) No problem (at all). It would be okay/alright. I'd be delighted/happy to (do that). I can (do that).	
提案	Should/Shall we … ? Why don't you/we … ? Let's … . How about … ? Would you like to … ? Do you want me to … ?	(That) sounds good/great. (That) sounds like a good/great idea. Sounds like a plan.	I'd like/love to, but … Thanks, but … I'd rather … I have a different idea/ plan
申し出	Should I … ? Why don't I … ? Let me … Would you like me to … ? Do you want me to … ?	That'd be nice. / I'd appreciate that. / Would you? / I'll leave it up to you. / That's very kind of you. / Sure. / Let's do that.	That's okay. It's not necessary. You don't have to. I (probably) can do it.

Could you help me carry these to the second floor? — Sure, I can.
（これを２階に運ぶのを手伝ってくれますかーもちろんです）

May I call you "honey"? — Absolutely not, that makes me feel embarrassed. （"honey" って呼んでいいかな？ー絶対にダメ。恥ずかしいから）

How about taking a short break? — Sounds like a great idea.
（休憩を取るっていうのはどうかな？ー賛成）

Should I give you a ride to the airport? — Thanks, but Susan is supposed to drive me there.
（空港まで乗せて行こうかーありがとう、でも Susan が乗せて行ってくることになっているの）

ルール 8 会話の自然なやり取りを把握する

Haven't we gotten any response from her yet? — Let me check on that.
（彼女からまだ返答をもらっていないの？ーちょっと確認してみる）
Joe and I went to the movies last night. — What did you two see?
（Joe と私は昨日の晩、映画に行ったの一何を見たの？）

ルール 9 代名詞・限定詞に注意する

All employees are asked to watch Ms. Fujita's presentation posted on the company Web site.（すべての従業員は会社のホームページに掲示された Fujita さんのプレゼンを視聴するように求められている）
Those employees eager to learn about management should read Jamie Sullivan's *How To Lead People Effectively*.（管理について学びたい従業員は Jamie Sullivan の『人を効果的に動かす方法』を読むべきです）
There is not much paper left in the supply room.（倉庫にはあまり紙は残っていない）
The hotel is currently undergoing work to repaint all the window frames white.（ホテルは現在、窓枠を白く塗り直す工事を実行中です）

ルール 10 間違いやすい発音に注意する

次のように母音が同じだったりするものが音のひっかけとしてよく使われます。
tea/see（お茶／見る） accountant/count（会計士／数える） wear/fair（着用する／公平な） along/belong（～に沿って／所属する） install/dollars（据え付ける／ドル） agree/degree（同意する／程度） summer/summary（夏／要約）

ルール 11 コロケーション（よく使われる単語の組み合わせ）に注意する

動詞＋名詞
launch a new business（新事業を立ち上げる）/ call a meeting（会議を招集する）/

fix a problem（問題を処理する）/ conduct a survey（アンケートを行なう）/ receive approval（承認を得る）/ earn a salary（給料を稼ぐ）/ extend a deadline（締め切りを延長する）/ expand a business（事業を拡大する）/ complete a project（プロジェクトを完了させる）/ hold an event（イベントを開催する）

副詞＋形容詞

carefully selected（注意深く選ばれた）/ remarkably successful（稀にうまくいった）/ change rapidly（めまぐるしく変化する）/ fairly old（非常に古い）

前置詞＋名詞のカタマリ

on a regular basis（定期的に）/ in a calm manner（穏健に）/ at your earliest convenience（なるべく早く）/ in person（直接に会って）/ in advance（前もって）/ with ease（たやすく）/ out of town（出かけていて）/ without notice（予告なく）/ on pace（このままのペースで行くと）/ to date（これまでのところ）/ to the point（的を射た）

ルール ⓬ パラフレーズ（言い換え）に注意する

具体的なものを抽象的に言い換える

banana（バナナ）→ food item（食べ物）
copy machine（コピー機）→ (office) equipment（オフィスの備品）
automobile（自動車）→ vehicle（乗り物）
pot（鍋）, frying pan（フライパン）→ kitchen utensil（台所用品）
mobile phone（携帯電話）→ electronic device（電子機器）
phone number（電話）→ contact information（連絡先）

１語の動詞を２語以上の句動詞に言い換える

register → sign up（登録する）
install → set up（据え付ける）
complete → fill out（記入する）; wrap up（終わらせる）
choose X, select X → go with X, pick X out（選ぶ）
communicate → pass on（伝える）

イディオムをニュートラルな表現に言い換える

make it → arrive on time（時間通りに着く）
report to X → be supervised by X（X の下で働く）
ahead of schedule → earlier than planned（予定より早く）
work out → end in a desired way（うまく行く）

ルール 13 ディスコースマーカー(つなぎ語)に注意する

順序を示す	条件を表わす	
first (of all), next, then, after that, last (of all) first, second, third... to begin with, then, after/following that, last of all, finally, lastly, in the end	if unless when whether as/so long as even if	provided that in the event (that) on condition that in case

対比・逆接を示す		例を述べる
but though although while nevertheless on the contrary instead	even though despite (the fact that) however on the other hand whereas nonetheless	like such as for instance for example in some cases especially

因果関係を述べる		付加情報を述べる	
because S + V , so S + V in order to for so (that) S + V since S +V due to	accordingly for the purpose of therefore consequently as a result owing to	also in addition besides plus on top of that what's more moreover	additionally furthermore likewise similarly

言い換える		まとめる	
in other words that is (to say) I mean , which (is)	simply stated in fact	in summary to conclude in short all in all	to sum up in conclusion anyway overall

ルール⑭ 基本的な前置詞・副詞の用法・頻度の高い前置詞・副詞がらみのイディオムは覚えておく

to

I am responding to your e-mail inquiry about Mr. Kaneko's workshop.（Kaneko さんのワークショップに関するお問い合わせに関する返信です）/ We recommend you arrive early to the event.（この行事には早く到着することをお勧めします）

of

Candidates must have at least five years of sales experience.
（応募者は少なくとも５年の営業経験がなくてはいけません）

on

Rach's café is open on weekdays from 8 A.M. to 9 P.M.
（Rach's café は平日は 8 時から 9 時まで営業します）

in

You are not allowed to park your vehicle in these zones.
（この区間に車を止めることはできません）

The copier is in poor condition.（コピー機はひどい状態にあります）

for

Charles works for Tokai Associates.（Charles は Tokai Associates 社に勤めています）

I am thinking of renting an apartment for my upcoming vacation.
（今度の休暇の間のアパートを借りることを考えている）

with

Naomi is excellent with clients.（Naomi は顧客の扱いに優れている）

at

If you would like to attend the workshop, send an e-mail to Mami Tanaka at mtanaka@popedu.com.
（ワークショップに出席されたい方は、Mami Tanaka さんにメールで連絡してください）

He has been a volunteer at a music school for the last two years.
（彼は音楽学校で過去２年間ボランティアをしていました）

by

Travel expenses will be reimbursed by the company.
（交通費は会社から返還されます）

from

The trip departs from Brasilia and takes you to Shanghai.
(旅は Brasilia を出発して Shanghai に向かいます)

as

I sent you the report as an e-mail attachment.（報告書をメール添付で送ります）

once

Virginie Ledoyen was a famous actress once, but nobody knows her today.
(Virginie Ledoyen は昔は有名女優だったが、今は誰も知らない)

as well

The new president is charismatic, and friendly as well.
(新しい社長はカリスマ性があるが、親しみやすくもある)

also

Emmet Brown is best known for inventing a time machine, but he also invented many labor-saving gadgets.（Emmet Brown 氏はタイムマシンを発明したことでも有名だが、彼は労働力を削減する機械もたくさん発明している）

still

Joe is still angry at Hailey.（Joe はまだ Hailey に対して怒っている）/ Dylan still is not ready to marry Brenda.（Dylan はまだ Brenda と結婚する準備ができていない）

yet

The meeting is expected to be held on Monday although it has not yet been officially scheduled.（まだ本決まりではないが、会議は月曜に開かれそうだ）

almost

I am satisfied with almost everything about this tea house.
(このティーハウスにはほとんど満足している)

be engaged in X（X に従事する）/ **be committed to X**（X に献身的である）/ **be packed with X**（X でいっぱいである）/ **be adjusted to X**（X に適応する）/ **be based on X**（X に基づく）/ **be located in**（X に位置する）/ **be superior to X**（X よりすぐれている）/ **be known for X**（X で有名である）/ **be responsible for X**（X に責任がある)/ **be related to X**（X と関係がある)/ **be eligible for X**（X の資格がある）/ **be qualified for X**（X の資格がある）/ **be impressed with X**（X に感銘を受ける）

※ルール⑲⑳は30ページ

ルール ⑮ 接続詞・関係代名詞の働きを理解する

While browsing online for local book clubs, I came across the Web site GlobalBookworm.net.（地元のブッククラブをネットで探していたら、GlobalBookworm.net というサイトに出くわした）

*while, when という接続詞は while/when S + V だけでなく、while/when –ing という形が可能

I am certain that we can count on your leadership.

（あなたのリーダーシップに任せてしまって良いと確信しています）

Ayami Ichino is opening her own gallery, which will feature an exhibit of her works created in London.

（Ayami Ichino は自分の画廊を開いて、そこでロンドン時代の作品を展示するつもりです）

Survey responses were collected from more than 10,000 people, all of whom live in city areas.

（アンケートは１万人から集められました。回答者はいずれも都市在住者です）

ルール ⑯ 前後の文の「つながり」に気を配る

ルール ⑰ 全体的な内容の「まとまり」を意識する

ルール ⑱ 〈会話・トーク・文章〉の典型的な構成・展開を頭に入れる

英語の会話・トーク・文章を触れるに気をつけてほしいのは、文章中の１文は前の文、後ろの文と意味的な「つながり」（cohesion）があり、全体が１つのメッセージとしての「まとまり」（coherence）があるのだということです。この意識がないと、「木を見て森を見ず」ということわざがあるように、１文１文は読めても誤読してしまうことさえあります。

〈会話〉

❶オープニング〈あいさつ・相手へのよびかけ + 話題や問題が提示される〉

↓

❷情報のやりとり〈提示された話題・問題に関して細かい情報が交わされる〉

↓

❸クロージング〈話題・問題に対するやりとりから導かれた未来への行動・別れのあいさつ・次に会う時間の確認〉

〈トーク〉

❶話題の提示〈自己紹介・理由・目的などのいきさつを述べる and/or 何の話をしているのかを明らかにする〉

↓

❷具体的なトーク〈必要な詳細情報が述べられる〉

↓

❸話のまとめ／トークの終了〈次に起こること・聞き手が次にとる（べき）行動が述べられる〉

〈文章〉

英語の文章は大まかにこんな形をしています。最初に「何について書くのか」概要的なことを述べ、その後ポイントを１つ挙げては詳細を加えるという形で展開していきます。常に英文は「概要的・抽象的なこと」→「具体的な・個別のこと」と流れるのでそれを頭に置いて英文を読んでいくと良いでしょう。最後にいままで述べたことのまとめや要約にあたる結論部分がくることもありますが、これは必須ではありません。

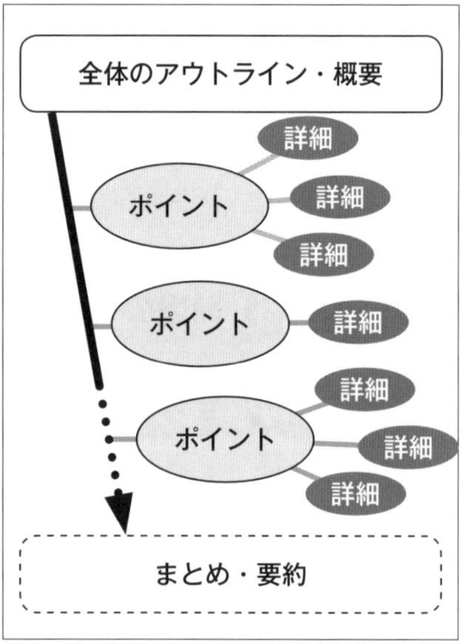

このような英語の論理構成の基本である「つながり」と「まとまり」をなるべく日頃から意識して英語を読むと速く正確に読むことができるようになります。

ルール 19 コンテクストをつかむ

ある語や表現を形式的な面だけでなく、使われている場面を意識しないと内容が見えなかったり、設問に答えられなかったりします。

ルール 20 キーワードを見つける

問題文に登場する内容上重要な語はもちろん、設問中の語を的確につかみ、問題文と比較できるようになる必要があります。

Unit 1

Arts and Entertainment

芸術と娯楽

Part 1	1問
Part 2	3問
Part 3	3問
Part 4	3問
Part 5	4問
Part 6	4問
Part 7	3問

合計：21問

リーディング目標時間：7分

問題

Part 1 01

次の写真の描写として最も適切なものを、(A) ~ (D) から 1 つ選びましょう（英文は印刷されていません)。

1.

Part 2 02-04

最初の文への応答として最も適切なものを、(A) ~ (C) から 1 つ選びましょう（最初の文と応答は印刷されていません)。

2. Mark your answer on your answer sheet.

3. Mark your answer on your answer sheet.

4. Mark your answer on your answer sheet.

Part 3 05

会話を聞いて、次の設問文に対する答えとして最も適切なものを (A) ～ (D) から1つ選びましょう（会話は印刷されていません）。

5. What does the woman say she will do on Friday?
(A) Host a sporting event
(B) Hold a seasonal sale
(C) Run a business workshop
(D) Attend a wedding ceremony

6. What does the man mean when he says, "Oh, I can't make it either"?
(A) He does not have any interest in hockey.
(B) The stadium is located far away.
(C) He is scheduled to do something else.
(D) He has to prepare for a wedding.

7. What does the woman say about the game?
(A) It has been canceled.
(B) It is the last game of the season.
(C) A friend of hers will be playing.
(D) Tickets are sold out.

Part 4 06

説明文を聞いて、次の設問文に対する答えとして最も適切なものを (A) ～ (D) から1つ選びましょう（説明文は印刷されていません）。

8. Who is the speaker?
(A) A stage actor
(B) A radio announcer
(C) A film director
(D) A history teacher

9. What is true about Ms. Hermes?
(A) She was raised in Iowa.
(B) She directed more than three movies.
(C) She teaches history in Los Angeles.
(D) She appeared in her movies.

10. What will listeners most likely hear next?
(A) A message from Ms. Hermes' favorite actor
(B) An award winning speech
(C) Ms. Hermes' memories of her youth
(D) An advertisement for a local event

This is the end of the Listening test. Turn to Part 5 in your test book.

GO ON TO THE NEXT PAGE →

Part 5

空所に入る最も適切なものを (A) ~ (D) から 1 つ選びましょう。

11. There are still tickets ------- for Amelia Walden's San Francisco concert on March 7.
(A) remained
(B) remaining
(C) to remain
(D) will remain

12. Dominique Cadet is ------- one of the most promising young choreographers in Europe.
(A) considered
(B) felt
(C) reviewed
(D) thought of

13. The London Drama Awards started ------- after 8 P.M. at Waterloo Concert Hall with opening remarks by producer Rebecca Morgan.
(A) shorten
(B) shortly
(C) shortage
(D) short

14. *Connecting the Pads*, which most Americans consider to be one of the best plays, ------- to be a failure with its first performance in England last year.
(A) turns out
(B) turn out
(C) turned out
(D) was turned out

Part 6

文書を読んで、空所に入る最も適切なものを (A) ～ (D) から 1 つ選びましょう。

Questions 15-18 refer to the following article.

> Selected as the best music event last year, the Cider Knox Pop Music Festival brings together so many musicians from across the country. -------. (15.) This includes jazz, hip hop, country, R&B, rock, and pop. Live festival recordings ------- (16.) on an array of radio broadcasting programs. ------- (17.) close to two weeks, people can enjoy this series of music lives, open rehearsals, workshops by prestigious musicians, and many other outreach events. All events are offered for free, but donation are encouraged. The festival is a non-profit organization and ------- (18.) contributions and grants from supporters to balance its budget.

15. (A) Jazz singer Reno Putra will come to this event.
(B) Everybody feels music is becoming more international.
(C) The festival was founded by a well-known guitarist.
(D) These musicians perform a wide variety of genres.

16. (A) featured
(B) have been featured
(C) have featured
(D) were featured

17. (A) Between
(B) For
(C) Within
(D) By

18. (A) relies on
(B) pays off
(C) covers up
(D) puts aside

GO ON TO THE NEXT PAGE

Part 7

1つ、または複数の文書を読んで、各設問に対する答えとして最も適切なものを(A)～(D)から1つ選びましょう。

Questions 19-21 refer to the following flyer.

Summary Kids' Morning Program

FRED'S CINEMA • 104 NE HOLDEN ST • EVANSVILLE, INDIANA 48913 • 812-555-3781

Fred's Cinema is proud to present its annual Summer Kids' Morning Program. Season tickets for the Morning Program, which admit children to all 5 movies, are now available for only $5.00—just one dollar per movie. One free ticket is included for adults, which is good for any regularly scheduled show through August 30. Tickets purchased separately will cost $3.00 for each show. Viewers aged 15 or over without children will not be admitted. Children 5 and over must have a ticket.

NO OUTSIDE FOOD OR BEVERAGES WILL BE ALLOWED IN THE THEATER.

Morning programs will be shown each Wednesday and Saturday at 9:00 and 11:30 A.M. The box office opens at 8:30 A.M. on Wednesday and Saturday. Please come early for best seating.

Week 1 (July 19–)	*James & Squirrel 3*	103 min.
Week 2 (July 26–)	*Mr. Big Cheese*	88 min.
Week 3 (August 2–)	*Oh, no! He's a Brownnoser.*	97 min.
Week 4 (August 9–)	*Defending Mr. Woods*	91 min.
Week 5 (August 16–)	*Away from the Shining Star*	101 min.

19. What is the main purpose of the flyer?
(A) To announce the opening of a new theater
(B) To remind people to renew memberships
(C) To encourage local residents to donate
(D) To provide details about a seasonal event

20. What information does NOT appear in the flyer?
(A) The hours during which the theater is open
(B) The length of each movie
(C) What should not be brought to the theater
(D) From what age a child needs a ticket

21. What movie is NOT shown in August?
(A) *Defending Mr. Woods*
(B) *Oh, no! He's a Brownnoser.*
(C) *Away from the Shining Star*
(D) *James & Squirrel 3*

Stop! This is the end of the test. If you finish before time is called, you may go back to Parts 5, 6, and 7 to check your work.

解答と解説

Part 1

1. 01 M:

トランスクリプト

(A) Drinks are being served in the stadium.
(B) Music is being performed in a concert hall.
(C) Some lines are being painted on the ground.
(D) The stadium is full of people.

訳

(A) 競技場で飲み物が出されている。
(B) コンサート会場で音楽が演奏されている。
(C) 地面に何本かのラインが引かれている最中である。
(D) 競技場は人々であふれている。

Words be full of X X でいっぱいである

正解 **(D)** ルール❶

解説 (A) 競技場は合っていますが、飲み物が出されていることは確認できません。(B) 球場での選手のプレイは performance と呼ぶことはできますが、描写されているような音楽の演奏は見られません。(C) 競技場にラインが見えますが、ラインを引いている動作は確認できません。受け身の進行形は、その動作を行っている人が写真の中に確認できないときは、不正解となります。(D) 人がたくさんいるのが確認できるので、これが正解です。

Part 2

2. 02 M: W:

トランスクリプト

What sort of movie would you like to see tonight?
(A) I've got to sort out these documents.
(B) Anything except horror.
(C) I just moved in here.

訳

今夜どんな映画を見たいですか。
(A) これらの書類を整理しないといけない。
(B) ホラー以外なら何でも。
(C) ここに越してきたばかりです。

Words sort X out X を整理［解決］する　move in X X に引っ越してくる

正解 **(B)** ルール❻❽

解説 疑問詞で始まる疑問文です。What sort of movie「どんな映画」をしっかり聞き取れば、映画の種類を答えている (B) が正解だとわかります。同じ音 (A) sort、似た音 (C) movie/moved を使ったひっかけに注意しましょう。(C) は「～したいですか」というこれからすることに関しての問いに、moved と過去形で答えているので誤りです。

3. 03　W: 　M: 

トランスクリプト	訳
Do you mind if I turn the stereo on?	ステレオをつけても構いませんか。
(A) No, it's my turn.	(A) いいえ、私の番です。
(B) No problem, go ahead.	(B) 問題ありませんよ、どうぞ。
(C) Mine is more practical.	(C) 私のものはもっと実用的です。

Words　turn X on　X（電気など）をつける　turn 名 順番　practical 形 実用的な

正解 **(B)** ………………………… ルール 7

解説　Do you mind if I ～？などの許可を求める言い方には、多くの場合、決まり文句で応答します。(B) は了承する言い方なので、これが正解です。(A) 同じ音 turn、(C) mind/mine の音のひっかけです。どちらも応答の内容がかみ合わないので誤り。

ここも押さえよう！

Do/Would you mind if I ～？に対する応答は文法的には Yes. が「ダメです」、No. が「構いません」になりますが、Yes/No での応答は TOEIC でも実際の会話でもまれです。次の決まり文句を覚えておきましょう。

＜許可するとき＞ Sure. / Of course not. / Certainly not. / Not at all.

＜拒否するとき＞ (I'm) sorry, but ... / I'm afraid (that) ... / Well, actually ...

4. 04　M: 　W: 

トランスクリプト	訳
Krista used to be a pro tennis player, didn't she?	Krista はプロテニス選手だったんでしょ？
(A) I'm used to working with athletes.	(A) 私はスポーツ選手と仕事をするのに慣れています。
(B) No, that play was very profound.	(B) いいえ、その劇はとても深い内容でした。
(C) Yeah, and very famous.	(C) はい、それにとても有名でした。

Words　profound 形 深い、深遠な

正解 **(C)** ………………………… ルール 6 8

解説 付加疑問文ですが、これは Did she use(d) to be [Was she] a pro tennis player? という疑問文と同じものと考えると、(C) が正解だとすぐにわかります。used to *do*「(以前は) …した、…だった」/be used to *do*ing「…することに慣れている」は混同しやすく、(A) はこの部分を音のひっかけとして使っているので注意が必要です。(B) No 以下の内容が質問と関係ありません。play と profound が音のひっかけに使われています。

Part 3

05 W: M:

トランスクリプト

Questions 5 through 7 refer to the following conversation.

W: **(#1)** Hey, Vince, do you want to watch the hockey game this Friday? Actually, I've got a ticket that you can have if you're interested. **(#2)** I'd planned to go, but I was invited to Ursula's... I mean, my cousin's wedding, which I can't miss.

M: Oh, I can't make it either. I wish the game was on another day. I've got to prepare for the weekend workshop, and I gather that I'll have to work overtime, probably till it's very late. Thanks anyway, though. **(#3)** Maybe you can simply return your ticket to the box office and exchange it for another game.

W: Um, well, actually, that's what I usually do, but it is the last game of the season, so you see, that's not an option this time.

M: Right. In that case, you'd better find somebody else. How about Theresa? She likes hockey.

ここも押さえよう！

Part 3 の会話・Part 4 のトークは、大きく分けて 3 つの部分で構成されています。
→ステージ 1 **(#1)**、ステージ 2 **(#2)**、ステージ 3 **(#3)**

訳

問題 5-7 は次の会話に関するものです。

(女性)：ねえ、Vince、今度の金曜日ホッケーの試合を見ない？ 実は、チケットがあるんだけど、もし興味があるならあげるわ。行くつもりだったんだけど、Ursula の―私のいとこのことなんだけど―結婚式に招かれて、それは外せないのよ。

(男性)：ああ残念、僕も無理なんだ。別の日だったらよかったのに。週末の研修会の準備をしなくてはいけなくて、残業しなければいけないだろうし、それも多分遅くまでになりそうなんだ。でも、とにかくありがとう。多分、チケット売り場にチケットを戻せば、他の日の試合に変えてもらうことができるんじゃないかな。

（女性）：うーん、実は普段ならそうするんだけど、シーズン最後の試合なの。今回はその選択肢はないのよ。
（男性）：なるほど。そういうことなら、他の誰かを探すしかないな。Theresa はどう？　彼女はホッケー好きだよ。

5. 女性は金曜日に何をすると話していますか。
(A) スポーツ行事を主催する　(C) ビジネス研修を行なう
(B) 季節限定セールを開催する　(D) 結婚式に出席する

6. 男性が "Oh, I can't make it either" という際、何を意図していますか。
(A) ホッケーには全く興味がない。　(C) 他にすることがある。
(B) 競技場は遠すぎる。　(D) 結婚式のために準備をしないといけない。

7. 女性は試合について何と言っていますか。
(A) 中止になった。　(C) 彼女の友達がプレイする。
(B) シーズン最後の試合である。　(D) チケットは売り切れている。

Words gather that ～ ～と判断する、わかる　box office チケット売り場　exchange X for Y X を Y と交換する　option 名 選択肢　host 他動 開催する

5. 正解 (D) ルール 19 20

解説 Part 3 の会話では、冒頭のステージ 1 で、「ホッケーの試合のチケットがあるけれど、試合に興味はないか」という会話のテーマが提供された後、自分が試合に行けない理由として I was invited to Ursula's... I mean, my cousin's wedding, which I can't miss. と述べています。

6. 正解 (C) ルール 16 19

解説 ステージ２では、話題に関する詳細の説明や、話し合いがなされています。男性は、「行きたいけれども研修会の準備で残業しなければならず、試合には行くことができない」と言っているので、(C) が正解です。

7. 正解 (B) ルール 18 20

解説 ステージ３では男性が試合に行けないことを受けて、女性のチケットをどうするのかということが話されています。最初、男性はチケット売り場に行って、別の日の試合に変えてもらってはどうかと言っていますが、それに対して女性はシーズン最後の試合だから無理だと言っています。

Part 4

06 W:

トランスクリプト

Questions 8 through 10 refer to the following broadcast.
(#1) Northern Iowa Talk Radio. I'm Nicole Burtle. Today's guest is movie director Annie Lynn Hermes. **(#2)** Ms. Hermes grew up in Cedar Rapids, Iowa. After she graduated from high school, she went to film school in Los Angeles... and the rest is history. Her first movie, *James and a Squirrel*, became a big hit and won the best film award at the Vancouver Film Festival last year. She's already shot her second movie, titled *Goodbye, Mr. Bigfield*, to be released in August. It is set in her hometown, and part of the film was shot on location here in Iowa. Many of you may wonder why she chose this place. **(#3)** Since we're going to talk about her childhood as well as her latest movie, we will probably learn the answer to that question and many more by the end of this show.

訳

問題 8-10 は次の紹介からの抜粋です。
北アイオワラジオトークショー。Nicole Burtle です。今日のゲストは映画監督の Annie Lynn Hermes さんです。Hermes さんはアイオワ州 Cedar Rapids で育ちました。高校を卒業後は、Los Angeles の映画学校に行き…その後は皆さんご存じの通りです。彼女の初監督作品、『ジェイムズとリス』は興行的に大成功を収め、昨年の Vancouver 映画祭で最優秀映画賞を獲得しました。彼女は既に第２作、『さよならミスター・ビッグフィールド』を撮り終え、これは８月公開予定です。この映画の舞台は彼女の生まれ故郷で、映画の一部はここアイオワで撮影されました。多くの人は、なぜ彼女がこの地を選んだのか、不思議に思っていることでしょう。彼女の新作とともに、子ども時代についてもトークの話題として取り上げる予定ですので、おそらくこの番組の最後にはこの疑問に対する答えはもちろん、たくさんのことがわかるでしょう。

8. 話し手は誰ですか。
(A) 舞台俳優
(B) ラジオのアナウンサー
(C) 映画監督
(D) 歴史の先生

9. Hermes さんについて当てはまることは何ですか。
(A) アイオワで育った。
(B) 3 本を超える映画を監督した。
(C) Los Angeles で歴史を教えている。
(D) 映画に自ら出演している。

10. 聞き手は次に何を聞くと思われますか。
(A) Hermes さんが最も好きな俳優からの伝言
(B) 受賞のスピーチ
(C) Hermes さんの幼い頃の思い出
(D) 地元の催しの宣伝

Words movie director 映画監督　rest 名 残り　history 名 誰もが知っている話　shoot 他動 (映画を) 撮る　titled ~ ～と題がついている　release 他動 公開する、封切る　hometown 名 故郷　childhood 名 子ども時代

8. 正解 (B) ルール ⑬⑱⑳

解説 トークの目的、話し手がいる場所、話し手が誰かなど、伝えるべき内容の概要は、ステージ1で述べられます。冒頭の Northern Iowa Talk Radio. I'm Nicole Burtle. より、話し手は (B) ラジオのアナウンサーだとわかります。(C) 3文目の Today's guest is movie director Annie Lynn Hermes. より、映画監督は現在の話し手ではなくて、ゲストだと確認できます。

9. 正解 (A) ルール ⑳

解説 ステージ2ではゲストである Hermes さんの紹介をしています。ステージ2の1文目に grew up in Cedar Rapids, Iowa とあるので、(A) が正解です。(B) 1本目と2本目の映画への言及があり、2本目が最新作だと言っています。(C) ロサンゼルスは映画学校に通った場所であり、そこで教えているわけではありません。(D) 言及はどこにもありません。

10. 正解 (C) ルール ⑲⑳

解説 Part 4 の設問は3つのステージからそれぞれ1つずつ設問が来ることが多いです。ステージ3の1文目に we're going to talk about her childhood とあるので (C) を選ぶことができます。

Part 5

11.

設問と訳

There are still tickets ------- for Amelia Walden's San Francisco concert on March 7.

(A) remained
(B) remaining
(C) to remain
(D) will remain

3月7日の Amelia Walden のサンフランシスコでのコンサートは、まだチケットが残っています。

正解 **(B)** ルール❸

解説 動詞の形を問う問題です。この文には There are と動詞部分を構成する be 動詞が既にあるので、文の動詞となる形の (D) は誤り。文法構造上は -ed/en 形、-ing 形、to *do* のいずれも可能なので、名詞 tickets との意味関係を考えます。remain は自動詞で「残る」という意味。「チケットが残る」のだから、tickets が動詞 remain の主語となる形の (B) -ing 形が正解。to *do* はこれからすることを表すので、(C) to remain は「これから残る」という意味になってしまい、文の意味が通じません。

12.

設問と訳

Dominique Cadet is ------- one of the most promising young choreographers in Europe.
(A) considered
(B) felt
(C) reviewed
(D) thought of
Dominique Cadet はヨーロッパで最も有望な若手振付師の 1 人と考えられています。

Words promising 形 有望な　choreographer 名 振付師

正解 **(A)** ルール❹⑲

解説 選択肢にはすべて動詞の -ed/en 形（過去形・過去分詞形）が並んでいるので、語彙問題です。(C) は「調べられている」という意味から除外できますが、(A) (B) (D) のどれかを選ぶには、語法の知識が必要です。「X を Y とみなす、思う」というときは、consider X (to be/as) Y、feel X to be Y、think of X as Y という使い方をします。設問文は X を主語とした受け身の形になっており、felt では to be、thought of は as が足りないので、正解は (A) considered です。また、feel は「見かけから～だという感じを受ける」ことを表すので厳密には意味の上からも不正解です。

13.

設問と訳

The London Drama Awards started ------- after 8 P.M. at Waterloo Concert Hall with opening remarks by producer Rebecca Morgan.
(A) shorten
(B) shortly
(C) shortage
(D) short
ロンドン演劇賞は、Waterloo コンサートホールで午後 8 時少し過ぎに始まり、プロデューサーの Rebecca Morgan 氏が開会の言葉を述べました。

Words　award 名 賞　remark 名 発言、意見

正解 **(B)** ……………………………… ルール❷

解説 品詞の区別を問う問題。short とその変化形が並んでいます。(A) -en は動詞を作る語尾。「短くする」。動詞 started に and や to などを使わずに動詞を続けることはできません。(B) <形容詞＋ -ly >は副詞で「少し」の意。shortly after ～「～の少し後で」はよく使われる言い回しで、これが正解。(C) -age は名詞を作りますが、「不足を始めた」では意味が通じません。(D) short は「短い」の他に「不足した」という意味もあります。Heidi got married a few weeks short of her graduation.「Heidi は卒業まであと数週間というときに結婚した」の short of ～は、「～の少し前で」という意味です。

14.

設問と訳

Connecting the Pads, which most Americans consider to be one of the best plays, ------- to be a failure with its first performance in England last year.

(A) turns out
(B) turn out
(C) turned out
(D) was turned out

『パッドをつなげて』はほとんどのアメリカ人が最高の劇の 1 つと考える作品ですが、昨年のイングランドでの初演では失敗でした。

Words　failure 名 失敗

正解 **(C)** ……………………………… ルール❶❸⓫

解説 選択肢には、句動詞 turn out to be ～「～であることがわかる」の変化した形が並んでいます。大事なことは、which ... plays の部分に惑わされて、現在形を選ばないようにすることです。この部分を除いて考えると、空所には *Connecting the Pads* という固有名詞に対応する動詞部分を選択することがわかり、last year をヒントに過去をつくる -ed 形の (C) を選ぶことができます。(D) は< be ＋ -ed/en >という受け身の形になっており、不適切です。turn out については次の用法も大切です。Although there were some difficulties at the beginning, everything turned out well.「最初はいくつか困難があったものの、すべてうまくいった」

Part 6

パッセージと訳

Questions 15-18 refer to the following article.

Selected as the best music event last year, the Cider Knox Pop Music Festival brings together so many musicians from across the country. -------. (15.) This includes jazz, hip hop, country, R&B, rock, and pop. Live festival recordings ------- (16.) on an array of radio broadcasting programs. ------- (17.) close to two weeks, people can enjoy this series of music lives, open rehearsals, workshops by prestigious musicians, and many other outreach events. All events are offered for free, but donation are encouraged. The festival is a non-profit organization and ------- (18.) contributions and grants from supporters to balance its budgets.

15. (A) Jazz singer Reno Putra will come to this event.
(B) Everybody feels music is becoming more international.
(C) The festival was founded by a well-known guitarist.
(D) These musicians perform a wide variety of genres.

16. (A) featured
(B) have been featured
(C) have featured
(D) were featured

17. (A) Between
(B) For
(C) Within
(D) By

18. (A) relies on
(B) pays off
(C) covers up
(D) puts aside

問題 15-18 は次の記事に関するものです。

昨年、最優秀音楽行事に選ばれたことからもわかるように、Cider Knox ポップ音楽祭には国中の多くのミュージシャンが集まります。これらのミュージシャンたちは様々な分野の音楽を演奏します。それにはジャズ、ヒップホップ、カントリー、R&B、ロックやポップスと多岐にわたります。音楽祭の演奏は多くのラジオ放送局で放送されてきました。2週間の間、人々はこの様々なライヴ演奏、演奏前のリハーサル、有名ミュージシャンによるワークショップ、その他多くのイヴェントに参加することができます。基本的に参加は無料ですが、寄付が期待されています。この音楽祭は非営利団体で、予算のやりくりは支持者からの寄付と交付金で成り立っています。

Words include 他動 含む、盛り込む close to X ほぼXにわたる (= almost) workshop 名 研修 prestigious 形 評判の高い donation 名 寄付 contribution 名 寄付 grant 名 交付金

15. 正解 (D) ルール 9 16 17

(A) ジャズ歌手の Reno Putra がこのイヴェントにやって来ます。

(B) 誰もが音楽がもっと国際的になっていると感じている。

(C) この音楽祭は有名なギタリストによって創始されました。

(D) これらのミュージシャンたちは様々な分野の音楽を演奏します。

解説 文挿入問題は、前後との「つながり」、全体の「まとまり」をよく意識する必要があります。空所の前は国中からたくさんのミュージシャンがやってくることが述べられていて、後ろを見ると、ジャズ、ヒップホップといった音楽のジャンルが挙げられているので、適切なのは参加するミュージシャンの音楽ジャンルが多岐にわたることを表わす (D) が正解です。

16. 正解 (B) ルール 1 3 4 5

解説 feature「注目する；特集として取り上げる」という動詞で、直前の名詞のカタマリ Live festival recordings との意味関係を考えると受身が適切とわかります。時制については文章全体を通じて音楽祭を紹介する以上、終わったことを述べる過去形よりも、過去に起きたことが現在に影響を与える現在完了形が適切と判断できます。

17. 正解 (B) ルール 14

解説 音楽祭が開かれている間に、人々がさまざまなイヴェントを楽しむことができると考えるのが自然なので、期間を表わす for が正解。

18. 正解 (A) ルール 1 5 19

解説 適切な語彙を選ぶ問題です。選択肢には句動詞が並んでいます。空所に入る動詞の主語は The festival で、後ろに続いているのが contributions and grants なので文脈から「寄付に頼っている」と考えるのが適切です。

It took us 20 years to pay off our mortgage.（私たちが住宅ローンを払うのに20年かかった）

Jeremy and Brian tried to cover up their huge mistake.（Jeremy と Brian は彼らの大失敗を隠そうとした）

Let's put these problems aside and get the work done first.（これらの問題はとりあえず無視しておいて、先に仕事を片付けよう）

Part 7

訳

問題 19-21 は次のチラシに関するものです。

サマー・キッズ・モーニング・プログラム

FRED'S CINEMA ● 104 NE Holden 通り● Evanșville, INDIANA 48913 ● 812-555-3781

Fred's Cinema は毎年恒例の、サマー・キッズ・モーニング・プログラムをお知らせします。このモーニング・プログラムのシーズン・チケットで、お子様は 5 本すべての映画を見ることができ、ただ今たったの 5 ドルでお買い求めいただけます。1 本当たりわずか 1 ドルです。大人用の無料チケットが 1 枚含まれており、8 月 30 日まで定期的に上映するどの映画にも有効です。別々にご購入いただくと、映画 1 本につき 3 ドルになります。お子様連れではない 15 歳以上の方のご入場は認められません。5 歳以上のお子様は、入場にチケットが必要です。

劇場内に、外からの飲食物を持ち込むことはできません。

モーニング・プログラムは、毎週水曜日と土曜日の午前 9 時と午前 11 時半にご覧いただけます。チケット売り場は水曜日と土曜日の午前 8 時半に開きます。よいお席を取るためには、お早めにお越しください。

第 1 週（7 月 19 日～）	ジェイムズとリス 3	103 分
第 2 週（7 月 26 日～）	ミスター・ボス	88 分
第 3 週（8 月 2 日～）	しまった！　やつはおべっか使いだ	97 分
第 4 週（8 月 9 日～）	ウッズさんを守って	91 分
第 5 週（8 月 16 日～）	きらめく星のかなたから	101 分

19. このチラシの主な目的は何ですか。
(A) 新しい劇場のオープンを知らせるため
(B) 会員権を更新することを思い出させるため
(C) 地元の住人に寄付を募るため
(D) 季節の催しについて詳細を提供するため

20. チラシの中で述べられていない情報は何ですか。
(A) 劇場が開いている時間
(B) それぞれの映画の長さ
(C) 劇場内に持ち込んではならないもの

(D) チケットが必要になる子どもの年齢

21. 8 月に上映されないのは何の映画ですか。
(A)『ウッズさんを守って』
(B)『しまった！　やつはおべっか使いだ』
(C)『きらめく星のかなたから』
(D)『ジェイムズとリス 3』

Words be proud to *do* …するのを誇りに思う　present 他動 発表する　annual 形 毎年の　admit 他動 入場を認める　separately 副 別々に、それぞれ

19. 正解 (D) ルール⑰

解説 文書の目的を問う問題。広告の一番上の Morning Program、および最初の行の Fred's Cinema is proud to present its annual Summer Kids' Morning Program.「Fred's Cinema は毎年恒例の、サマー・キッズ・モーニング・プログラムをお知らせします」から、夏の間のプログラムについての文書であることがわかります。

20. 正解 (A) ルール⑳

解説 (A) 映画の上映時刻と、チケット売り場が開く時刻は述べられていますが、劇場の開館・閉館時刻は述べられていないので、これが正解です。(B) チラシの一番下で述べられています。(C) 文書の中ごろの注釈からわかります。(D) 第 1 パラグラフの最後の文に、Children 5 and over must have a ticket.「5 歳以上の子どもの入場にはチケットが必要です」とあります。

21. 正解 (D) ルール⑳

解説 チラシの下部の予定表を見て、一つひとつ確認していくと正解にたどり着きます。文章の形になっていない、項目名や注記、予定表などに答えが見つかることも多いので、見落とさないようにしましょう。

テーマ別ボキャブラリー　Arts and Entertainment「芸術と娯楽」

Nouns 名詞

□ admission fee	入場料
□ architect	建築家　architecture 名 建築学、建築様式
□ artwork	芸術作品
□ audience	聴衆
□ box office	切符売り場（= ticket office）
□ costume	衣装
□ donation	寄付　make a donation to X　X に寄付する
□ director	（映画などの）監督
□ gallery	画廊
□ instrument	楽器
□ patron	後援者、常連の顧客（= valued customer） a patron of musicians/the arts　音楽家（芸術）の後援者 patronage 名 ひいき、引き立て、後援
□ sculpture	彫刻
□ spectator	観衆
□ stadium	競技場
□ statue	像
□ theater	演劇、劇場

Verbs 動詞

□ contribute	寄付する、貢献する (= donate)
□ get a refund	払い戻しをする (= refund, reimburse)
refundable	形 払い戻し可能の ⇔ nonrefundable 払い戻し不可の
□ postpone	延期する（= put X off）
□ perform	演技する　performance 名 演技
□ exhibit	展示する（= display）　exhibit, exhibition 名 展示（物）

Adjectives & Adverbs 形容詞・副詞

□ indoor	形 屋内の ⇔ outdoor 戸外の
□ indoors	副 屋内で ⇔ outdoors 戸外で
□ off	形 be off（試合などが）中止になる

Unit 2

Business Communication

ビジネスコミュニケーション

Part 1	1問
Part 2	3問
Part 3	3問
Part 4	3問
Part 5	4問
Part 7	6問

合計：20問

リーディング目標時間：8分

問題

Part 1 07

次の写真の描写として最も適切なものを、(A) ~ (D) から 1 つ選びましょう（英文は印刷されていません）。

1.

Part 2 08-10

最初の文への応答として最も適切なものを、(A) ~ (C) から 1 つ選びましょう（最初の文と応答は印刷されていません）。

2. Mark your answer on your answer sheet.

3. Mark your answer on your answer sheet.

4. Mark your answer on your answer sheet.

Part 3 ⑪

会話を聞いて、次の設問文に対する答えとして最も適切なものを (A) ~ (D) から1つ選びましょう（会話は印刷されていません)。

5. What are the speakers discussing?
(A) Making charts
(B) Planning an event
(C) Repairing a computer
(D) Finding some data

6. Why is the man unable to help the woman?
(A) He is preparing for a meeting.
(B) He is not accustomed to making charts.
(C) He is leaving the office.
(D) He is delivering a presentation.

7. What does the man suggest that the woman do next?
(A) Stay in the same place
(B) Go to the restaurant
(C) Visit a client
(D) Cancel the meeting

Part 4 ⑫

説明文を聞いて、次の設問文に対する答えとして最も適切なものを (A) ~ (D) から1つ選びましょう（説明文は印刷されていません)。

8. Where is the speaker?
(A) At an office
(B) At a factory
(C) At a station
(D) On a train

9. What does Ruby recommend that Dylan do?
(A) Forget about what she said yesterday
(B) Forward an e-mail from Mr. Haas
(C) Have Tamar join the negotiation
(D) Use the design of the new product

10. What is Dylan asked to do in order to get further information?
(A) Make a phone call
(B) Visit an office
(C) Send an e-mail
(D) Check a file

This is the end of the Listening test. Turn to Part 5 in your test book.

GO ON TO THE NEXT PAGE →

Part 5

空所に入る最も適切なものを (A) ~ (D) から 1 つ選びましょう。

11. Maintaining ------- of our clients' personal information has always been a top priority.
(A) stock
(B) balance
(C) security
(D) advantage

12. A new, ------- recycling system is scheduled to be adopted by the City of Manchester from October 1.
(A) convenience
(B) convenient
(C) conveniently
(D) convene

13. Please ------- from using the company's computer equipment for personal business.
(A) prevent
(B) wait
(C) avoid
(D) refrain

14. Jo Min, Chief Executive Officer of YMO, Inc. officially announced that he is looking for somebody who can help ------- complete his company's restructuring plans.
(A) him
(B) himself
(C) his
(D) he

Part 7

1つ、または複数の文書を読んで、各設問に対する答えとして最も適切なものを(A)～(D)から1つ選びましょう。

Questions 15-17 refer to the following memo.

MEMO

To: All employees
From: Peyton Thorndike, Business Manager
Date: March 27
Subject: Reconfirming the Photocopying Policy

A copier has been placed in front of the supply room on the fifth floor. You are allowed to use the machine yourself to make fewer than 100 copies. To make 100 copies or more, you are required to get permission from Molly Stanfield, who is in charge of printing and photocopying. Please fill out a Copy Request Form and submit it to her. Do not forget to fill in the number of copies you need as well as your name, your department, and your reason for photocopying. Be informed that approval of the request normally takes about 24 hours and fulfillment of printing requests require another 24 hours. Blank forms are available right next to the copy machine on the fifth floor. This is one attempt of ours to make our office greener. Thanks for your understanding and cooperation.

Should you have any questions regarding the photocopying procedures, please feel free to contact Ms. Stanfield by either e-mail or phone.

GO ON TO THE NEXT PAGE →

15. Why was the memo sent?
(A) To explain new overtime regulations to employees
(B) To notify employees about a new facility
(C) To provide information on an office procedure
(D) To encourage people to use recycled paper

16. What should people do if they want to make over 100 copies?
(A) Contact Peyton Thorndike
(B) Hand in a form
(C) Fill out an expense report
(D) Speak with their supervisor

17. What information is included in the memo?
(A) The contact information for Ms. Stanfield
(B) The location of extra paper
(C) How to operate the photocopier
(D) Information required to fill in the form

Questions 18-20 refer to the following article.

E-mails annoying you?

An average business person receives more than 200 e-mails a day. No wonder we often get overwhelmed by scores of e-mails. Is there any way to handle our e-mail better?—[1]—. Here are a few tips that may help you out.

#1. Don't Check Mail Too Often
Stay more focused on your current work without constantly checking for new mail. — [2] —. Assigning a specific time to read and reply to e-mail will definitely improve the efficiency of your work.

#2. Flag Messages for Later Action
Keep track of the messages that need attention but you can't deal with right away. It is important to know which ones and how many you need to address. — [3] —.

#3. Use Templates, Copy and Paste
Creating and using templates will save you plenty of time when making responses that require the same or similar information on a regular basis. Also, don't waste one of the most powerful features a computer has—the ability to copy and paste information from one document to another. Save time by not typing. Copy from other documents and paste into e-mails. If you don't know how to use these features, learn them today. — [4] —.

18. For whom is the article most likely intended?
(A) Computer software experts
(B) Postal service officers
(C) General business people
(D) Sports journalists

19. What is NOT mentioned as a way to deal with e-mail?
(A) Reading every message immediately
(B) Using information from other e-mails
(C) Deciding when to check e-mail
(D) Marking e-mails to be read later

20. In which of the positions marked [1], [2], [3], and [4] does the following sentence best belong?
"It's worth the investment of your time."
(A) [1]
(B) [2]
(C) [3]
(D) [4]

Stop! This is the end of the test. If you finish before time is called, you may go back to Parts 5 and 7 to check your work.

解答と解説

Part 1

1. 07　　M:

トランスクリプト	訳
(A) She's about to open the door of a cabinet.	(A) 彼女はキャビネットのドアを開けようとしている。
(B) She's passing out some documents.	(B) 彼女は書類を配っている。
(C) She's reading from a sheet of paper.	(C) 彼女は 1 枚の紙から拾い読みをしている。
(D) She's removing a binder from a shelf.	(D) 彼女は棚からバインダーを取り出している。

Words be about to *do* まさに…しようとしている　pass X out　X を配る（= distribute）document 名 書類　remove 他動 取り除く、外す

正解 (D) ································ ルール❶

解説 (A) 女性の後ろにドアがあるようですが、開けようとしていない上に、キャビネットのドアでもありません。(B) 女性が手にしているファイルは some documents と呼べそうですが、「配る」という動作が違います。(C) 手にしているのは 1 枚の紙ではない上、読むという動作も確認できません。(D) remove X from Y「Y から X を取り出す」なので、これが正解です。

ここも押さえよう！

Part 1 にはかなりの上級者でも手こずる問題が入っていることがあります。それだけに比較的易しい 1 人の人物の描写は絶対に落としたくないところです。基本的なことですが、英文の SV に当たる部分をしっかり聞き取ること、英文中に 1 カ所でも写真と矛盾する箇所を聞き取ったら、即座に誤りと判断することです。

Part 1 で見られるセンテンスの文構造

① S ＋ be 動詞＋ *do*ing ＋…

The man is performing on stage.「男性はステージの上で演奏している」

② S ＋ be 動詞＋描写の語句

A clerk is behind a counter.「1 人の店員がカウンターの後ろにいる」

Part 2

2. 08 M: W:

トランスクリプト

How come the meeting room has been changed to Yeater Hall?
(A) Because she didn't come yesterday.
(B) It can accommodate enough people.
(C) Actually, I commute by bike.

訳

会議の部屋はなぜ Yeater ホールに変更になったのですか。
(A) 彼女が昨日来なかったからです。
(B) そこは十分な人数を収容できます。
(C) 実は私は自転車で通勤しています。

Words meeting 名 会議　accommodate 他動 収容する　actually 副 実は　commute 自動 通勤する

正解 (B) ルール 5 6 7

解説 How come ～? は Why ～? とほぼ同じ意味ですが、後ろに続く形が疑問文の形を取りません。理由を尋ねる疑問文ですが、because の有無で選ぶのではなく、会話が自然に流れるものを選びます。(A) 設問が has been changed と、現在を問題にしているのに対し、didn't come yesterday と明らかに終わったことを述べていることも誤答判断のヒントになります。(C) 冒頭の How しか聞き取れないとこれを選んでしまうかもしれません。

3. 09 M: W:

トランスクリプト

Do you remember Mr. McKinnon's first name?
(A) Yes, he does.
(B) The first thing in the morning.
(C) Kim has his business card.

訳

McKinnon さんのファーストネームを覚えていますか。
(A) はい、彼はそうします。
(B) 朝一番でお願いします。
(C) Kim が彼の名刺を持っています。

Words customer 名 顧客　first thing 起きて（職場で）最初にすること

正解 (C) ルール 6 8

解説 Yes/No 疑問文ですが、(A) は Yes の後の主語が違います。(B) 質問文の語句 first を使ったひっかけの選択肢です。正解の (C) は、「名刺を持っている Kim に聞けばわかる」という意味で、最初の文への自然な応答となります。

4. ⑩ W: M:

トランスクリプト

How often do you report to your supervisor?

(A) When the need arises.

(B) Mr. Wyatt will be our new supervisor.

(C) I've already turned in my expense report.

訳

あなたはどのくらいの頻度で上司に報告しますか。

(A) 必要が生じた時です。

(B) Wyatt さんが私たちの新しい上司になります。

(C) 経費報告書はもう提出しました。

Words supervisor 名 上司　arise 自動 生じる　turn X in X を提出する (=submit)　expense 名 出費

正解 **(A)** ルール 6 8

解説 冒頭の How often、およびそれぞれの選択肢の内容を正確につかめば解答できます。(A) once a month のような言い方ではないので難しいかもしれませんが、内容からこれが正解です。(B) supervisor、(C) report という音のひっかけがあります。

Part 3

⑪ W: M:

トランスクリプト

Questions 5 through 7 refer to the following conversation.

W: **(#1)** Willy, I'm preparing some documents for Thursday's monthly sales meeting. I know it's better to include charts on all the important data, but unfortunately, I'm not used to doing these things on the computer. Could you give me a hand?

M: **(#2)** Sorry, Olga, but I'm afraid I don't have time. I'm taking off now—I have an appointment with a client at 3:00. You could probably get some assistance from Tim, though. He is proficient with computers.

W: Okay, sounds great. I'll go ask him. **(#3)** Where is Tim, by the way?

M: He's probably still on his lunch break. I'm sure he'll be back soon, so you can just stick around.

訳

問題 5-7 は次の会話に関するものです。

(女性)：Willy、木曜日の月例営業会議のための資料を準備しているの。重要なデータにはすべて図表を入れた方がいいと思うのだけれど、残念なことに私はコンピューターでこういうことをするのに慣れていないの。手伝ってくれない？

(男性)：ごめん、Olga。残念ながら時間がないんだ。いま出るところなんだ—3 時にクライアントとの約束があるんだ。でも、多分 Tim が手伝ってくれると思うよ。彼はコンピューターが得意だから。
（女性）：わかった。それがよさそうね。彼に頼んでみるわ。ところで Tim はどこにいるの？
（男性）：多分 まだ昼食の休憩を取っているんだと思う。すぐ戻ってくると思うから、ここで待っていればいいよ。

5. 2人は何について話していますか。
(A) 図表の作成　(C) コンピューターの修理
(B) イベントの計画　(D) データの発見

6. 男性はなぜ女性を手伝うことができないのですか。
(A) 会議の準備中である。　(C) 会社を出るところである。
(B) 図表を作ることに慣れていない。　(D) プレゼンテーションをするところである。

7. 男性は女性に次にどうするように勧めていますか。
(A) 同じ場所にとどまる。　(C) 顧客を訪問する。
(B) レストランに行く。　(D) 会議を取りやめる。

Words monthly 形 月1回の　chart 名 図表　proficient 形 熟達している　stick around 待つ

5. 正解 (A) ルール⑰

解説 会話のテーマについての問いは、必ずステージ1に答えが見つかります。今回の場合、女性が it's better to include charts「図表を入れた方がいい」と言っているので、(A) が正解です。(C) computer、(D) data もステージ1に出てくる語ですが、内容が違います。

6. 正解 (C) ルール⑬⑱

解説 ステージ2では女性が提供した話題に対して男性が応答しています。「図表を作る手伝いをしてほしい」という女性の依頼に、男性は I'm afraid I don't have time. I'm taking off now と言っているので、(C) が正解です。(A)(B) は女性に当てはまること、(D) の内容は言われていません。

7. 正解 (A) ルール⑫⑱⑲

解説 会話の大きな流れとしては「女性が男性に助けを求める」→「男性はできないので、別の同僚に頼むことを勧める」→「女性が了解する」なのですが、選択肢にはそういう内容はありません。ここでは、別の同僚に会うためにする行動の、(A) が正解です。

ステージ3は会話をまとめる働きが強く、聞き流しがちですが、正解のヒントがあることも多いので注意が必要です。

ここも押さえよう！

Part 3は2人の会話です。「誰が誰に何を言っているのか」をよく整理して聞くことが求められます。7番の設問 What does the man suggest that the woman do next? は、男性が女性に you can just stick around と言っている部分で正解がわかります。トークが始まる前に設問文を読むことに一生懸命になっても、内容を整理しながら聞くという一番大事な部分の練習をしない限り、得点力のアップは期待できません。

Part 4

12 W:

トランスクリプト

Questions 8 through 10 refer to the following telephone message.

(#1) Hi, this is Ruby Hall leaving a message for Dylan O'Sullivan. Dylan, I'm at the station waiting for a train. Sorry I'm not around for the negotiation with Mr. Haas, but I know you'll be fine. **(#2)** There's only one thing I forgot to tell you. I received the design of the SIFL-75 from Tamar by e-mail, which I'm forwarding to you now. I think it'll help Mr. Haas understand the benefits of the new product, so please check it out. **(#3)** If you have anything else to ask me, please e-mail me at my personal account. Lots of people have mentioned that they have been having trouble giving me a call at this number, and I'm trying to have it fixed as soon as possible, but I can still check my e-mail. Oh, sounds like the train is coming. Talk to you later.

訳

問題8-10は次の電話のメッセージに関するものです。

もしもし、Ruby Hallですが、Dylan O'Sullivanへ伝言です。Dylan、今、駅で電車を待っているの。Haasさんとの交渉に同席できなくて申し訳ないけれど、あなたならうまくいくと思うわ。1つ言っておくのを忘れていたの。TamarからEメールでSIFL-75のデザインを受け取ったので、今それをあなたに転送するところ。新製品の利点をHaasさんにわかってもらうのに役に立つと思うから、見ておいてね。もし、他に何か私に聞きたいことがあれば、私の個人用メールアドレスにメールして。たくさんの人からこの番号だと電話がつながらないと言われていて、なるべく早く直そうと思っているんだけど。でも、メールはチェックできるから。あっ、電車が来たみたい。後でね。

8. 話し手はどこにいますか。
(A) オフィス　(C) 駅
(B) 工場　(D) 電車の中

9. Ruby が Dylan に勧めていることは何ですか。
(A) 昨日彼女が言ったことを忘れる。　(C) Tamar を交渉に参加させる。
(B) Haas さんからの E メールを転送する。　(D) 新製品のデザインを使う。

10. Dylan はもっと情報を得るにはどうするように言われていますか。
(A) 電話をかける。　(C) E メールを送る。
(B) オフィスを訪問する。　(D) ファイルを調べる。

Words negotiation 名 交渉　forward 他動 転送する　benefit 名 利益
fix 他動 修理する (= repair)

8. 正解 (C) ルール 18 20

解説 冒頭の I'm at the station waiting for a train.「今、駅で電車を待っている」が聞き取れれば、(C) と判断できます。これから電車に乗るのですから、(D) ではありません。

9. 正解 (D) ルール 13 17

解説 ステージ2の内容をいかに正確に聞き取れているかが問われています。ステージ２の２文目の I received the design of the SIFL-75 from Tamar by e-mail, which I'm forwarding to you now. で「デザインをメールで転送する」旨を述べた後、I think it'll help Mr. Haas understand ...「それが Haas さんが…を理解するのに役立つと思う」の箇所から、(D) が正解であるとわかります。Ruby が Dylan に直接何かを勧めている表現はないので、聞いた内容をまとめた選択肢を選べる力が必要です。

10. 正解 (C) ルール 18 19

解説 ステージ 3 の If you have anything else to ask me, please e-mail me at my personal account.「もし、他に何か私に聞きたいことがあれば、私の個人用メールアドレスにメールして」が聞き取れれば正解できます。(A) は続く they have been having trouble giving me a call at this number「この番号にうまくかけられなかった」と矛盾します。

Part 5

11.

設問と訳

Maintaining ------- of our clients' personal information has always been a top priority.
(A) stock
(B) balance
(C) security
(D) advantage
弊社の顧客の個人情報の安全を維持することは、常に最優先事項です。

Words maintain 他動 維持する　priority 名 最優先事項

正解 **(C)** ……… ルール19

解説 選択肢にはすべて名詞が並んでいるので、語彙の問題です。意味を考えて判断します。(A) stock「株」、(B) balance「均衡」、(D) advantage「有利」は personal information「個人情報」とは結びつきません。(A) stock を「蓄積」と取ったとしても、冠詞のない単数形は不自然です。maintain「維持する」とも personal information とも意味が結びつく、(C) security「安全」が正解です。

12.

設問と訳

A new, ------- recycling system is scheduled to be adopted by the City of Manchester from October 1.
(A) convenience　(C) conveniently
(B) convenient　(D) convene
新しい便利なリサイクルシステムがマンチェスター市で 10 月 1 日から採用されることになっています。

正解 **(B)** ……… ルール2

解説 品詞の問題です。**＜限定詞（冠詞、所有格など）＋形容詞＋名詞＞が名詞句の構成の基本**です。空所の前の形容詞 new は、空所の後ろの複合名詞 recycling system にかかっているので、空所の語もこの名詞にかかると考えられます。同じように名詞にかかる (B) 形容詞 convenient「便利な」が正解です。(A) convenience「便利さ」(名詞)。(C) 副詞 conveniently は名詞に直接かかることができません。(D) convene「集まる」(動詞)。

13.

設問と訳

Please ------- from using the company's computer equipment for personal business.

(A) prevent　　(C) avoid

(B) wait　　(D) refrain

私用で会社のコンピューターを使うのは控えてください。

Words equipment 名 装置　personal 形 私的な

正解 **(D)** ルール❹

解説 語彙の問題です。意味だけではなく、語法にどれだけ通じているかが問われています。ここでは空所の後の from に注目します。選択肢の中で from とともに用いる動詞は (A) prevent と (D) refrain ですが、prevent は prevent A from *do*ing「A が…するのを防ぐ」という使い方をします。この文では A に当たる語がありません。正解の (D) refrain は refrain from *do*ing「…するのを差し控える」という使い方をする TOEIC 頻出語です。Please refrain from using your cell phone.「携帯電話のご使用はお控えください」という注意書きは、電車などでもたびたび目にします。wait for A to *do*「A が…するのを待つ」、avoid *do*ing「…するのを避ける」も覚えておきましょう。

14.

設問と訳

Jo Min, Chief Executive Officer of YMO, Inc. officially announced that he is seeking somebody who can help ------- complete his company's restructuring plans.

(A) him　　(C) his

(B) himself　　(D) he

YMO 社の最高経営責任者 Jo Min は、会社の再建プランを完成させるのを手伝ってくれる人物を探していることを公式に発表しました。

Words officially 副 公式に　announce 他動 発表する　complete 他動 完成させる
restructure 他動 再建する

正解 **(A)** ルール⓯

解説 代名詞の問題。関係代名詞 who 以下は、直前の somebody にかかっています。who の節の動詞部分は can help で、help X *do*「X が…するのを手伝う」という語法を知っていれば、空所は A に当たる部分で、help の目的語になることがわかります。この文では、「Jo Min が自分の会社の restructuring plans を完成させるのを手伝う」という意味になればよいので、Jo Min を指す him が正解です。

ここも押さえよう！

help X (to) *do*、help (to) *do*「(X が) …するのを手伝う」は、アメリカ英語を中心に to を使わない用法が一般的です。
基本語 help にはさまざまな使い方があります。help A with B「B のことで A を手伝う」(この用法では同義語は assist/aid)、cannot help *doing* / X「…すること / X をせざるを得ない」(この用法では同義語は avoid)、また会話では Would you **help** me **out**?「手伝っていただけますか」のように help X out という句動詞がよく使われます。

Part 7

訳

問題 15-17 は次の社内メモに関するものです。

社内メモ

宛先：全社員
発信者：営業部長 Peyton Thorndike
日付：3 月 27 日
件名：コピーに関するルールの再確認

5 階の備品室の前にコピー機が 1 台あります。この機械は自分で 100 より少ない部数のコピーを取る場合に使うことができます。しかし、100 を超える部数のコピーを取りたい場合は、印刷・コピー担当の Molly Stanfield から許可を得なければなりません。コピー申請用紙に記入して彼女に提出してください。氏名、部署、コピーの事由の他、必要なコピー部数を記入するのを忘れないようにしてください。申請の承認には通常およそ24時間、印刷の作業にはさらに 24 時間かかることを知っておいてください。記入用紙は 5 階のコピー機のすぐ隣にあります。これはオフィスを環境に配慮したものにする試みのひとつです。どうかご理解・ご協力をお願いします。

コピーの手続きに関する質問がありましたら、E メールか電話のどちらかで Stanfield さんに連絡してください。

15. 社内メモはなぜ送られたのですか。
(A) 新しい残業規則を従業員に説明するため。
(B) 新しい設備について従業員に知らせるため。
(C) 事務手続きについて知らせるため。

(D) 再生紙を使うように奨励するため。

16. 社内メモによると、100 部を超えるコピーを取りたい人はどうしたらいいですか。
(A) Peyton Thorndike に連絡する。 (C) 経費報告書に記入する。
(B) 用紙を提出する。 (D) 上司に相談する。

17. 社内メモにはどのような情報が含まれていますか。
(A) Stanfield さんの連絡先 (C) コピー機の使い方
(B) 余った紙がある場所 (D) 用紙に記入する必要がある事項

Words supply room 備品室 be in charge of X Xを担当する inform 他動 知らせる regarding 前 Xに関して fulfillment 名 遂行、実行

15. 正解 (C) ルール 17 20

解説 件名に Reconfirming the Photocopying Policy とあるので、コピーに関し既にある規則の再確認のお知らせであるとわかります。コピー機使用に関する手続き、決まりが書かれているので、それらの内容をまとめて表している (C) が正解です。(A) 残業規則が変わった、(B) 設備が新しくなった、(D) 再生紙を使うように勧める、という内容は書かれていません。

16. 正解 (B) ルール 16 20

解説 3文目にまず、make 100 copies or more「100部以上のコピーをする」というキーフレーズが見つかります。その文から先を続けて読むと、「Molly Stanfield から許可を得た上、コピー申請用紙に記入して彼女に提出する」とあるので、(B) が正解です。(A) Peyton Thorndike はこの社内メモの書き手で、自分に連絡するよう求める内容は書いていません。(C) (D) については言及がありません。

17. 正解 (D) ルール 12 13

解説 5文目に、Do not forget to fill in the number of copies you need as well as your name, your department, and your reason for photocopying.「氏名、部署、コピーの事由の他、必要なコピー部数を記入するのを忘れないように」とあるので、これをまとめた (D) が正解です。(A) 最後の文に、please feel free to contact Ms. Stanfield ... or phone「Eメールか電話のどちらかで Stanfield さんに連絡してください」とはありますが、具体的な連絡先は書かれていません。

訳

問題 18-20 は次の記事に関するものです。

Eメールはあなたを悩ませていませんか。
会社員は通常、1日に200通を超えるEメールを受信します。どうりでたくさんのメールに私たちが圧倒されるわけです。Eメールをうまく扱う方法は他にないのでしょうか。役立つと思われるいくつかのコツを挙げました。
#1. あまりにも頻繁にメールをチェックしない
新しいメールをひっきりなしにチェックせずに、今の仕事にもっと集中することです。決まった時間にEメールを読んで返信するようにすると、仕事の効率は必ず上がります。
#2. 後で処理するメッセージにはマークをつける
注意が必要なメッセージで、すぐに対処できないものを見逃さないようにしましょう。どのメールの処理がまだで、それがどのくらいあるのかを知っておくのは重要です。
#3. テンプレートを使い、コピー&ペーストする
テンプレートを作り、使用することで、定期的に同じ、または同様の情報を必要とする、返信のための時間をずい分節約することができます。また、コンピューターの最も得意とする機能の1つを無駄にしてはいけません。それは、1つの文書から別の文書に情報をコピーし、貼りつける機能です。タイプする時間を節約しましょう。他の文書からコピーし、Eメールに貼りつけましょう。これらの機能の使い方がわからない方は、今日覚えてください。時間をかける価値はあります。

18. この記事は誰に向けて書かれていると思われますか。
(A) コンピューターソフトウエアの専門家
(B) 郵便業務担当の職員
(C) 一般の会社員
(D) スポーツジャーナリスト

19. Eメールを処理する方法として述べられていないものはどれですか。
(A) すべてのメッセージをすぐに読む。
(B) 他のEメールからの情報を使う。
(C) Eメールをチェックする時間を決める。
(D) 後で読むべきEメールに印をする。

20. [1]、[2]、[3]、[4] と記載された箇所のうち、次の文が入るのに最もふさわしいのはどれですか。
"It's worth the investment of your time."
(A) [1]
(B) [2]
(C) [3]
(D) [4]

Words overwhelmed 形 圧倒された、参った　handle 他動 扱う　focus on X Xに集中する
tip 形 コツ、工夫　current 形 現在の　constantly 副 絶え間なく　specific 形 特定の
definitely 副 必ず、絶対に　keep track of X Xを見逃さない　template 名 型、サンプルフォーム
feature 名 機能、特徴　investment 名 投入、投資

18. **正解** **(C)** ルール⑰

解説 冒頭の An average business person「平均的なビジネスパーソン」から推測できるように、この記事は、ビジネスに携わる一般社会人が対象と考えられるので、(C) が正解です。(B)(D) については、記述がありません。また、最後の方に、コピー&ペースト機能の使い方について、If you don't know how to use these features「これらの機能の使い方がわからない方は」という記述があることから、(A) は違うとわかります。

19. **正解** **(A)** ルール⑱⑳

解説 本文を読まなくても、#1 ~ #3 の見出しと選択肢を比較すればわかるものもあります。(A) #1 の見出しと矛盾するのでこれが正解です。(B) #3 の内容特に Copy from other documents and paste into e-mails. という箇所と一致します。(C) #1 の２文目 Assigning a specific time to read and reply to e-mail will definitely improve the efficiency of your work.「Ｅメールを読んで返信するための時期を決めると、仕事の効率は必ず上がります」と一致。(D) #2 の見出しを言い換えたものです。

20. **正解** **(D)** ルール⑥⑯

解説 挿入する文の it が何を指すか、つまり「何が時間をかける価値があるのか」ということを考えます。#3 の最後に If you don't know how to use these features, learn them today.「これらの機能の使い方がわからない方は、今日覚えてください」とあるので、この後ろに来れば copy and paste のやり方を習得する時間に価値があると意味が通るので (D) が正解です。

ここも押さえよう！

与えられた文を適切な位置に挿入するタイプの問題は、①挿入する文の扱う話題に関係する内容を述べている箇所を探す、②挿入する文中の代名詞あるいは〈限定詞＋名詞〉の内容を表わす語句を探すのが一般的な攻略法です。

テーマ別ボキャブラリー　Business Communication「ビジネスコミュニケーション」

Nouns 名詞

□ account	口座、(e-mail などのサービスの) アカウント、説明 account for X　X を説明する、占める accounting department 経理部
□ supervisor	監督者 ⇔ subordinate 部下
□ supply	供給量、《-ies》必需品　他動 供給する supply X with Y = supply Y to X　X に Y を供給する

Verbs 動詞

□ check	確認する　check out 出る　check X up　X を調査する
□ convey	伝える
□ create	創造する　creative 形 創造的な　creatively 副 創造的に creation 名 創造
□ duplicate	複製する、複写する
□ enclose	封に入れる
□ handle	扱う（= deal with）
□ prepare	準備する　prepare (X) for Y　Y のために（X を）準備する preparation 名 準備　preparatory 形 準備の
□ report	報告する　report to X　X に直属している、X に報告する
□ submit	提出する　(= hand X in, turn X in)

Adjectives & Adverbs 形容詞・副詞

□ attached	添付の　attachment 名 添付
□ regular	規則的な　regularly 副 規則正しく (= on a regular basis) regulate 他動 規制する　regulation 名 規則、規制
□ upcoming	来たる
□ worth	価値がある

Others その他

□ be accustomed to *doing*　…するのに慣れている (= be used to *doing*)

□ regarding　前 X に関して（= about, on, concerning）

Unit 3

Travel

旅行

Part 1	1問
Part 2	3問
Part 3	3問
Part 4	3問
Part 5	4問
Part 7	6問

合計：20問

リーディング目標時間：8分

問題

Part 1 13

次の写真の描写として最も適切なものを、(A) ~ (D) から 1 つ選びましょう（英文は印刷されていません）。

1.

Part 2 14-16

最初の文への応答として最も適切なものを、(A) ~ (C) から 1 つ選びましょう（最初の文と応答は印刷されていません）。

2. Mark your answer on your answer sheet.
3. Mark your answer on your answer sheet.
4. Mark your answer on your answer sheet.

Part 3 17

会話を聞いて、次の設問文に対する答えとして最も適切なものを (A) ~ (D) から 1 つ選びましょう（会話は印刷されていません)。

5. Where does the conversation most likely take place?
(A) At a travel agency
(B) At a restaurant
(C) In a train station
(D) In a hotel

6. What does the woman request?
(A) A room number
(B) A signature
(C) A coupon
(D) A password

7. What will the man probably do next?
(A) Go out to a restaurant
(B) Take a bath
(C) Provide personal information
(D) Ride an elevator

Part 4 18

説明文を聞いて、次の設問文に対する答えとして最も適切なものを (A) ~ (D) から 1 つ選びましょう（説明文は印刷されていません)。

8. Who is the advertisement most likely for?
(A) Travel agents
(B) Airline representatives
(C) Business travelers
(D) Restaurant managers

9. What does the speaker say about Checker's Inn hotels?
(A) They are less expensive than competitors'.
(B) Their business started a few years ago.
(C) They are found at all airports.
(D) They are located in major cities.

10. How can listeners receive a discount?
(A) By filling out a questionnaire
(B) By signing up for a membership
(C) By staying more than two nights
(D) By using a gift certificate

This is the end of the Listening test. Turn to Part 5 in your test book.

GO ON TO THE NEXT PAGE

Part 5

空所に入る最も適切なものを (A) ~ (D) から 1 つ選びましょう。

11. ------- just north of the Santa Monica Pier, Santa Monica Beach is one of the most popular beaches on the West Coast.
(A) Locating
(B) Having located
(C) Located
(D) To be located

12. A gratuity charge is not ------- included on the bill at restaurants unless it is noted below the total.
(A) approximately
(B) automatically
(C) respectively
(D) costly

13. Getting from the airport to the downtown area is relatively simple ------- Chicago's variety of transportation options.
(A) from
(B) at
(C) with
(D) to

14. Purchasing a Montreal City Pass is an excellent way to save money ------- visiting some of the city's most popular tourist attractions.
(A) as
(B) during
(C) while
(D) although

Part 7

1つ、または複数の文書を読んで、各設問に対する答えとして最も適切なものを(A)～(D)から1つ選びましょう。

Questions 15-16 refer to the following advertisement.

South Beach

Enjoy Oregon's Complete Seaside Destination!

Dine on some of the finest seafood on the West Coast.

Explore a variety of activities including biking, fishing, sailing, whale watching, and more!

Check out these events!

✓ **South Beach Fireworks Festival**
6/29

✓ **Outdoor Music Concerts**
7/10, 7/17, 8/5, 8/12

✓ **Annual Lobster Festival**
9/14-17

15. According to the advertisement, what food is popular in South Beach?
(A) Green vegetables
(B) Chicken
(C) Mushrooms
(D) Seafood

16. Which event is held for only one day?
(A) Whale watching
(B) The Fireworks Festival
(C) The Lobster Festival
(D) Musical concerts

GO ON TO THE NEXT PAGE →

Questions 17-20 refer to the following letter.

January 28
Heather Chisholm
11 E 9th Ave, Vancouver,
BC V4T 1R8, Canada

Dear Ms. Chisholm:
This is to express our deep appreciation for your consistent patronage at Seeker's Hub and to also give back to those who have assisted us since we launched our business in New York eight years ago.

On February 21, Seeker's Hub will be opening a new branch office in Toronto. We believe that it will benefit our customers residing in Canada. As a token of our gratitude for the support we have received over the years, we would like to offer a free membership to Canadian residents such as yourself for a new service that is scheduled to coincide with the new office's opening. This membership will give you a 15% discount on any of our travel arrangement services.

To sign up for this membership service, simply e-mail membership-canada@seekershub.com no later than April 28. We will then issue a password and a web link to use the service. Please note that after the designated date, an annual 50 dollar (Canadian) membership fee will be required for registration.

We look forward to serving you again.

Sincerely yours,

Andrew Craig

Andrew Craig
Director of the Customer Representative Department
Seeker's Hub, Seattle Branch

17. Why was the letter written?
(A) To thank Ms. Chisholm for her recent payment
(B) To request information about travel arrangements
(C) To notify Ms. Chisholm of a new service
(D) To provide Ms. Chisholm with technical support

18. When will Seeker's Hub's new membership service most likely start?
(A) In January
(B) In February
(C) In March
(D) In April

19. What is indicated about Seeker's Hub?
(A) It is more than twenty years old.
(B) It is scheduled to open a branch in Vancouver.
(C) It manufactures skincare products.
(D) It has a branch office in Seattle.

20. What is suggested about Ms. Chisholm?
(A) She is going to meet up with Mr. Craig soon.
(B) She currently resides outside Canada.
(C) She recently traveled to New York.
(D) She has been a loyal customer of Seeker's Hub.

Stop! This is the end of the test. If you finish before the time is called, you may go back to Parts 5 and 7 and check your work.

解答と解説

Part 1

1. 13 M:

トランスクリプト	訳
(A) People are putting on bathing suits.	(A) 人々は水着を着ている最中である。
(B) Some buildings are reflected in the water.	(B) いくつかの建物が水面に映っている。
(C) A boat is floating by the pier.	(C) ボートが桟橋のそばに浮かんでいる。
(D) Several people are swimming in the ocean.	(D) 何人かの人々が海で泳いでいる。

Words bathing suit 水着 (= swim suit) reflect 他動 映す、反射する float 自動 浮かぶ pier 名 桟橋

正解 **(D)** ルール❶❷

解説 (A) put on は「身につける動作」を表します。People are wearing ... ならば、「身につけている状態」を表すので正解になります。(B) 建物は写真の中に確認できません。(C) 桟橋もボートも写真に写っていません。この「そばに」(=beside, near) を表わす by の用法も正誤とは関係なく押さえておきましょう。海で泳いでいる人が何人か見えるので、正解は (D) です。

ここも押さえよう！

put on を含む選択肢の英文は誤りだとよく言われます。しかし、実際は、鏡の前でメガネを試着している The woman is putting on a pair of glasses.「女性はメガネを身につけている最中です」のような選択肢が正解になる問題が出題されることもあります。あくまで動詞部分の動作と状態の区別が大事だという基本を押さえるようにしてください。また、同じような鏡の前の女性が The woman is looking at her reflection (in the mirror). のように描写されることもあります。

Part 2

2. 14 W: [Canada] M: [UK]

トランスクリプト	訳
Hello, I've got a reservation with you.	すみません。予約してあるのですが。
(A) So, do you want to check out now?	(A) では、今チェックアウトしたいのですか。
(B) And your name, ma'am?	(B) では、お名前をお願いします。
(C) I've found Helen a bit reserved.	(C) ヘレンは少しおとなしいと気づいた。

Words reservation 名 予約　reserved 形 控えめな

正解 (B) …… ルール 8 10

解説 ホテルの受付での会話です。最初の文は、Hi, I'd like to check in, please. などと同様に客がチェックインする際に言うフレーズです。これに対して、客の名前を確認している (B) が自然な応答です。(A) check out はホテルを出る客に対して使うフレーズなので、不適切です。(C) reserved が音のひっかけに使われています。

ここも押さえよう！

check in には Where can I check in my suitcase?「どこでスーツケースをチェックインすればいいのですか」のように、他動詞の用法もあります。また、check out にも「(図書館などで本を) 借りる」「確かめる」という他動詞の用法があります。

3. 15 M: [UK] W: [Australia]

トランスクリプト	訳
How long will you be staying in San Francisco?	いつまでサンフランシスコにいるのですか。
(A) Please stay in touch with us.	(A) 連絡を取り合いましょう。
(B) About thirty minutes by train.	(B) 電車で 30 分ほどです。
(C) I'll be here until Saturday.	(C) 土曜日まではここにいます。

Words stay in touch with X　X と連絡を取り合っている

正解 (C) …… ルール 6 8 10

解説 冒頭の How long をしっかり聞き取ることは大事ですが、それだけでは対応できない問題もあります。この問題の場合、(A) は stay を使った音のひっかけがある上、内容も全く関係がないので除外できますが、(B) は How long のみで判断すると選んでしまうかもしれません。サンフランシスコでの今後の滞在期間に関する問いへの応答なので、until Saturday と期間を答えている (C) が正解です。

4. 16 W: M:

トランスクリプト

Should we take the train, or would you rather drive there?
(A) The train is fine. It's faster.
(B) When did you arrive?
(C) Yes, I love driving.

訳

電車で行きましょうか、それともそこまで車を運転して行きますか。
(A) 電車がいいですよ。その方が速いので。
(B) あなたはいつ着きましたか。
(C) はい、運転は大好きです。

Words would rather *do* むしろ…したい

正解 **(A)** ルール 6 7 8

解説 A or B の形をした選択疑問文です。それに対して A か B のどちらかを選ぶ場合は、正解の (A) のように A is[would be] fine[great]. のような言い方をすることが多いです。(B) これからのことを話しているのに、過去の質問をするのは不自然です。(C) このタイプの質問に Yes/No で答えることは原則としてできません。I love driving. は話し手の一般的な好き嫌いを答えていて、運転することを選んでいることにはなりません。

Part 3

17 M: W:

トランスクリプト

Questions 5 through 7 refer to the following conversation.
M: **(#1)** Hi, I have a reservation under Wyatt Carey.
W: **(#2)** Okay, just a sec. Let me confirm that please. Oh, yes, Wyatt with two Ts, Carey.... A single room with bath for two nights. Would you take a moment to look through the information on this sheet? And if all the information is correct, please sign your name at the bottom here.
M: All right.... Here you are.
W: **(#3)** Thank you, Mr. Carey. Here's your key. Your room is 413. The elevator is right over there. Can you see it? Also, here are complimentary breakfast coupons. You can use one per morning for a full American-style buffet at the restaurant on the 2nd floor. Have a good rest of the day!

訳

問題 5-7 は次の会話に関するものです。

(男性):Wyatt Carey の名前で予約してあると思いますが。

(女性):かしこまりました、少々お待ちください。確認いたします。そうですね、t が2つの Wyatt に Carey ですね…。バスつきのシングルで2泊ですね。この用紙の内容を確認していただけますか。もし、内容に間違いがなければ、こちら、用紙の一番下にサインをお願いします。

(男性):わかりました…。はい、どうぞ。

(女性):ありがとうございます、Carey 様。こちらがキーです。お部屋は413号室です。エレベーターはあちらにございます。ご覧になれますか。また、こちらは無料の朝食券です。1枚で1回分のアメリカ式の朝食バイキングを、2階のレストランでお召し上がりいただけます。どうぞごゆっくりお休みください。

5. 会話が行われている場所はどこだと考えられますか。

(A) 旅行代理店
(B) レストラン
(C) 電車の駅
(D) ホテル

6. 女性が要求しているのは何ですか。

(A) 部屋番号
(B) サイン
(C) クーポン
(D) パスワード

7. 男性は次に何をすると思われますか。

(A) 外のレストランに行く。
(B) 風呂に入る。
(C) 個人情報を提供する。
(D) エレベーターに乗る。

Words confirm 他動 確認する at the bottom of X Xの下部に complimentary 形 無料の buffet 名 バイキング形式の食事

5. 正解 (D) ルール 19 20

解説 会話全体の話題が提示されるステージ1で、have a reservation ... と、ホテルの受付での典型的な会話が聞こえます。この部分だけでもわかりますが、詳細情報が示されるステージ2の4文目 A single room with bath for two nights.「バスつきのシングルで2泊ですね」の部分を聞けば、より確実に (D) を選ぶことができます。

6. 正解 (B) ルール 12

解説 ステージ2で女性は男性の名前を確認した後、紙を男性に見せて、please sign your name at the bottom here. と頼んでいます。この sign を名詞形にした (B) signature

が女性が要求しているものです。

7. 正解 (D) ルール⑱⑲

解説 ステージ3では、女性がキーを渡しながらエレベーターの位置を示した後、朝食サービスについての情報を追加しています。(A) も可能のように思えますが、チェックインが朝食前に行われるのは不自然であるとともに、最後の Have a good rest of the day! はある程度時刻が遅くなってから使われる表現なので、会話が行われたのは朝ではないと推測できます。(B)(C) については全く言及がないので、部屋に行くためにエレベーターに乗る (D) が最も可能性の高い行動だと判断します。

Part 4

⑱ M:

トランスクリプト

Questions 8 through 10 refer to the following advertisement.
(#1) If you frequently go on business trips, try staying at Checker's Inn next time. **(#2)** Checker's Inn has properties in key business destinations across the world. Currently, you can find Checker's Inn in 23 countries and 125 cities. It offers a shuttle bus service to the nearest airport or train station. Also, all Checker's Inn hotels feature both traditional guest rooms as well as suites. Free guest amenities include a full continental breakfast at the Checker's Breakfast Corner, wireless high-speed Internet access, and use of a fitness center 24 hours a day. Plus, Checker's Inn is currently offering a special discount for the holiday season. If you stay more than two nights, you'll get a 20% discount on the third night's accommodations. **(#3)** Planning to go somewhere on business? Reserve a room at Checker's Inn.

訳

問題 8-10 は次の広告に関するものです。
頻繁に出張にお出かけの皆様、次回は Checker's Inn にお泊まりください。Checker's Inn は世界中の主要なビジネスの拠点にございます。現在のところ、Checker's Inn は世界 23 カ国 125 都市でご利用いただけます。最寄りの空港や鉄道の駅までのシャトルバスを運行しております。また、Checker's Inn のホテルはすべて、伝統的なゲストルームとスイートルームをご用意しております。ご宿泊のお客様は、Checker's Breakfast Corner での大陸式朝食をはじめ、ワイヤレスの高速インターネット接続、24 時間営業のフィットネスセンターが無料でご利用になれます。加えて、現在 Checker's Inn では、休暇シーズンの特別割引を行なっています。3泊以上お泊まりのお客様には3泊目を 20%割引にいたします。どちらかへ出張の計画中ですか。お部屋は Checker's Inn にご予約ください。

8. 広告は誰に向けたものだと考えられますか。
(A) 旅行代理業者　(C) 商用での旅行者
(B) 航空会社の営業担当者　(D) レストラン経営者

9. 話し手は Checker's Inn のホテルについて何と言っていますか。
(A) 競争相手よりも値段が安い。　(C) すべての空港の中で見つけることができる。
(B) 数年前に営業を開始した。　(D) 主な都市に位置している。

10. 聞き手はどのようにしたら割引を受けることができますか。
(A) アンケートに記入する。　(C) 3泊以上泊まる。
(B) 会員登録する。　(D) 商品券を使う。

Words business trip 出張　property 名 地所、不動産　destination 名 目的地　traditional 形 伝統的な　amenity 名 恩恵、特典　continental 形 ヨーロッパ大陸の

8. 正解 (C) ルール⑲

解説 商業広告では、最初にどのようなサービスについての広告かが明確に述べられるのが普通です。ステージ1で If you frequently go on business trips, try staying at ...「たびたび出張にお出かけの皆様、…にお泊まりください」とあるので、ホテルの宣伝で、出張するビジネスマンに向けられているものだとわかります。したがって、(C) が正解です。

9. 正解 (D) ルール⑳

解説 ステージ2の冒頭に、... has properties in key business destinations across the world「世界中の主要なビジネスの拠点にございます」とあることから、(D) が正解だとわかります。(A)(B) については述べられていません。(C) 空港についてはステージ2の3文目で、シャトルバスがあることのみが述べられています。

10. 正解 (C) ルール⑬⑯⑰

解説 ステージ2では、ホテルが提供するさまざまなサービスについて述べられているので、内容を整理しながら聞かなければなりません。このとき、Also、Plus など、列挙するときに使われるディスコースマーカーが内容の構造を教えてくれます。Plus の後で、割引があることを述べており、その条件として If you stay more than two nights「3泊以上お泊まりのお客様には」と言っているので、(C) が正解です。

ここも押さえよう！

ディスコースマーカー（つなぎ言葉）：話し言葉では頻繁に文と文の間、ときには文中にもつなぎの役割をするディスコースマーカーが使われます。これには、you know, well, um, oh など、沈黙を避けるためというような、**会話の相手への配慮**からなされるものと、however, also, therefore など、長めのメッセージを伝えるときに**話の論理構造を示す**役割を果たすものとの２種類があります。TOEIC では Part 3 の会話に前者が、Part 4 のトークに後者が多く出る傾向があります。

Part 5

11.

設問と訳

------- just north of the Santa Monica Pier, Santa Monica Beach is one of the most popular beaches on the West Coast.

(A) Locating
(B) Having located
(C) Located
(D) To be located

サンタモニカビーチは、サンタモニカ桟橋のちょうど北に位置しており、西海岸で最も人気のあるビーチの１つです。

正解 **(C)** ルール❸❹

解説 コンマの後ろは完全な文で、コンマの前がこの文に副詞のようにかかっていると判断できます。just north of the Santa Monica Pier「サンタモニカ桟橋のちょうど北に」の意味なので、「～にあるので」という内容につなげればいいのですが、locate「位置させる」は他動詞なので、受け身の形で「位置する」の意味になります。「ビーチが位置する」のであって、「ビーチが位置させる」のではないですから、(A) と (B) は除外できます。正解は (C)。(D) 副詞の働きをする to *do* は「…するためには」という意味なので、意味が通りません。

ここも押さえよう！

動詞の –ed/en 形や -ing 形には、be 動詞の後ろや名詞の前後などでの形容詞の働きをするのに加え、副詞のカタマリを作る用法もあります。このとき、-ed/en 形、-ing 形の動作の主体は、かかっていく文の主語と同じになります。

Tired from working long hours at my desk, I decided to take a coffee break.

一般に -ed/en 形はかかっていく文へ「因果関係」を示す

(be) tired from ... の状態にあるのは I

「長時間にわたる机に向かう作業に疲れたので、私はコーヒー休憩を取ることにした」

While working on her second album, Sarah McKenzie is also hosting a popular youth TV show in Canada.

一般に -ing 形は「同時性」を示す

working on ... しているのは Sarah McKenzie

「２枚目のアルバムに取り組む傍ら、Sarah McKenzie はカナダの若者向け人気テレビ番組の司会もしています」

12.

設問と訳

A gratuity charge is not ------- included on the bill at restaurants unless it is noted below the total.

(A) approximately
(B) automatically
(C) respectively
(D) costly

レストランのサービス料は、合計金額の下に記載されていない限り、自動的に勘定書に含まれることはありません。

Words gratuity 名 謝礼、チップ　bill 名 勘定書　note 他動 書き留める、言及する

正解 (B) ルール❷

解説 語彙の問題。すべて -ly で終わる語が並んでいます。(A)(B)(C) は副詞であり、included「含まれる」を説明できる (B)「自動的に」が正解。(A) approximately「おおよそ」は多くの場合、approximately 30 minutes「おおよそ 30 分」のように<数字＋名

詞＞の前に来ます。(C) respectively「それぞれ」は、Matilda and Abigail are 27 and 31 years old, respectively.「Matilda と Abigail はそれぞれ27歳と31歳だ」のように、複数のものを順番に列挙するのに使います。(D) は副詞ではなく形容詞「高価な」なので、included の前に来ることができません。語法の知識で解く問題です。

13.

設問と訳

Getting from the airport to the downtown area is relatively simple ------- Chicago's variety of transportation options.

(A) from　　(C) with
(B) at　　(D) to

空港からダウンタウンに行くのは、シカゴにあるさまざまな交通機関の選択肢があり、比較的簡単です。

Words relatively 形 比較的に

正解 **(C)** ルール⑭

解説 前置詞の問題です。空所の前の「ダウンタウンに行くのは簡単」と、空所の後ろの「シカゴにある交通機関の選択肢の多様性」の関係を考えます。原則として起点を表す (A) from「～から」、点としての場所を表す (B) at「～で」、到達点を表す (D) to「～へ」では、文意が成り立ちません。(C) 空所の前は＜ with ＋状況を表す語句＞を受けての結果となっています。

14.

設問と訳

Purchasing a Montreal City Pass is an excellent way to save money ------- visiting some of the city's most popular tourist attractions.

(A) as　　(C) while
(B) during　　(D) although

Montreal 市内の最も有名な観光名所を訪れている間に、市内パスを購入するのはお金を節約するよい方法です。

Words purchase 他動 購入する　attraction 名 呼び物、持ち味

正解 **(C)** ルール①⑮

解説 空所の前は完全な文の形になっています。空所の後は動詞の -ing 形から始まり、語句が続いています。(D) の although「～だけれども」は意味上不適切です。(A) as「～する時」、(B) during「X の間」(C) while「～する間」は意味上はどれでもよさそうですが、この意味の (A) と (B) には、動詞の -ing 形で始まるカタマリを続けることができません。

(C) while はかかってつなぐ接続詞なので、SV で始まる完全な文が続くのが基本ですが、＜主語＋ be 動詞＞が省略された形として -ing 形を後に続けることができます。よってこれが正解です。

ここも押さえよう！

かかってつなぐ接続詞

Jessica likes her job **though** <u>she sometimes complains about the salary</u>.

S　V　S　V

「Jessica は時々給料に文句を言うけれども、仕事は気に入っている」

この文の中で、though に続く S ＋ V はもう 1 つの S ＋ V ... に意味上かかっています。また、この though S ＋ V を Jessica likes の前に持ってくることもでき、意味は変わりません。こういう働きをする語（句）を、かかってつなぐ接続詞と言います。though の他にも、although, because, since, even though, when, if, unless などがあります。

Part 7

訳

問題 15-16 は次の広告に関するものです。

South Beach

Oregon の完全なる海辺の保養地を**満喫してください！**

西海岸で最高の海の幸を**お召し上がりください。**

サイクリング、釣り、ヨット、ホエールウォッチングなど、さまざまなアクティビティを**やってみてください！**

イベントをチェック！
South Beach 花火大会　6/29
屋外音楽会　7/10、7/17、8/5、8/12
毎年恒例ロブスター祭　9/14 ～ 17

15. 広告によると、South Beach ではどのような食べ物が人気がありますか。

(A) 緑色の野菜
(B) 鶏肉
(C) キノコ
(D) シーフード

16. 1日しか開催されないのはどのイベントですか。

(A) ホエールウォッチング
(B) 花火大会
(C) ロブスター祭
(D) 音楽祭

Words dine 自動 食事する　including 前 X を含んだ

15. 正解 (D) ルール20

解説 what food とあるので、食べ物に関係する dine「食事をする」という動詞に続く箇所を読みます。the finest seafood とあるので、(D) が正解です。

16. 正解 (B) ルール20

解説 Which event とあるので、Check out these events! の下を読みます。すると、South Beach Fireworks Festival が6月29日の1日しか予定されていないことがわかるので、(B) が正解です。(A) Whale watching は a variety of activities「さまざまなアクティビティ」の1つとして紹介しているので、event ではない上に1日のみとは言及されていません。

訳

問題 17-20 は次の手紙に関するものです。

1月28日
Heather Chisholm 様
11 E 9th Ave, Vancouver,
BC V4T 1R8, Canada

Chisholm 様
このEメールは、日頃から Seeker's Hub をご愛顧いただいているお客様への感謝を表し、8年前にニューヨークで業務を始めて以来お引き立てくださいましたことに対してお返しをするためのものです。

Seeker's Hub は、2月21日に Toronto に新しい営業所を開く準備が整います。弊社は、このことがカナダにお住まいのお客様に利益をもたらすと信じております。長年にわたって弊社を支えてくださったことへの感謝の印として、あなたのようにカナダにお住まいのお客様に、新しい営業所の業務開始と同時に始まる予定のこの新サービスへの無料の会員資格をご提供したいと存じます。会員になりますと、すべての旅行手配サービスが 15%割引となります。

この会員資格サービスにお申し込みを希望される場合は、4月28日までに membership-canada@seekershub.com まで E メールでご連絡ください。その後、弊社よりサービスをご利用いただくためのパスワードとリンク先を発行いたします。期日を過ぎた場合、ご登録の際に年間50カナダドルの会員料が必要となります。

引き続きご利用をお待ち申し上げております。

敬具
Andrew Craig
顧客サービス部担当取締役
Seeker's Hub　Seattle 営業所

17. なぜこのメールは書かれたのですか。
(A) 最近の支払いに対するお礼を言うため。
(B) 旅行の手配に関する情報を求めるため。
(C) 新しいサービスについて知らせるため。
(D) 技術サポートを提供するため。

18. Seeker's Hub の新会員サービスはいつ始まると思われますか。
(A) 1月
(B) 2月
(C) 3月
(D) 4月

19. Seeker's Hub について示されていることは何ですか。
(A) 20年以上営業を続けている
(B) Vancouver に営業所を開く予定である
(C) スキンケア商品を製造している
(D) Seattle に営業所がある

20. Chisholm さんについてわかることは何ですか。
(A) Craig さんと近いうちに会う予定である
(B) 現在はカナダの外に住んでいる
(C) 最近ニューヨークへ旅行に行った
(D) Seeker's Hub の長年の顧客である

Words　patronage 名 支援、引き立て　launch 他動 開始する　as a token of X　X の印として　gratitude 名 感謝　resident 名 居住者　coincide with X　X と同時に起こる　arrangement 名 準備、手配　simply 副 単に　registration 名 登録

17. 正解 (C) ･･････････････････････････ ルール⑰

解説 Eメールを書いた理由を尋ねています。第1パラグラフを見ると、優良顧客である Chisholm さんに返礼をしたいとあります。その内容を探すべく第2パラグラフを読むと、3文目に we would like to offer a free membership to Canadian residents such as yourself for a new service「あなたのようにカナダにお住まいのお客様に、この新サービスへの無料の会員資格をご提供したい」とあります。これを言い換えた(C)が正解です。

18. 正解 (B) ･･････････････････････････ ルール⑬⑳

解説 第2パラグラフの後半に、a new service that is scheduled to coincide with the new office's opening「新しい事務所が開くと同時に予定されている新サービス」とあります。同パラグラフの1行目に On February 21, Seeker's Hub will be opening a new branch office とあるので (B) が正解です。

19. 正解 (D) ･･････････････････････････ ルール⑳

解説 手紙の一番下の Craig さんの宛名の所に Seeker's Hub, Seattle Branch とあるので (D) が正解。(A) we started our business in New York eight years ago, (B) opening a new branch office in Toronto, (C) our travel arrangement services とそれぞれ矛盾します。

20. 正解 (D) ･･････････････････････････ ルール⑫⑳

解説 your consistent patronage, have helped us since we started our business, for the support we have received over the years, といった記述から Chisholm さんが長年の顧客であることが伺えます。

状況にコメントするときの口語表現

- That sounds promising.（うまくいきそうだね）
- That's more like it.（その方がいいよ）= That's better.
- Way to go!（その調子）
- It/That happens.（よくあることだよ）
- Can't be helped.（仕方がないよ）
- That's not the end of the world.（最悪って訳じゃないよ）
- It is what it is.（人生そんなもんだよ）
- It is (just) one of these days（バタバタだね）
- I got tied up.（すごく忙しいんだ）
- Give me a break.（勘弁してよ）
- Now you are talking.（そうこなくっちゃ）
- That makes two of us.（そうだね）= I agree with you.

テーマ別ボキャブラリー　Travel「旅行」

Nouns 名詞

- □ accommodations　宿泊施設、収容施設
- □ budget　予算
- □ destination　目的地 ⇔ point of departure 出発地
- □ transit　輸送、交通機関、乗り継ぎ

Verbs 動詞

- □ collect　集める　collection 名 収集
- □ confirm　確認する (= make sure of X)　confirmation 名 確認
- □ correct　訂正する、直す　形 正しい　correctly 副 正しく　correction 名 訂正
- □ dine　食事をする　diner 名 食堂、レストラン
- □ get [stay] in touch with　連絡を取る（= contact, reach, communicate with）
- □ include　含む　including 前 X を含めて ⇔ excluding 前 X を除いて
- □ note　気づく（= notice）
- □ notify X of Y　X に Y を知らせる (= inform X of Y)
- □ purchase　購入する
- □ reflect　映す、反射する　reflection 名 映った姿
- □ reside　居住する（= live）　resident 名 居住者　residence 名 居住、住居　residential 副 居住の
- □ transfer　乗り換える
- □ vary　変わる；変える　various 副 さまざまな（= a variety of）

Adjectives & Others 形容詞・その他

- □ at the bottom of X　X の底に⇔ on top of X　X の上に、上部に
- □ frequent　形 頻繁な　frequently 副 頻繁に　frequency 名 頻度
- □ round-trip　形 往復の

Unit 4

Operation

業務

Part 1	1問
Part 2	3問
Part 3	3問
Part 4	3問
Part 5	4問
Part 6	4問
Part 7	4問

合計：22問

リーディング目標時間：9分

問題

Part 1 19

次の写真の描写として最も適切なものを、(A) ～ (D) から 1 つ選びましょう（英文は印刷されていません）。

1.

Part 2 20-22

最初の文への応答として最も適切なものを、(A) ～ (C) から 1 つ選びましょう（最初の文と応答は印刷されていません）。

2. Mark your answer on your answer sheet.
3. Mark your answer on your answer sheet.
4. Mark your answer on your answer sheet.

Part 3 23

会話を聞いて、次の設問文に対する答えとして最も適切なものを (A) ~ (D) から1つ選びましょう（会話は印刷されていません)。

5. What is the conversation mainly about?
(A) A new design
(B) A defect in products
(C) Canceled orders
(D) Sales in summer

6. What is the woman concerned about?
(A) A shortage of manpower
(B) A drop in sales
(C) A presentation topic
(D) A store location

7. What will the woman most likely do next?
(A) Talk to her supervisor
(B) Go to a meeting room
(C) Check inventories
(D) Call a supplier

Part 4 24

説明文を聞いて、次の設問文に対する答えとして最も適切なものを (A) ~ (D) から1つ選びましょう（説明文は印刷されていません)。

8. On what day is the talk most likely heard?
(A) Monday
(B) Wednesday
(C) Thursday
(D) Saturday

9. What is mentioned about the trade exhibition?
(A) PR members are not available.
(B) There are not enough brochures.
(C) No space is allocated for the booth.
(D) Customers may speak foreign languages.

10. What do the listeners probably do next?
(A) Show a promotional video
(B) Tour international customers
(C) Move some cartons
(D) Check Qwickprint 7

This is the end of the Listening test. Turn to Part 5 in your test book.

GO ON TO THE NEXT PAGE →

Part 5

空所に入る最も適切なものを (A) ～ (D) から 1 つ選びましょう。

11. The wholesale price of eggs is up about 8% over last year as ------- by many economists.
(A) predict
(B) predicted
(C) prediction
(D) predictably

12. Monthly fees will be automatically withdrawn ------- credit card or electronic funds transfer on the third day of each month for that month's dues.
(A) either
(B) via
(C) until
(D) over

13. Annika Poulsen, ------- works are appreciated internationally, is considered a remarkable instructor as well.
(A) which
(B) who
(C) whom
(D) whose

14. Ms. Rodriguez ------- the work delay to a scheduling conflict between the factory and the suppliers.
(A) blamed
(B) attached
(C) submitted
(D) attributed

Part 6

文書を読んで、空所に入る最も適切なものを (A) ~ (D) から 1 つ選びましょう。

Questions 15-18 refer to the following information.

Friday, August 27

Dear Guest,

Please be advised that, as requested by the Birmingham Fire Department, the Philosopher's Inn ------- (15.) its annual fire drill on Monday, September 1 at 2:00 P.M. All elevators will remain ------- (16.). The test will last approximately 15 minutes.

Should you have any questions, please dial 9 from your room phone and ask to speak with a member of ------- (17.) hotel management team.

------- (18.).

Satomi Takeuchi

Service and Security Department Manager

15. (A) was conducted
(B) will be conducted
(C) will be conducting
(D) has been conducting

16. (A) operation
(B) operate
(C) operational
(D) operates

17. (A) my
(B) your
(C) our
(D) their

18. (A) Thank you for your cooperation.
(B) Please visit www.philosophersinn.com
(C) I am looking forward to hearing from you.
(D) We apologize for the inconvenience.

GO ON TO THE NEXT PAGE →

Part 7

1つ、または複数の文書を読んで、各設問に対する答えとして最も適切なものを(A)～(D)から1つ選びましょう。

Questions 19 through 22 refer to the following text messages.

Megan Harrap [2:07 P.M.]	I've been receiving a number of customer complaints over these past few days.
Laurie Schultz [2:08 P.M.]	Oh, that's too bad. May I ask what they are about?
Megan Harrap [2:10 P.M.]	They are all about our Web site. Everybody wants to know more about Masashi Wada's latest book.
Laurie Schultz [2:11 P.M.]	Oh, really? that's a bit strange. If I remember correctly, it is set to come out next week. It should be on it.
Megan Harrap [2:12 P.M.]	Oh, then there must be something wrong with our Web site. We probably should inform Anne of this. She is responsible for things like that.
Anne Chen [2:14 P.M.]	Hey, guys. Actually, I'm working on what you guys are just talking about at the moment. Give me a few minutes.
Laurie Schultz [2:15 P.M.]	So, what is happening?
Anne Chen [2:17 P.M.]	Well, I found out that the Masashi Wada profile we put on our Web site contained inaccurate information, and I decided to make it invisible until I fully correct it. Anyway, I'm done! Everything should be fine now. Sorry for the trouble this has caused.
Megan Harrap [2:18 P.M.]	Not at all. I'm glad that the problem has been fixed. Thanks for your hard work.

Send

19. For what type of company does Megan most likely work?

(A) A publishing company

(B) A law firm

(C) A coffee shop chain

(D) A insurance company

20. According to Laurie, what will happen next week?

(A) A new café will open.

(B) A book will be published.

(C) She will go on a business trip.

(D) She will get a promotion.

21. What is suggested about Anne Chen?

(A) She receives many phone calls from customers.

(B) She is Laurie and Megan's supervisor.

(C) She maintains and updates a Web site.

(D) She published a book a few weeks ago.

22. At 2:17 P.M., what does Anne mean when she writes, "Everything should be fine now"?

(A) There is fairly good weather outside the building.

(B) Her physical condition has become better.

(C) Laurie has never done anything wrong.

(D) There is no longer a problem with the Web site.

Stop! This is the end of the test. If you finish before time is called, you may go back to Parts 5, 6, and 7 to check your work.

解答と解説

Part 1

1. 19　M:

トランスクリプト	訳
(A) Boats are passing under the bridge.	(A) ボートは橋の下を通っている。
(B) A bike has been secured to the pole.	(B) 自転車はポールに固定されている。
(C) Cartons are being moved.	(C) 段ボール箱は移動されている最中である。
(D) A flock of birds is hovering above the water.	(D) 鳥の群れが水の上で空中を舞っている。

Words secure X to Y X を Y にしっかり固定する　hover 自動 空中を舞う

正解 (C) ………… ルール 1 3

解説 (A) ボートは見えますが、橋の下を通ってはいません。(B) 手前の木は pole とも考えられますが、自転車は見当たりません。(C) 段ボール箱は cardboard box の他に carton と呼ばれることもあります。段ボールを積み重ねて運んでいる人たちが見えるので、これが正解です。(D) 鳥の姿は 1 羽も見られません。

Part 2

2. 20　M:　W:

トランスクリプト	訳
Where should I put this box?	この箱をどこに置きましょうか。
(A) The box office is closed.	(A) 切符売り場は閉まっています。
(B) I got this new desk yesterday.	(B) 昨日この新しい机を手に入れたんです。
(C) Well, let me think for a moment.	(C) ええと、ちょっと考えさせてください。

正解 (C) ………… ルール 6 8 10

解説 冒頭の Where を聞き取ることは大前提ですが、それだけですべて対処できるわけではありません。(A) box が音のひっかけで、選択肢の内容は全く違います。(B) よく聞いていないと desk が箱を置く場所だと勘違いしそうですが、動詞と時制をしっかり聞き取れば間違いだとわかります。(C) このように答えを保留する応答も正解になります。

ここも押さえよう！

5Ws & How で始まる質問に対しての直接の答えが必ず返ってくるとは限りません。日常生活同様、次のような間接的な応答も考えられます。

＜答えを知らないと言う＞ (Sorry,) I have no idea. / I'm not the best person to answer that.

＜答えを他（人）に預ける＞ Follow the signs. / Ask Kate. / Maybe Alan can help you.

＜質問し返す＞ You mean, [Are you talking about] Friday's show? / What day do you have in mind?「何曜日にしようとお考えですか」

3. 21　W:　M:

トランスクリプト	訳
Isn't it better to order more paper?	もっと紙を注文した方がいいんじゃないですか。
(A) This one is much better.	(A) この方がずっといいです。
(B) Yes, list them in order of priority.	(B) はい、優先度順に表にしてください。
(C) Yes, there's little left.	(C) そうですね。ほとんど残っていません。

Words priority 名 優先（すること）

正解 **(C)** ルール 6 8 10

解説 Isn't it better to *do*? は提案を表し、このような表現には That sounds good to me. などの決まり文句での応答が多いですが、Yes/No で賛成／不賛成を表すこともあります。正解の (C) は Yes で提案に同意した後、会話が自然に流れています。(A) better を使った音のひっかけ。(B) Yes に続く内容がつながりません。order にひっかかってはいけません。

4. 22　M:　W:

トランスクリプト	訳
How far is the data center from here?	ここからデータセンターまでどのくらいですか。
(A) So far so good.	(A) これまでは万事順調です。
(B) It's a little dark here.	(B) ここは少し暗いですね。
(C) About fifteen minutes on foot.	(C) 歩いて 15 分ぐらいです。

正解 **(C)** ルール 6 8 10

解説 How far ～？は距離を聞く表現ですが、必ずしも mile や kilometer などの距離の単位で答えるとは限りません。正解の (C) のように時間を表す語句での応答は実際の会話でもよくあるパターンで、流れとして自然です。(A) far、(B) dark、here の音のひっかけに注意しましょう。

Part 3

23 M: W:

トランスクリプト

Questions 5 through 7 refer to the following conversation.

M: **(#1)** Summer is coming soon, so I'm sure that our short-sleeved shirts and bathing suits sales will increase within a few weeks. **(#2)** Should we order more products like that?

W: I think we should. Also, we need to get more staff at many of our retail stores. You know, last year we hired about 300 people from May to September temporarily. According to climate forecasts, this summer will be really hot all across Europe. I can't imagine how many temporary staff members are needed—you know, to handle the increase in sales during the summer vacation.

M: **(#3)** Right. We should probably have a sales meeting right away to discuss these matters in detail.

W: Sounds like a plan. I'll go talk to Mr. Kramer. Remember, you need permission to call a meeting.

訳

問題 5-7 は次の会話に関するものです。

（男性）：夏が迫っているから、きっと数週間以内に、半袖のシャツと水着の売れ行きが伸びるよ。こういった商品をもっと注文した方がいいかな。

（女性）：そうね。それに、小売店の多くにもっとスタッフがいないと。わかるでしょ、去年約 300 人の臨時スタッフを５月から９月まで雇ったじゃない。気象予報によると、ヨーロッパ中がものすごく暑くなるらしいわよ。ねえ、今年の夏の休暇シーズンになって売り上げが伸びるのに対応するにはどれだけの臨時スタッフが要るか、想像できないわ。

（男性）：そうだね。多分、こういったことがらを細かいところまで話し合うために、営業会議をすぐに開いた方がいいみたいだな。

（女性）：いい考えね。Kramer さんに話してくる。会議の招集には許可がいるんでしょ。

5. 主に何についての会話ですか。

(A) 新しいデザイン
(B) 製品の欠陥
(C) キャンセルされた注文
(D) 夏の売り上げ

6. 女性が心配していることは何ですか。
(A) 人手不足 (C) プレゼンテーションのトピック
(B) 売り上げの落ち込み (D) 店舗の場所

7. 女性は次に何をすると考えられますか。
(A) 上司と話をする (C) 在庫を確認する
(B) 会議室に行く (D) 業者に連絡する

Words short-sleeved 形 半袖の temporary 形 一時的な、臨時の permission 名 許可 call a meeting 会議を招集する

5. 正解 (D) ルール⑰⑱

解説 ステージ１で男性が商品の売り上げが伸びることに関する話題を提供し、それに応じて注文を増やすべきかどうかを女性に尋ねています。女性はそれに同意し、スタッフについてはどうするのかという問題を展開しているので、(D) が正解です。

6. 正解 (A) ルール⑬⑯⑲

解説 ステージ２内の詳細情報を正確に聞き取ることが要求されています。女性はまず「小売店の多くにもっとスタッフがいないと」と述べた後、According to climate forecasts, this summer will be really hot all across Europe.「気象予報によると、ヨーロッパ中がものすごく暑くなる」と、気象によっても売り上げに影響があることを述べ、I can't imagine how many temporary staff members are needed「どれだけの臨時スタッフが要るか、想像できない」と心配しています。したがって、(A) が正解です。be concerned というのはネガティブな内容なので、ステージ２で数回聞こえる you know というディスコースマーカーや、声のトーンが正解のヒントになっています。

7. 正解 (A) ルール⑱⑲

解説 この設問のような、これからすることに関しては、たいがいステージ３で述べられます。I'll go talk to Mr. Kramer. で、第三者である男性に話しに行くことがわかります。また、you need permission「許可が必要」という部分から、この男性が上司であると推察できます。

ここも押さえよう！

つなぎ言葉としてのディスコースマーカー：ネイティブスピーカー、特にアメリカ人は沈黙を嫌います。そこで適切な言葉が見つからないときには、つなぎとして以下の言葉をよく使います。
actually（注意の喚起、相手の発言の訂正、意外な情報の提示）/ I mean（言い直し）/ uh, um《主に英》er（時間稼ぎ、ためらい、「ええと…」に相当）/ say（注意の喚起）/ well（時間稼ぎ、会話の転換）/ oh, ah（驚き、喜び、理解などの感情表現）/ hmm（思考中、ためらい）/ which (is)（言い換え）/ like（言い直し、言い換え、不安、例示 * 多用を嫌う人もいる）

Part 4

24 M:

トランスクリプト

Questions 8 through 10 refer to the following excerpt from a talk.
(#1) I appreciate you all coming to help us this weekend. **(#2)** As you know, most of our PR members have been out of town since Wednesday promoting Qwickprint 7 in the United States, and it's an emergency measure to ask for help from you guys in our engineering department for setting up the booth for our annual trade exhibition. I hope that you will get involved in helping us with this exhibit and enjoy the rare opportunity it provides to gather direct feedback from our domestic customers. **(#3)** Well... let's get started. First, we have to move these cardboard boxes of brochures over there.

訳

問題 8-10 は次の話の一部に関するものです。
週末に私たちの仕事を手伝いに来ていただき、皆さんありがとうございます。ご存じのように、広報のメンバーのほとんどが Qwickprint 7 の宣伝でアメリカに行っており、水曜日からここにおりません。毎年恒例の産業展示会のブース設営に、わが社のエンジニア部から皆さんにお手伝いいただくという差し迫った事情です。私たちがこの展示会をするのを手伝い、国内のお客様から直接ご意見をいただくまれな機会に積極的に参加いただけたらと思います。それでは、始めましょうか。まず、ここにあるパンフレットの入った段ボールを、向こうまで移さなければなりません。

8. この話は何曜日にされていると考えられますか。

(A) 月曜日　　(C) 木曜日
(B) 水曜日　　(D) 土曜日

9. 産業展示会について何が述べられていますか。
(A) 広報のメンバーがいない。 (C) ブースのためのスペースが割り当てられていない。
(B) パンフレットの数が足りない。 (D) 顧客が外国語を話すかもしれない。

10. 聞き手は次に何をすると思われますか。
(A) プロモーションビデオを見せる (C) 段ボール箱を動かす。
(B) 外国からの顧客を案内する (D) Qwickprint 7 を点検する。

Words be out of town 出かけている、持ち場を離れている promote 他動 販売促進する emergency measure 緊急措置 feedback 名 反応 brochure 名 パンフレット

8. 正解 (D) ルール⑬⑲

解説 ステージ1で「仕事を手伝ってもらっていることへのお礼」を簡潔に述べている文の最後に、this weekend とあるので (D) が正解です。時間を表す語句はトークの最初や最後でさりげなく述べられることがあるので、聞き逃さないように注意しましょう。

9. 正解 (A) ルール⑫⑬⑱

解説 ステージ2では、週末に仕事をしてもらっている背景について、詳細に説明されています。ステージ2の冒頭で言っている、most of our PR members have been out of town「広報のメンバーの多くはここにはいません」を言い換えた (A) が正解です。(B) brochures「パンフレット」、(C) booth「ブース」、(D) customers「顧客」は話の中に出てきますが、選択肢の内容は合っていません。

10. 正解 (C) ルール⑬⑱⑳

解説 このタイプの設問は多くの場合、ステージ3でヒントが述べられます。最後の we have to move these cardboard boxes の cardboard boxes を cartons と言い換えた、(C) が正解です。聞き手の注意を喚起する Well, First などのディスコース・マーカーに注意して聞くと、答えを聞き逃す可能性が少なくなります。(A) 言及されていません。(B) 意見をもらうのは domestic customers「国内の顧客」からです。(D) Qwickprint 7 は広報のメンバーがアメリカで売り込む商品です。

ここも押さえよう！

天気予報を除いては、設問で問われる「時を表す語句」はステージ1の最初、もしくはステージ3の最後で聞くことになります。冒頭の場合、気をつけなければいけないのは、Good morning. などのあいさつ表現になっていて、うっかり聞き逃してしまう可能性があることです。トークの末尾に述べられる場合の時間表現は、The next update is ...「次のアップデートは…時です」がほとんどです。Have a good weekend. などのあいさつ表現のみが設問のヒントとなっていたという例は多くありません。

Part 5

11.

設問と訳

The wholesale price of eggs is up about 8% over last year as ------- by many economists.

(A) predict
(B) predicted
(C) prediction
(D) predictably

卵の卸売価格は、多くの経済学者によって予想されたように前年に比べて約 8%上昇しています。

Words wholesale 副 卸売りの

正解 (B) ルール❶❷❸

解説 predict「予測する」とその派生語や変化形が並んでいます。(A) は動詞の原形、(B) はその -ed/en 形、(C) は語尾 -tion より名詞、(D) は＜動詞＋ -able ＋ -ly ＞より副詞「予想されるように」だと判断できます。空所の前の as は接続詞または前置詞、空所の後の by は前置詞なので、(A) と (D) は形から除外できます。as が前置詞の場合、(C) は形の上では可能ですが、「多くの経済学者による予想として」となり、意味がつながりません。as を接続詞と解釈し、as (it was) predicted by ～「～によって予想されたように」と取ると意味がつながるので、正解は (B)。

12.

設問と訳

Monthly fees will be automatically withdrawn ------- credit card or electronic funds transfer on the third day of each month for that month's dues.

(A) either (C) until
(B) via (D) over

月額料金は毎月３日にその月の分が、クレジットカードまたは電子振替決済によって自動的に引き落とされます。

Words electronic funds transfer 電子振替決済

正解 (B) ルール 9 14

解説 空所の前は完全な文になっているので、空所を含めた後ろは意味を添える副詞的なカタマリを構成することになります。(A) either は either A or B で名詞句を構成するので、当てはまりません。(B) の via は「～によって」という意味の前置詞で、これが正解。(C) 継続する動作・状態の終点を表す前置詞。(D) over にも手段を表す使い方がありますが、We heard the news over the radio. / I can't tell you this over the phone, など情報を伝達する際に使います。

例文でチェック！

I flew to Seoul **via** Tokyo.「私は東京経由でソウルへ飛んだ」
via は、この例文のような「X を経由して」の意味での用法も重要です。
Aoki, Co. and RMI, Inc. have officially reached an agreement **over** the sale of Riverman, Ltd., which the two companies had been investing in.「Aoki 社と RMI 社は両者が資本を投入している Riverman 社を売ることに関して正式に合意に達した」
この over は「X に関して」の意味で considering, regarding, relating to に書き換えることもできます。

13.

設問と訳

Annika Poulsen, ------- works are appreciated internationally, is considered a remarkable instructor as well.

(A) which (C) whom
(B) who (D) whose

Annika Poulsen は、国際的にその業績が高く評価されており、優れた教育者とも考えられています。

Words appreciate 他動 高く評価する　remarkable 形 注目すべき

正解 (D) ・・・ ルール⑮

解説 関係詞の問題は、空所の前を見て関係詞がかかる名詞を探し、それを代入したときの後ろの構造を考えます。この文でかかる名詞は人なので、(A) which は使えません。(B)(C)(D) は人に使えますが、空所の後ろに名詞 works があるので、「(その人の) 業績」と、形容詞的にかかる働きをする (D) whose が当てはまります。

14.

設問と訳

Ms. Rodriguez ------- the work delay to a scheduling conflict between the factory and the suppliers.

(A) blamed　(C) submitted
(B) attached　(D) attributed

Rodriguez さんは業務の遅れを、工場と納入業者のスケジュールがかみ合わないせいにしました。

Words scheduling conflict 予定の重複　supplier 名 納品業者

正解 (D) ・・・ ルール④

解説 語彙の問題です。(D) attribute A to B は「A の原因を B にあるとする」で、これが正解です。(A) blame A for B「A を B のことで責める」、blame A on B「A を B のせいにする」は、求められている意味には近いですが、前置詞が違います。(B) attach A to B「A を B にくっつける」(C) submit A to B「A を B に提出する」も頻出する動詞の用法です。

例文でチェック！

Matilda Gainhart **blamed** her busy work schedule **for** the cancellation of her concert.
「Matilda Gainhart はコンサート中止の理由を、仕事のスケジュールが厳しいせいにした」
Every delay was **blamed on** the manufacturer.
「すべての遅れは製造業者のせいになった」

例文でチェック！

I'm **attaching** my résumé **to** this e-mail.
「この E メールに私の履歴書を添付しています」
Lizzy has already **submitted** her report **to** her client.
「Lizzy は既に顧客に報告書を提出した」

Part 6

パッセージと訳

Questions 15-18 refer to the following information.

Friday, August 27

Dear Guest,

Please be advised that, as requested by the Birmingham Fire Department, the Philosopher's Inn -------(15.) its annual fire drill on Monday, September 1 at 2:00 P.M. All elevators will remain -------(16.). The test will last approximately 15 minutes.

Should you have any questions, please dial 9 from your room phone and ask to speak with a member of -------(17.) hotel management team.

-------(18.).

Satomi Takeuchi
Service and Security Department Manager

15. (A) was conducted
(B) will be conducted
(C) will be conducting
(D) has been conducting

16. (A) operation
(B) operate
(C) operational
(D) operates

17. (A) my
(B) your
(C) our
(D) their

18. (A) Thank you for your cooperation.
(B) Please visit www.philosophersinn.com
(C) I am looking forward to hearing from you.
(D) We apologize for the inconvenience.

問題 15-18 は次のお知らせに関するものです

8月27日 金曜

お客様各位
Birmingham 消防団からの要請で the Philosopher's Inn は9月1日 月曜日の午後2時に年次火災訓練を行ないます。エレベーターは全て通常通り動きます。訓練は約15分続く予定です。

もし、質問がございましたら、お部屋のお電話で9番をダイヤルしていただき、ホテルのマネジメントチームのメンバーと話をしたいとお伝えください。

ご協力よろしくお願いします。

Satomi Takeuchi
保安部長

15. 正解 (C) ルール❹❺

解説 文脈に合う適切な動詞の形を選ぶ問題。the Philosopher's Inn という宿泊施設が火災訓練を行なうのだから、受け身である (A) was conducted、(B) will be conducted はおかしい。文脈を考えると、宿泊客に知らせたとすると未来と考えるのが自然なので (C) will be conducting が正解。

16. 正解 (C) ルール❷❹

解説 正しい品詞の後を選ぶ問題。(B)(D) 文構造を確認すれば、すでに remain が動詞部分を作っているので別の動詞の operate を直後に置くことはできません。remain は基本的に後ろに形容詞をとるので (C) operational が正解。(A) remain in operation とすれば意味が通ります。

17. 正解 (C) ルール❾⓳

解説 正しい限定詞を選ぶ問題。空所の後ろに hotel management team とあり、この手紙がホテル側からのお知らせと考えると (C) our を選ぶのが最も自然です。

18. **正解** **(A)** ルール⑰⑲

(A) ご協力ありがとうございました。

(B) www.philosophersinn.com のサイトをご覧ください。

(C) あなたからのご連絡を楽しみにしています。

(D) ご不便をおかけしていることをお詫び致します。

解説 適切な文を挿入する問題。文脈から火災訓練をするのでご了承ください、ということだと考えれば協力をお願いしている (A) Thank you for your cooperation. がもっとも適切。

Part 7

訳

問題 19 − 22 は次のテキストメッセージに関するものです。

Megan Harrap [午後2時7分]	ここ数日、たくさんのお客様から苦情をいただいているの。
Laurie Schultz [午後2時8分]	それはお気の毒に。どんな内容だか聞いてもいい？
Megan Harrap [午後2時10分]	会社のウェブサイトのことなの。皆さん Masashi Wada の最新刊について知りたいみたいで。
Laurie Schultz [午後2時11分]	へえ、そうなの。それはちょっと変ね。私の記憶が確かなら、来週本が出るのよね。サイトにないとおかしいよ。
Megan Harrap [午後2時12分]	じゃあ、会社のウェブサイトに何か問題があるんだ。Anne にこのことを知らせた方がいいよね。彼女はこういうことをするのが仕事なんだから。
Anne Chen [午後2時14分]	2人とも。実は、今あなたたちが話していることに取り掛かってるの。数分待っていて頂戴。
Laurie Schultz [午後2時15分]	って、何が起きているの。
Anne Chen [午後2時17分]	うーん、私がうちのウェブサイトに Masashi Wada のプロフィールに間違った情報が載せられているのに気づいて、その部分が完全に直るまで見れないようにしたの、でも、終わったから。今は何も問題ないはずよ。迷惑かけてごめんなさい。
Megan Harrap [午後2時18分]	とんでもない。問題が解決してよかった。お仕事ご苦労様。
	送信

19. Megan はおそらくどのような会社で働いていると思われますか。

(A) 出版社
(B) 法律事務所
(C) コーヒーショップのチェーン店
(D) 保険会社

20. Laurie によると、来週何が起こりますか。

(A) 新しい喫茶店がオープンする
(B) 本が出版される
(C) 彼女が出張に出る
(D) 彼女が昇進する

21. Anne Chen についてわかることは何ですか

(A) 顧客からたくさんの電話を受ける
(B) Laurie と Megan's の上司である
(C) ウェブサイトの維持と更新を行なう。
(D) 数週間前本を出版した

22. 午後 2 時 17 分に、Anne が "Everything should be fine now." と書いているのはどういう意味ですか。

(A) 建物の外は非常にいい天気である
(B) 彼女の体調が良くなった
(C) Laurie は何も間違ったことをしたことがない
(D) ウェブサイトには何も問題がない

Words inaccurate 形 不正確な　invisible 形 見えない　fully 副 充分に

19. 正解 (A) ルール 19 20

解説 our Web site, latest book, is set to come out などの表現からおそらく出版社であることがわかります。

20. 正解 (B) ルール 5 19 20

解説 Laurie は it is set to come out next week. と言っていて、it = Masashi Wada's latest book であることから (B) が正解。

21. 正解 (C) ルール 19 20

解説 Megan の We probably should inform Anne of this. She is responsible for things like that. の発言から、彼女がウェブサイトの管理の仕事をしていることがわかります。

22. 正解 (D) ルール 18 19

解説 文脈からウェブサイトの問題が直ったことを指していることがわかります。

ここも押さえよう！

Online chat は一見難しいようですが、ネイティヴしかわからないようなスラングや省略形はほとんど出題されない上、行なわれるやり取りの流れはほとんど Part 3 と同じか、より単純化されたものなので Part 7 の中では比較的やさしい文書です。

Online chat の典型的なアウトラインは次の通りです。

❶＜冒頭部＞解決しなければいけない問題が提示される
❷＜中間部＞提示された問題への解決策が話し合われる
❸＜結末部＞問題解決後，未来への行動について言及する

テーマ別ボキャブラリー　Operation「業務」

Nouns 名詞

□ cardboard box	段ボール箱（= carton）
□ consequence	結果
□ contract	契約
□ cost	費用、経費　**他動**（費用が）かかる
	cost X Y　X に Y がかかる
□ initiative	取り組み、主導権、戦略構想
□ merchandise	商品
□ procedure	procedure for X　X の手順
□ value	価値　**他動** 価値を置く、評価する
	valuable **形** 価値の高い、貴重な

Verbs 動詞

□ achieve	成し遂げる（= succeed in）
	achievement **名** 達成
□ afford	持つ余裕がある
	can afford to *do*　…する余裕がある
□ approve a plan [a proposal]	計画［提案］を認める
	approval **名** 許可
□ assign	assign X to Y　Y に X を割り当てる
□ attempt to *do*	…しようとする
	attempt **名** 試み
□ cancel	取りやめる、中止する（= call X off）
	cancel a meeting 会議を中止する
□ demonstrate	明確に示す、説明する
□ designate	指定する
□ expand	拡張する
	expansion **名** 拡大
□ order	注文する　**名** 注文、命令、順番
□ oversee	監督する、管理する
□ secure	安全にする、確保する、しっかり固定する
	security **名** 警備、安全

Unit 5

Restaurant

レストラン

Part 1 —— 1問

Part 2 —— 3問

Part 3 —— 3問

Part 4 —— 3問

Part 5 —— 4問

Part 7 —— 7問

合計：21問

リーディング目標時間：9分

問題

Part 1 25

次の写真の描写として最も適切なものを、(A) ~ (D) から 1 つ選びましょう（英文は印刷されていません）。

1.

Part 2 26-28

最初の文への応答として最も適切なものを、(A) ~ (C) から 1 つ選びましょう（最初の文と応答は印刷されていません）。

2. Mark your answer on your answer sheet.

3. Mark your answer on your answer sheet.

4. Mark your answer on your answer sheet.

Part 3 29

会話を聞いて、次の設問文に対する答えとして最も適切なものを (A) ~ (D) から1つ選びましょう（会話は印刷されていません）。

Hot chocolate	$4.50
White hot chocolate	$4.60
Coffee	$2.70
Tea	$3.30

5. Where does the conversation most likely take place?
(A) In an office
(B) In a clothing store
(C) In a train station
(D) In a coffee shop

6. What is the man's problem?
(A) A meeting was canceled.
(B) An item was incorrect.
(C) He does not have much time.
(D) He does not have enough money.

7. Look at the graphic. How much does the man most likely pay for his drink?
(A) $2.70
(B) $3.30
(C) $4.50
(D) $4.60

Part 4 30

説明文を聞いて、次の設問文に対する答えとして最も適切なものを (A) ~ (D) から1つ選びましょう（説明文は印刷されていません）。

8. Who is Jake Clayborn?
(A) A restaurant chef
(B) A business owner
(C) A sales representative
(D) A reporter

9. What is true about the area?
(A) There are many restaurants.
(B) There are some tourist attractions.
(C) It is near the station.
(D) It is a residential area.

10. What is mentioned about the items served at PBI?
(A) The prices are reasonable.
(B) Drinks will cost extra.
(C) All items on the menu are made with local ingredients.
(D) They are popular among Europeans.

This is the end of the Listening test. Turn to Part 5 in your test book.

GO ON TO THE NEXT PAGE →

Unit 5

Part 5

空所に入る最も適切なものを (A) ～ (D) から 1 つ選びましょう。

11. Mom's Recipe, the leading restaurant in casual dining, is committed to ------- great food made from fresh ingredients at an affordable price.

(A) serve
(B) serving
(C) be served
(D) have served

12. Eating curry and rice for breakfast is becoming popular in Japan, ------- among young women.

(A) particularity
(B) particular
(C) particularly
(D) particularize

13. Generally speaking, ------- who work until very late are likely to purchase take-out food instead of cooking dinner at home.

(A) they
(B) their
(C) them
(D) those

14. Food storage should always be clean and inspected ------- for contamination.

(A) informally
(B) periodically
(C) accordingly
(D) humbly

Part 7

1つ、または複数の文書を読んで、各設問に対する答えとして最も適切なものを(A)～(D)から1つ選びましょう。

Questions 15-17 refer to the following advertisement.

Los Cablos Mexican Restaurant

Where good food and good friends make the difference.

● **Burrito Platters** ● **Nacho Platters** ● **Taco Platters** ● **Combination Plates** ● **Create Your Own Plate** ● **Fajitas** ● **Chimichangas** ● **Tortilla Soup** ● **Taco Salads**

Are you in the mood for spicy jalapenos or smooth guacamole? How about crunchy tacos or soft tortillas? We have all your favorite south of the border foods! Come and let your mouth have a fiesta!

Dine-in, Pick up, or Delivery

Open 7 Days a Week
Sun.– Sat. 11 A.M.– 10 P.M.

FREE DRINK COUPON

Buy any Lunch Entree at regular price and get one free large drink.

NOTE: Dine-in only. Limited time offer. Limit one coupon per visit. Please mention this coupon when ordering. Not valid in conjunction with Lunch Combos or other special offers. Offer good only at participating locations. Hurry! Offer expires 90 days from issue. No cash value. Copies, sales, or Internet distribution is prohibited.

GO ON TO THE NEXT PAGE →

15. What is being advertised?
(A) A dining experience
(B) A summer camp
(C) A printing service
(D) A delivery service

16. What is available with a coupon?
(A) Fajitas
(B) Tacos
(C) Tortilla Soup
(D) Beverage

17. How long is the coupon valid?
(A) About one week
(B) About one month
(C) About two months
(D) About three months

Questions 18-21 refer to the following magazine article.

Andrew's Food Journal

Stars (out of 5): ★★★✳

San Francisco (March 19)—While more and more Japanese restaurants are opening all across this country, the integrity of the food seems to be compromised. As one of those who is familiar with what to expect from an authentic Japanese restaurant given frequent visits to Japan, sadly, Kimono Sushi, on the west side of Berkeley, fell short of my expectations. — [1] —.

What I experienced at Kimono Sushi was far from the thoughtful niceties offered in Japanese establishments. I was led to a table that could be found in a common diner. Additionally, the menu was a mix of Japanese, Chinese, and Korean foods. — [2] —. I can only assume that since most Americans are not very knowledgeable about Japanese cuisine, some restaurants put any Asian food on the menu and get away with it.

All in all, for the average diner, Kimono Sushi is pleasant enough. The presentation of the food is favorable. The pond of carp in the center of the restaurant also adds a nice Asian touch. — [3] —. The selection of foods, the prompt and courteous service, and the atmosphere should satisfy most people looking for a special dinner out on the town. — [4] —. If you would like to experience real Japanese food, however, this is not the place to go.

18. In which of the positions, marked [1], [2], [3], and [4], does the following sentence best belong?
"This is unfortunately often the case in North America."
(A) [1]
(B) [2]
(C) [3]
(D) [4]

19. What is NOT mentioned about Kimono Sushi?
(A) The presentation of the food is good.
(B) The tables are similar to the ones at a casual restaurant.
(C) There is a pond in the center of the restaurant.
(D) The service is noticeably slow.

20. The word "touch" in paragraph 3, line 6, is closest in meaning to
(A) ability
(B) area
(C) detail
(D) quality

21. What does the reviewer imply?
(A) Kimono Sushi is on the east side of the city.
(B) Most Americans have eaten real Japanese food.
(C) He has eaten Japanese food in Japan many times.
(D) Kimono Sushi is not a good restaurant for ordinary Americans.

Stop! This is the end of the test. If you finish before time is called, you may go back to Parts 5 and 7 to check your work.

解答と解説

Part 1

1. 25　W:

トランスクリプト

(A) A vendor is serving a meal on the street.
(B) A woman is preparing a meal in a kitchen.
(C) Different kinds of fruit are being displayed.
(D) Diners have been seated outdoors.

訳

(A) 行商人が通りで食事を配っている。
(B) 女性が台所で食事の準備をしている。
(C) さまざまな種類の果物が陳列されている。
(D) 食事をする人たちが屋外に座っている。

Words vendor 名 売る人、行商人　display 他動 展示［陳列］する　diner 名 食事を取る客、軽食レストラン

正解 **(C)** ······ ルール 1 2 11

解説 (A)写真の中に通りはありません。(B)料理をしている女性の姿はありません。(C)果物が並べられた状態なので、これが正解です。<be + being + -ed/en 形 > なので、過去に display された状態が続いている、という意味合いです。(D) 座っている人、食べている人は写真の中に見受けられません。

Part 2

2. 26　M:　W:

トランスクリプト

How would you like your steak done?
(A) I will be done with the project soon.
(B) It was very outstanding.
(C) Medium, please.

訳

ステーキの焼き加減はいかがなさいますか。
(A) 間もなくこのプロジェクトは終わるはずです。
(B) それはとても際立っていました。
(C) ミディアムでお願いします。

Words outstanding 形 傑出した、目立った

正解 **(C)** ······ ルール 6 8 19

解説 ステーキの焼き加減を尋ねています。(A) 様態を尋ねる How で始まる質問への応答になっていません。(B) How would you like ～？という、これからのことに対する

要望を尋ねる質問に、It was と過去形で答えているのはおかしいので、不正解と判断できます。正解は (C)。その他の答えとして rare「レア（生焼け）で」、well-done「ウェルダンで（よく焼いて）」なども考えられます。

3. 27　W: 　M:

トランスクリプト	訳
Would you like to eat now or should we wait until the one o'clock meeting is finished?	今食事をしたいですか、それとも 1 時の会議が終わるまで待ちましょうか。
(A) No, I don't want to.	(A) いいえ、私はしたくありません。
(B) Either is okay with me.	(B) どちらでも構いません。
(C) The restaurant is highly recommended.	(C) そのレストランはとてもお勧めです。

正解 (B) ………… ルール 6 7 8

解説 「A と B のどちらか」を選んでもらう疑問文の場合、どちらかを選ぶ応答もありますが、「どちらでもいい」という応答もあります。(B) は後者の場合に使う表現です。

ここも押さえよう！

A or B 型の疑問文の応答

＜どちらかを選ぶ場合＞ I('d) prefer ... / (I think) ... is better.

＜どちらでもいい＞ Either would be fine[okay] (with me). / It doesn't matter to me./ I don't care.

＜相手に選択を譲る＞ You choose. / You can decide. / Whichever you like.

＜どちらも嫌＞ I don't like either. = I like neither. / Neither (one) is okay with me.

4. 28　M: 　W:

トランスクリプト	訳
How does Mexican food sound?	メキシコ料理なんかどう？
(A) Didn't we have that last week?	(A) 先週食べなかった？
(B) He's flown to Mexico.	(B) 彼は飛行機でメキシコに行きました。
(C) Yes, it was noisy.	(C) そうですね、うるさかったです。

正解 (A) ………… ルール 8 10

解説 設問も選択肢も短く、正確な聞き取りが要求される問題です。How does X

sound? は、「X はどう？」という意味で、話し手が何かを勧めたり提案したりする場合に使う表現です。これに対して、間接的に賛成できない理由を答えている(A)が正解です。(B) 冒頭の How のみしか聞き取れないと、これを選んでしまいます。Mexico は音のひっかけです。(C)sound から連想される noisy という語が聞こえますが、質問文と意味がつながりません。

Part 3

29 W: M:

トランスクリプト

Questions 5 through 7 refer to the following conversation and list.

W: **(#1)** Good morning, can I help you?

M: Yes, I'd like an old-fashioned donut and a white hot chocolate without whipped cream to go. **(#2)** I'm in a bit of a hurry. So could you prepare my order quickly?

W: Well, I can serve you the donut right away. I'm afraid it'll take a few minutes to make a white hot chocolate, though. Would you like a coffee instead? I can make it faster.

M: Yes, please. **(#3)** This morning I've got to get to the office before eight o'clock to attend a meeting. So how much does it cost?

訳

問題 5-7 は次の会話とリストに関するものです。

（女性）：おはようございます、ご注文は？

（男性）：はい、オールドファッションのドーナツとホイップクリームなしのホワイトココアを持ち帰りで。ちょっと急いでいるんです。すぐご用意いただけますか。

（女性）：そうですね、ドーナツはすぐにお出しすることができます。でも、ホワイトココアは数分かかってしまいます。代わりにコーヒーになさいますか。それならもっと早くご用意できます。

（男性）：ええ、お願いします。今朝は会議に出るために、８時前には会社に着かなきゃいけないんですよ。それで、いくらですか。

5. 会話はどこで行われていると考えられますか。

(A) オフィス
(B) 衣料品店
(C) 鉄道の駅
(D) コーヒーショップ

6. 男性の問題は何ですか。

(A) 会議が中止になった。
(B) 商品が間違っていた。
(C) あまり時間がない。
(D) 十分なお金を持っていない。

7. 図表を見てください。男性は自分の飲み物にいくら払うと思われますか。
(A) 2 ドル 70 セント
(B) 3 ドル 30 セント
(C) 4 ドル 50 セント
(D) 4 ドル 60 セント

Words a bit of X 少しの X

5. 正解 (D) ルール⑱⑲

解説 店員の決まり文句の can I help you? に対して、I'd like an old-fashioned donut ... と答えているので、正解は (D) と判断できます。(B) 衣料品店の店員や (C) 駅員も Can I help you? と言うことはあり得ますが、応答の部分から誤答と判断することができます。会話の話題を提示しているステージ 1 を聞き逃すと、会話の全体像がわからなくなり複数の設問の解答に影響するので集中して聞きましょう。

6. 正解 (C) ルール⑫

解説 ステージ 2 の最初で I'm in a bit of a hurry. と言っているので、これを言い換えた (C) が正解です。(A) meeting という言葉は出てきますが、中止になるとは言っていません。(B) 注文品は変更されますが、間違っていたからではありませんし、(D) 男性はお金を支払おうとしていますが、お金が足りないという話にはなっていません。

7. 正解 (A) ルール⑥⑧

解説 Would you like a coffee instead?「(ホワイトココアを) コーヒーに変えますか」という女性の提案に、男性が Yes, please. と答えているので、(A) が正解です。

Unit 5

Part 4

30 M:

トランスクリプト

Questions 8 through 10 refer to the following broadcast.
(#1) Good morning. This is Calgary Public Broadcasting. I'm Jake Clayborn, your *Around the Town* correspondent. Today, I'm going to introduce you to a new place to eat breakfast. **(#2)** PBI, which stands for Public Breakfast International, opened just two weeks ago and is getting the attention of businesspeople working on 11th Street. PBI serves pancakes, donuts, muffins, and Belgian waffles, as well as regular English or Continental breakfasts. Every breakfast item is served with tea or coffee, all for four dollars. Since there had been no restaurant in this area, many people are happy about

having a restaurant like this so close to the central station. **(#3)** Lucinda Huberman, the owner of PBI, predicts that more and more businesspeople will come to this restaurant because of its location and reasonable prices.

訳

問題 8-10 は次の放送に関するものです。
おはようございます。Calgary 公共放送です。「街角で」コーナー記者の、Jake Clayborn が担当しております。今日は朝食を食べるための新しい場所をご紹介します。PBI—Public Breakfast International を表わすそうです—が、2 週間前にオープンしたばかりですが、11 番通りで働く会社員の注目を集めています。PBI では通常の英国式、コンチネンタル式の朝食に加えて、パンケーキ、ドーナツ、マフィン、ベルギーワッフルが楽しめます。すべての朝食メニューは紅茶またはコーヒーがついて 4 ドルです。この地域にはレストランがなかったので、多くの人が Central 駅の間近にこのようなレストランができたことを喜んでいます。PBI のオーナーの Lucinda Huberman は、立地と手頃な値段のためにこのレストランに来る会社員がどんどん増えると予想しています。

8. Jake Clayborn とは誰ですか。
(A) レストランの料理人
(B) 会社経営者
(C) 販売担当者
(D) レポーター

9. この地域について当てはまるのはどれですか。
(A) たくさんのレストランがある。
(B) いくつかの観光名所がある。
(C) 駅の近くにある。
(D) 住宅地である。

10. PBI で出される商品について述べられていることは何ですか。
(A) 価格が手頃である。
(B) 飲み物は別途お金がかかる。
(C) すべてのメニューは地元の食材を使って作られている。
(D) ヨーロッパの人に人気がある。

Words correspondent 名 通信員、記者　stand for X（略号が）X を表す　predict 他動 予測する

8. 正解 (D) ルール 17 19

解説 テレビ・ラジオなどの番組ではまず、番組名と話し手の名前、何のニュースかがステージ 1 で明確に述べられます。This is Calgary Public Broadcasting. I'm Jake Clayborn, your *Around the Town* correspondent.「Calgary 公共放送です。『街角で』コーナー記者の、Jake Clayborn が担当しております」と言っているので、(D) が正解です。

9. 正解 (C) ルール⑱

解説 この放送で紹介されているレストランに関する細かい情報は、ステージ2に出てきます。ステージ2の4文目に、having a restaurant like this so close to the central station「中央駅の間近にこのようなレストランができたこと」とあるので、(C) が正解です。(A) は 同 文 の there had been no restaurant in this area「この地域にはレストランがなかった」と矛盾します。(B) 観光名所についての言及はありません。(D) ステージ2 の最初の文に businesspeople working on 11th Street とあることから、ビジネス街と推察できます。

10. 正解 (A) ルール⑰⑱⑲

解説 ステージ3で、businesspeople will come to this restaurant because of its location and reasonable prices と、店の魅力として2つの要素が挙げられています。商品についての魅力は後者の「手頃な値段」なので、(A) が正解。(B) ステージ2の3文目 Every breakfast item is served with tea or coffee, all for four dollars.「すべての朝食メニューは紅茶またはコーヒーつきで4ドルです」と矛盾。(C)(D) には言及していません。

Part 5

11.

設問と訳

Mom's Recipe, the leading restaurant in casual dining, is committed to ------- great food made from fresh ingredients at an affordable price.

(A) serve　(C) be served
(B) serving　(D) have served

カジュアルダイニングの大手レストランである Mom's Recipe は、すべての人を満足させる、新鮮な素材からできた良い商品を出すことに尽力しています。

Words leading 形 有数の、優れた、首位にいる　ingredient 名 材料

正解 (B) ルール③

解説 動詞の形の問題です。be committed to *do*ing「…することに尽力する」を知っていれば、難なく (B) を選べますが、知らないと to の後ろには原形の (A) を選んでしまいがちです。to *do*ing を使う形には他に be dedicated to *do*ing「…することに献身する」、contribute to *do*ing「…することに貢献する」、be opposed to *do*ing「…することに反対する」、be entitled to *do*ing「…する資格がある」などがあります。

12.

設問と訳

Eating curry and rice for breakfast is becoming popular in Japan, ------- among young women.

(A) particularity (C) particularly
(B) particular (D) particularize

朝食にカレーライスを食べることは、日本で、とりわけ若い女性の間で人気が出てきています。

正解 (C) ルール 1 2

解説 品詞の問題です。(A) particularity「特異であること」は名詞。コンマの後ろに名詞が来る場合は、コンマの前の名詞（要素）の言い換えになっていないといけません。(B) particular「特別の」は形容詞。かかっていく名詞がないので不正解です。(C) particularly「とりわけ」は副詞で、among young women「若い女性の間で」にかかり、この位置に来ることができます。(D) particularize「詳しく述べる」。-ize は動詞の語尾。この文の主語は Eating ... breakfast に対応する形ではありません。

ここも押さえよう！

１つの文の中で動詞部分が３つ以上ある場合は、SV, V, and[or] V のように、最後の動詞部分以外は動詞部分がコンマでつながる形になりますが、２つのみの場合は SV and[or] V のような形になります。このことからも (D) は不適切だとわかります。

13.

設問と訳

Generally speaking, ------- who work until very late are likely to purchase take-out food instead of cooking dinner at home.

(A) they (C) them
(B) their (D) those

一般的に言えば、夜遅くまで働いている人は、自分の家で夕食を作らずにテイクアウトの食事を買う傾向にあります。

Words generally speaking 一般的に言えば　be likely to *do* ～しそうである　purchase 他動 購入する

正解 (D) ルール 1 15

解説 代名詞の問題。空所の直後に who work until very late「遅くまで働く」という関係代名詞の節があり、その後ろに be 動詞 are があることから、空所にはこの節がかかる代名詞で、動詞 work の主語になるものが入るとわかります。主語になる語は (A) と (D) ですが、後に関係代名詞 who が続くことができるのは (D) those のみです。those who ～で、「～する人」(= people who) という意味を表します。

ここも押さえよう！

It's me **who**'s to blame.「責められるべきなのは私です」のような限られた文構造のときを除いて、特定の人を明示する代名詞に、その人を限定する語句である who ... が you who, them who のように使われることは現代英語ではありません。
代名詞の他の用法として押さえておいた方がよいのは次のようなものです。
Eric's movies are more educational than **those** of Todd (=Todd's).
「エリックの映画はトッドの映画よりためになる」
A president's job is way easier than **that** of a vice president.
「社長の仕事は副社長の仕事よりずっとやさしい」

14.

設問と訳

Food storage should always be clean and inspected ------- for contamination.

(A) informally (C) accordingly
(B) periodically (D) humbly

食糧貯蔵場所は常に清潔にし、汚染がないかどうか定期的に検査されなければなりません。

Words storage 名 貯蔵、保管 (< store 他動 蓄える) inspect 他動 検査する contamination 名 汚れ、汚染(物質)

正解 (B) ルール❸

解説 語彙の問題です。be inspected「検査される」が内容上、最も自然に結びつくのは、(B) periodically「定期的に」です。(A) informally「非公式に」は casually の同義語。(C) accordingly は前に出てきた内容を受けて「それ相応に、それ故に」という意味になります。(D) humbly「謙虚に」。

Part 7

訳

問題 15-17 は次の広告に関するものです。

Los Cablos メキシコ料理店
よい食事とよい友達が違いを生む

ブリトー・プラッター／ナチョス・プラッター／タコス・プラッター／コンビネーション・プレート／お好みプレート／ファヒータ／チミチャンガ／トルティーヤ・スープ／タコス・サラダ

スパイシーなハラペーニョやなめらかなグアカモーレのご気分ではありませんか。パリッとしたタコス、あるいは軟らかいトルティーヤはいかがでしょう。私どもはお客様のお気に入りの、国境の南、メキシコのお料理をすべてご用意しております！　ご来店になり、お口で食の祭典をお楽しみください！

店内でのお食事、テイクアウト、デリバリーいずれも可

毎日営業
日曜日から土曜日　午前 11 時～午後 10 時

無料ドリンククーポン
通常のお値段でランチのお料理を 1 品お買い上げいただきますと、
L サイズのドリンクが 1 つつきます。

ご注意:店内でお召し上がりの場合に限られます。期間限定です。1 度のご来店につき、クーポン 1 枚のご利用に限らせていただきます。ご注文の際にクーポンご使用とお知らせください。ランチコンボや他の特典との併用はできません。加盟店舗のみで有効です。お急ぎください！クーポンは発行から 90 日で期限が切れます。現金との交換はできません。クーポンの複写、販売、インターネットでの譲渡は禁じられています。

15. 何が宣伝されていますか。
(A) 食事の体験
(B) サマーキャンプ
(C) 印刷サービス
(D) デリバリーサービス

16. クーポンで入手できるのは何ですか。
(A) ファヒータ
(B) タコス
(C) トルティーヤ・スープ
(D) 飲み物

17. クーポンはどのくらいの期間、有効ですか。

(A) 約1週間　(C) 約2カ月
(B) 約1カ月　(D) 約3カ月

Words crunchy 形 パリッとした　border 名 国境　fiesta 名 祝祭（日）

15. 正解 (A) ルール⑲⑳

解説 広告の最初に大きく Los Cablos Mexican Restaurant とあるので、メキシコ料理のお店の宣伝であることがわかります。これを一般的に言い換えた (A) が正解です。

16. 正解 (D) ルール⑳

解説 設問文に coupon とあるので広告の下部のクーポン部分を見ると、FREE DRINK COUPON と書いてあります。したがって、(D) が正解。(A)(B)(C) はいずれも広告の中で見つけることができる料理ですが、クーポンとは直接関係ありません。

17. 正解 (D) ルール⑫⑳

解説 クーポンの NOTE の中に Offer expires 90 days from issue.「クーポンは発行から 90 日で期限が切れます」とあるので、90 days を言い換えた (D) が正解です。注の部分に書かれている内容が問われることはよくあるので、少し小さい文字になっていても見落とさないようにしましょう。

訳

問題 18-21 は次の雑誌記事に関するものです。

Andrew の食べ物日記

星の数（5点満点中）: 3.5

サンフランシスコ（3月19日）ーアメリカ西海岸中で日本食レストランがどんどんオープンする中で、食事の完成度というのはいくぶん水準が下がっているように思える。私は日本を訪れたことがあり、正式な日本食レストランに期待すべきものを知っているから出されるものになじみがある者としては、残念ながら、Berkeley の西側にある Kimono Sushi は、私が求めていたものには届かなかった。

Kimono Sushi で私が味わったものは、日本の店で受ける親切で優雅なもてなしからはほど遠かった。案内されたテーブルはありふれた定食屋にあるもののようだった。また、メニュー

Unit 5

は、残念ながらよく北米で見られるような、日本料理、中国料理、韓国料理の寄せ集めだった。おそらく、ほとんどのアメリカ人は日本料理に関する十分な知識がないので、アジア料理なら何でもメニューに加えてそれだけで済ませているのだろう。

総合的に見れば、平均的な客にとっては、Kimono Sushi は十分気持ちよく食事ができる場所だ。料理の盛り付けはうまくできていた。レストランの中央にあるコイのいる池も、アジア風の趣を加えている。町で特別な食事を求めているたいていの人は、料理の選択、迅速で礼儀正しいサービス、雰囲気を喜ぶだろう。しかしながら、もし本物の日本料理を求めているならば、行くべきところではない。

18. [1], [2], [3], [4] と記載された箇所のうち、次の文が入るのにもっともふさわしいのはどれですか。
"This is unfortunately often the case in North America."
(A) [1]
(B) [2]
(C) [3]
(D) [4]

19. Kimono Sushi について述べられていないことは何ですか。
(A) 料理の盛りつけがよい。
(B) テーブルは気軽な飲食店のものと似ている。
(C) 中央には池がある。
(D) サービスが目に見えて遅い。

20. 第3パラグラフ6行目の "touch" の意味にもっとも近いのは
(A) ability
(B) area
(C) detail
(D) quality

21. 批評家が示唆していることは何ですか。
(A) Kimono Sushi は市の東側にある。
(B) 多くのアメリカ人は本物の日本料理を食べたことがある。
(C) 彼は何度も日本で日本料理を食べたことがある。
(D) Kimono Sushi は普通のアメリカ人にとってよいレストランではない。

Words integrity 名 誠実であること；完全な状態 assume 他動 仮定する compromise 他動 妥協する fall short of X X に及ばない nicety 名 上品［優雅］なもの establishment 名 店舗、事務所 get away with X X だけで済ます carp 名 コイ prompt 形 迅速な courteous 形 礼儀正しい atmosphere 名 雰囲気

18. **正解** **(B)** ルール 9 16 17 19

解説 This is unfortunately often the case in North America. の This が何を指せば、前後の文脈がうまくつながるのかを考えます。[1] に入るとすると、my expectation を指すことになりそうですが、後ろがつながりません。[2] This が日本料理が中華料理や韓国料理と混ざっていることがアメリカでよくある、というのは話が通ります。そして、後ろの描写がその説明になります。[3] This = a nice Asian touch と考えるのは無理がありますし、以降の部分にもつながりません。[4] this = a special dinner として考えても前後がつながりません。

19. **正解** **(D)** ルール 16 17 19 20

解説 (A) 第３パラグラフの２文目に the presentation of the food was favorable「料理の盛りつけはよかった」、(B) 第２パラグラフの中ごろに a table that could be found in a common diner「テーブルはありふれた定食屋にあるもののようだった」、(C) 第３パラグラフに The pond of carp ... adds a nice Asian touch.「コイのいる池はアジア風の趣を加えている」とあります。(D) 第３パラグラフの the prompt and courteous service「迅速で礼儀正しいサービス」と矛盾するので、これが正解です。

20. **正解** **(D)** ルール 4 19

解説 語彙の問題です。The pond of carp in the center of the restaurant also adds a nice Asian touch. となっているので、この文の意味をとると、「レストラン中央にあるコイのいる池がアジア的な X を備えている」なので、X は「雰囲気」に近い意味と推測できます。選択肢の中でもっともそれに近いのは quality です。

21. **正解** **(C)** ルール 17 18 20

解説 (C) 第１パラグラフ・２文目の familiar with what to expect from an authentic Japanese restaurant given frequent visits to Japan より、正解と判断できます。(A) 第１パラグラフ・３文目の on the west side of Berkeley、(B) 第２パラグラフ・最後の文の most Americans are not very knowledgeable about Japanese cuisine、(D) 第３パラグラフ・１文目の for the average diner, Kimono Sushi is pleasant enough、４文目の should satisfy most people と矛盾します。

Unit 5

テーマ別ボキャブラリー　Restaurant「レストラン」

Nouns 名詞

□ beverage	飲み物
□ check	勘定、請求書（= bill）
	ask the waiter for the check ウエイターに勘定をお願いする
□ cuisine	料理（法）
□ diner	食事を取る客、軽食レストラン　dine 自動 食事をする
	dine out　外で食事をする　dining car 食堂車
□ favor	好意、願い
	do X a favor = do a favor for X　X の頼みを聞く
	ask X a favor = ask a favor of X　X に頼みごとをする
	favorable 形 好意的な　favorably 副 好ましく
□ issue	発行、問題　address an issue 問題を扱う　他動 発行する

Verbs 動詞

□ assume	仮定する（+ that SV...）
□ expect	期待する　expect to *do*　…することを期待する
	expect A to *do*　A が…するのを期待する
	expectation 名 期待
	meet［live up to］A's expectation　A の期待に応える
□ prohibit	prohibit A from *do*ing　A が…するのを禁じる
□ refresh	元気づける　refreshments 名 軽い飲食物
□ serve	給仕する　serve a meal 食事を出す

Adjectives 形容詞

□ affordable	無理をしないで買える、予算に見合った
□ casual	気軽な、形式ばらない（= informal ⇔ formal）
□ prompt	迅速な　a prompt response［reply］迅速な応答
	promptly 副 時間通りに（= punctually, on time）
	すぐに、早急に（= immediately, right away）
□ reasonable	手頃な、かなりの
	reasonably 副 ほどよく、かなり
	reasonably priced 手頃な値段の

Unit 6

Human Resources

人事

Part 1	1問
Part 2	3問
Part 3	3問
Part 4	3問
Part 5	4問
Part 7	8問

合計：22問

リーディング目標時間：10分

問題

Part 1 31

次の写真の描写として最も適切なものを、(A) ~ (D) から 1 つ選びましょう（英文は印刷されていません）。

1.

Part 2 32-34

最初の文への応答として最も適切なものを、(A) ~ (C) から 1 つ選びましょう（最初の文と応答は印刷されていません）。

2. Mark your answer on your answer sheet.
3. Mark your answer on your answer sheet.
4. Mark your answer on your answer sheet.

Part 3 35

会話を聞いて、次の設問文に対する答えとして最も適切なものを (A) ~ (D) から1つ選びましょう（会話は印刷されていません）。

5. What is the purpose of the conversation?
(A) To conduct a job interview
(B) To promote a product
(C) To fix an Internet connection
(D) To write an article

6. Who most likely is the woman?
(A) A personnel director
(B) A computer technician
(C) A hotel manager
(D) A sales person

7. What does the woman tell the man?
(A) Eirnet's international activities
(B) Her positive impression about Amerisatte
(C) That she has never been in sales
(D) Her experience with the personnel department

Part 4 36

説明文を聞いて、次の設問文に対する答えとして最も適切なものを (A) ~ (D) から1つ選びましょう（説明文は印刷されていません）。

8. Who is the speaker?
(A) A financial advisor
(B) A job applicant
(C) A human resources manager
(D) An executive assistant

9. Why does the speaker make a telephone call?
(A) To arrange an interview
(B) To offer a position
(C) To submit a financial report
(D) To inquire about a new project

10. What is the listener instructed to do?
(A) Reschedule a meeting
(B) Return a phone call
(C) Review a company policy
(D) Turn in some documents

This is the end of the Listening test. Turn to Part 5 in your test book.

GO ON TO THE NEXT PAGE

Part 5

空所に入る最も適切なものを (A) ~ (D) から 1 つ選びましょう。

11. Successful candidates for Bridge Company will ------- next week to a special orientation program to help acclimate them to their new positions.
(A) be inviting
(B) invite
(C) be invited
(D) have invited

12. Will Kronenburg was considered to be the best candidate by all of the interviewers ------- his lack of experience.
(A) even though
(B) on account of
(C) despite
(D) as for

13. One current passport-size photo should be ------- to the application form.
(A) detached
(B) scratched
(C) allocated
(D) attached

14. ------- expenses may include temporary housing costs, meals during travel, personal vehicle usage costs, and the costs directly associated with relocating one's possessions.
(A) To relocate
(B) Relocated
(C) Relocating
(D) Relocation

Part 7

1つ、または複数の文書を読んで、各設問に対する答えとして最も適切なものを(A)～(D)から１つ選びましょう。

Questions 15-18 refer to the following advertisement.

Go Beyond the Deep Blue and Start a Career!

Passionate about scuba diving, the amazing world under the sea, and safety? — [1] —. If so, take a moment to consider getting licensed at Beyond the Deep Blue.

Our program prepares diligent students to be fully qualified instructors who will be respected in their field by dive schools around the world. Finishing our two-week instructor program with a certificate ensures that new graduates will have the best chance possible of launching their teaching careers with reputable schools around the world. — [2] —.

Nowadays, being a scuba diving instructor provides you with more than just prestige. — [3] —. According to the American Labor Research Institute, the average scuba diving instructor earns way more than that of a public high school or private music school teacher.

If you love scuba diving and prestige, we are confident that this course will be worth your investment of time and money. The next course begins the month after next and we have four slots open. — [4] —. So, get your application in soon! For more information, check out our school at beyonddeepblue.com.

GO ON TO THE NEXT PAGE

15. What can participants learn during the course?
(A) How to use the latest computer software
(B) How to communicate with customers effectively
(C) How to ask for help from co-workers
(D) How to teach scuba diving

16. When is the course scheduled to begin?
(A) In two weeks
(B) In four weeks
(C) In two months
(D) In four months

17. According to the advertisement, what is an expected benefit of the position?
(A) Working hours are considerably short.
(B) The salary is relatively high.
(C) Local income tax is exempted.
(D) Working at home is possible.

18. In which of the positions marked [1], [2], [3], and or [4] does the following sentence best belong?
"When you finished the program, a promising future will be awaiting you."
(A) [1]
(B) [2]
(C) [3]
(D) [4]

Questions 19-22 refer to the following e-mail.

E-mail Message

To:	zues-hr@zuesarch.com
From:	megsasaki@botmail.com
Date:	August 28
Re:	Application for Renovation Project Position

Dear Sir or Madame,

I am applying for the Renovation Assistant Position for your city's beautification project, as advertised on your Web site.

I understand that Zues Architecture was awarded the contract to design and construct a new downtown area that is elderly friendly. I know that your company has a reputation for sophisticated yet innovative construction throughout your home base of England. Therefore, I realize the privilege it would be to work on any of your projects, especially one as highly visible as this one.

I am currently residing in Japan, but I have international experience in both the U.K. and France. I earned a Master's Degree in International Planning and Development at London City University, and some of my research was actually based on the needs of the elderly in small Irish villages. Details on my research can be found in various publications, including *Future Architects*.

I've attached my résumé to this e-mail. If you have any questions, I'd be happy to provide you with additional information. If you like, I can also send my portfolio, which includes some of my published articles, by overnight mail.

Sincerely,
Megumi Sasaki, MSc

19. For whom is the message probably intended?
(A) A city mayor
(B) A university professor
(C) A magazine editor
(D) A human resources director

20. What is NOT indicated about Zues Architecture?
(A) Its main office is in England.
(B) It is planning to build a new city center.
(C) It currently has projects in France and Ireland.
(D) It is respected for being sophisticated and innovative.

21. What does Ms. Sasaki want to emphasize about her background?
(A) Her knowledge about Japan
(B) Her international experience
(C) Her prize-winning publications
(D) Her managerial skills

22. The word "provide" in paragraph 4, line 2, is closest in meaning to
(A) stipulate
(B) produce
(C) deliver
(D) cause

Stop! This is the end of the test. If you finish before time is called, you may go back to Parts 5 and 7 to check your work.

解答と解説

Part 1

1. (31) M: (UK)

トランスクリプト	訳
(A) A woman is climbing some steps to a porch.	(A) 女性はポーチに向かって階段を上がっている。
(B) One of them is on the stairs holding a cup.	(B) 彼らのうちの 1 人はカップを持って階段のところにいる。
(C) They are seated across from each other.	(C) 彼らはお互いに向かい合って座っている。
(D) They are shaking hands.	(D) 彼らは握手をしている。

Words step 名 階段（の 1 段）(= stair) porch 名（玄関）ポーチ across from X Xの向かいに (= opposite)

正解 (D) ······ ルール 1 4 14

解説 (A) 女性は階下の方を向いているので、上がっている動作は考えられません。(B) 2 人とも階段のところにいますが、男性が持っているのは briefcase です。(C) 2 人は向かい合ってはいますが、座ってはいません。(D) 握手をしているのが確認できるので、これが正解。

Part 2

2. (32) W: (Australia) M: (US)

トランスクリプト	訳
Haven't you talked with Carla Fletcher yet?	まだ Carla Fletcher とお話したことがないのですか。
(A) Yes, I've never heard of the news.	(A) いいえ、その知らせについて聞いたことがありませんでした。
(B) Yes, I love the talk show, too.	(B) いいえ、私もそのトーク番組が大好きです。
(C) No, do you think I can see her today?	(C) はい、今日お会いすることはできますか。

正解 (C) ······ ルール 6 8

解説 否定疑問文ですが、Have you talked ...? という肯定の疑問文と同じものとして、応答を考えます。(A) Yes で答えると Carla に会っていることになりますが、続く部分が

Unit 6

矛盾します。(B) talk がひっかけです。Yes 以降の内容が質問と全くかみ合っていません。(C) まだ会ったことがないから今日は会えるか、と尋ねるのは自然なので、これが正解です。

3. 33　M: W:

トランスクリプト	訳
Why do you think Neil is the best candidate?	なぜ Neil が最良の候補者だと思うのですか。
(A) To schedule an interview with him.	(A) 彼と面接の日取りを決めるためです。
(B) He's more experienced than the others.	(B) 彼が他の人より経験豊富だからです。
(C) Because we need your candid opinion.	(C) あなたの率直な意見が必要だからです。

Words candidate 名 候補者　experienced 形 経験がある　candid 形 率直な

正解 (B) ………… ルール 6 8 10 19

解説 Why ～？には Because S ＋ V ～ . あるいは To *do*. で答えるのが教科書的には定石になっていますが、応答が質問に対する理由になっていれば、必ずしも because や to *do* で答えを始める必要はありません。ここでは、候補者が優れていると考える理由を尋ねているので、彼の優れた点を述べている (B) が正解です。

4. 34　M: W:

トランスクリプト	訳
Ms. Evans is going to retire at the end of this month.	Evans さんは今月の終わりに退職します。
(A) Where do you come from?	(A) あなたはどこの出身ですか。
(B) I'm extremely tired.	(B) 私はとても疲れています。
(C) Right, I'll miss her.	(C) ええ、彼女がいないと寂しくなります。

Words retire 自動 退職する　miss 他動 寂しく思う

正解 (C) ………… ルール 8 10

解説 (A) 出身地を尋ねる質問なので誤りです。Where did the news come from? ならば正解になり得ます。(B) retire/tired の音のひっかけ。(C) Evans さんが退職していなくなるのを寂しく思うのは自然な流れなので、これが正解です。

Part 3

35 W:  M: 

トランスクリプト

Questions 5 through 7 refer to the following conversation.

W: **(#1)** My name is Eva James. Thank you for offering me the chance to have this interview.

M: You're welcome, Eva. I'm Ian McDonnell, Human Resources manager. All right, let me start with this question—why did you apply for a sales position at our company?

W: **(#2)** Umm… Where should I begin? I've been in sales with Eirnet Limited, a small Internet company in Dublin, for five years. Despite the fact that I like working at Eirnet, I'm also interested in working for a company with more international competition.

M: Okay. How did you learn about Amerisatte?

W: From some magazine articles, I guess. Anyway, since then I've had quite good impression toward your company. **(#3)** So immediately after I found this postition on Amerisatte's Web site, I made the decision to send in my application.

訳

問題 5-7 は次の会話に関するものです。

(女性):Eva James と申します。 この度は面接の機会をいただき、ありがとうございます。

(男性):よくいらしてくださいました、Eva さん。人事部長の Ian McDonnell です。それでは、この質問から始めましょうか—当社の営業職に応募された理由を教えていただけますか。

(女性):そうですね、何からお話しいたしましょうか。私は Eirnet 社というダブリンにある小さなインターネット会社で5年間営業の仕事をしてきました。Eirnet で働くのは好きなのですが、もっと国際的に競争力のある会社で働くことにも興味があります。

(男性):なるほど。Amerisatte 社についてはどのように知ったのですか。

(女性) 確か雑誌の記事からだったと思います。とにかく、それから、御社にとてもよい印象を持ちました。そこで、Amerisatte 社のウェブサイトでこの職を見つけた時に、すぐ応募することに決めました。

5. この会話の目的は何ですか。

(A) 面接を行なう。
(B) 製品を売り込む。
(C) インターネット接続を修復する。
(D) 記事を書く。

6. 女性は誰だと考えられますか。

(A) 人事部長
(B) コンピューター技師
(C) ホテルの支配人
(D) 営業スタッフ

7. 女性は男性に何を話していますか。
(A) Eirnet の国際的な活動
(B) Amerisatte についてのよい印象
(C) 営業の経験がないこと
(D) 人事部での経験

Words apply for X Xに応募する despite the fact that ~ ~にもかかわらず（= although ~）
competition 名 競争

5. 正解 (A) ルール 17 18

解説 ステージ1には会話の方向性を決める役割があるので、会話の目的を問う質問の答えはここにあります。女性は名乗った後、Thank you for offering me the chance to have this interview.「この度は面接の機会をいただき、ありがとうございます」と言っているので、(A) が正解です。

6. 正解 (D) ルール 6 13 18

解説 質問は女性は誰かと尋ねているので、うっかり男性の役職である (A) を選んではいけません。この会話のように本題に入るまでのステージ1のやりとりが長い場合、会話の展開を把握するのが難しいのですが、ステージ1の最後で All right, let me start と話題を切りだしているのを聞き取ります。展開が把握できると、why did you apply for a sales position「営業職に応募した理由を教えていただけますか」、I've been in sales「私は営業の仕事をしてきました」とヒントが2回あることに気づきます。よって、(D) が正解。

7. 正解 (B) ルール 17 20

解説 男性が職への応募理由を尋ねているのに対して、女性がステージ2でそれを詳細に説明しています。その最後に、I've had a quite good impression toward your company.「御社にとてもよい印象を持ちました」とあるので、(B) が正解です。(A) 女性は国際的な活動を求めて Amerisatte の面接を受けています。(C) I've been in sales ..., for five years.「5年間営業の仕事をしてきました」に矛盾します。(D) については言及がありません。

Part 4

36 W:

トランスクリプト

Questions 8 through 10 refer to the following telephone message.
(#1) Hi. This is a message for Mr. Brian Hodge. I'm Desiree Beaumont, the personnel manager of Harrison Finance Company. It was nice meeting you on Thursday. After considering your academic background and previous experience, we've decided to offer you a position with our team. **(#2)** Your first step in joining Harrison Finance would be to fill out some employment forms and submit them to our personnel department by mail. We mailed you the forms yesterday, so they should be in your hands this afternoon or tomorrow. **(#3)** After you accept the position, we can discuss your actual start date.

訳

問題 8-10 は次の電話のメッセージに関するものです。
もしもし。Brian Hodge さんにメッセージを残しております。Harrison Finance 社の人事部長の Desiree Beaumont です。木曜日にお会いできてよかったです。学歴およびこれまでの経験を考慮いたしました結果、弊社に職をご用意させていただくことに決定しました。Harrison Finance に入社していただく第一段階として、雇用に関するいくつかの書類にご記入の上、郵便にて人事部までお送りいただけないでしょうか。書類は昨日郵送いたしましたので、本日の午後または明日にはお手元に届くものと思われます。この職をお受けいただけるなら、勤務開始日についてご相談したいと思います。

8. 話し手は誰ですか。
(A) 財務アドヴァイザー　(C) 人事部長
(B) 就職希望者　(D) 重役秘書

9. 話し手はなぜ電話をかけましたか。
(A) 面接の日時を決めるため。　(C) 財務報告書を提出するため。
(B) 職を提供するため。　(D) 新しいプロジェクトについてたずねるため。

10. 聴き手はどのような指示を受けていますか。
(A) 会議の日程を再調整する　(C) 会社の規則を見ておく
(B) 折り返し電話をかける　(D) 書類を提出する

Words actual 形 実際の

8. 正解 (C) ルール 18 19

解説 電話のメッセージなので、話し手の情報はステージ 1 にあります。ステージ 1

の 2 文目で I'm Desiree Beaumont, the personnel manager「人事部長の Desiree Beaumont です」と言っているので、(C) が正解だとわかります。

9. 正解 (B) ルール 17 18 19

解説 電話の目的はステージ1で述べられます。ステージ1の最後に we've decided to offer you a position with our team「弊社に職をご用意させていただくことに決定しました」とあるので、採用の知らせだとわかります。ステージ1の3文目 It was nice meeting you から面接があったことがわかり、この電話で話している調子などからも正解は (B) と判断できます。

10. 正解 (D) ルール 18 20

解説 ステージ2では、採用に当たって書類の提出が必要なことが述べられています。大事な情報を逃さないで聞き取れるかどうかが問われています。ステージ2の1文目に submit them to our personnel department by mail とあるので、(D) が正解です。

Part 5

11.

設問と訳

Successful candidates for Bridge Company will ------- next week to a special orientation program to help acclimate them to their new positions.

(A) be inviting　　(C) be invited
(B) invite　　(D) have invited

Bridge 社への採用が決定した人は来週、新しい仕事に慣れるための特別オリエンテーションプログラムに招かれます。

Words acclimate X to Y《米》X を Y に順応させる (= adjust X to Y)

正解 (C) ルール 1 4 5

解説 動詞の形の問題です。空所の前の構造は Successful candidates for Bridge Company が名詞の candidates を中心とする主語のカタマリです。will の後に空所があり、next week to ... という句が続いているの で、空所は動詞部分になることがわかります。ここで candidates と他動詞 invite の意味関係を考えると、「招かれる」という受け身の形が適切なので、(C) が正解です。

12.

設問と訳

Will Kronenburg was considered to be the best candidate by all of the interviewers ------- his lack of experience.

(A) even though
(B) on account of
(C) despite
(D) as for

経験が少ないにもかかわらずすべての面接官から見ると、Will Kronenberg は最も優れた候補者であるように思えました。

Words consider X to be Y X を Y とみなす lack 名 欠如

正解 (C) ルール①⑭⑮

解説 空所の前に完全な文が来て、後ろに名詞のカタマリが来ているので、空所に来るべきなのは前置詞です。したがって、後ろに文の形が来る接続詞の (A) even though ～「～だとしても」は不可。「よい候補者である」ことと「経験がないこと」は対立する内容なので、(C) despite「X にもかかわらず」が正解。(B) on account of X「～が原因で」と (D) as for X「～に関して」はどちらも前置詞の働きをしますが、意味の上からここには当てはまりません。

13.

設問と訳

One current passport-size photo should be ------- to the application form.

(A) detached
(B) scratched
(C) allocated
(D) attached

応募書類には最新のパスポートサイズの写真がついていなければなりません。

Words application 名 応募

正解 (D) ルール④

解説 (D) の attach は、attach A to B「A を B にくっつける」が使い方の基本で、この反意語 が (A) の detach で、detach A from B「B から A を切り離す」のように使います。(B) は scratch A off[from] B「B から A を外す」の形で使われます。(C) allocate A to B「A を B に割り当てる」、allocate A for B「A を B のためにとっておく」など、意味だけでなく、ともに使われる前置詞も頭に入れておくことが大事です。

例文でチェック！

Lana **scratched** the dirt **off** her sandals with an umbrella.
「Lana は傘でサンダルの泥を落とした」
The director **allocated** the hard project **to** three of her excellent employees.
「部長はその難しいプロジェクトを優秀な３人の部下に割り当てた」
The company **allocated** approximately $100 million **for** domestic projects.
「その会社はおよそ１億ドルを国内のプロジェクトに充てた」
Please **detach** this form **from** the flier and return it to Bonnie Rothermund.
「チラシから用紙を切り離して Bonnie Rothermund までご返信ください」

14.

設問と訳

------- expenses may include temporary housing costs, meals during travel, personal vehicle usage costs, and the costs directly associated with relocating one's possessions.

(A) To relocate
(B) Relocated
(C) Relocating
(D) Relocation

転居費用には一時的な住居費、移動中の食事、個人的な乗用車利用費、持ち物の移動に直接関係する費用が含まれます。

Words associate 他動 関連づける　possession 名 所有（物）

正解 **(D)** ルール❷❸⓫

解説 relocation expenses「転居費用」をコロケーションとして知っていれば解ける問題ですが、消去法でも正解にたどり着きます。文法的には expenses は relocate という動作の対象になりますが、「費用を移転する」、「費用が移転する」は意味上不自然なので、(A)(B)(C) は当てはまりません。

ここも押さえよう！

<名詞＋名詞（複合名詞）>のコロケーション

sales representative「販売員、営業担当者」 travel expenses「旅費、交通費」 tourist attraction「観光名所」 traffic jam「交通渋滞」 submission deadline「提出期限」 safety regulations「安全規則」 customer satisfaction「顧客満足度」

Part 7

訳

問題 15-18 は次の広告に関するものです。

Beyond the Deep Blue に行ってキャリアを始めよう！

スキューバダイビングや海の中の驚くべき世界、そして安全に情熱を傾けていませんか。もしそうなら、Beyond the Deep Blue で資格を取ることを考えてみてはいかがでしょうか。

私たちのプログラムでは、まじめな生徒が自分の分野において、世界中のダイビングスクールから尊敬されるような十分な能力のある指導者になるよう訓練いたします。2 週間の指導者プログラムを終了して認定書を得れば、新規の卒業生はきっと世界中の名高い学校で指導者としてのキャリアをスタートさせる最良の機会が得られることでしょう。

近頃では、スキューバダイビングの指導者であることは、単なる名誉以上のものがあります。アメリカ労働研究所によると、平均的なダイビングスクールの指導者が受け取る給料は、公立高校や私立の音楽学校の教師に支払われる額よりずっと高いのです。

スキューバダイビングと名誉を愛する方にとって、このコースはお金と時間をかける価値のあるものになると確信しております。次のコースは再来月に始まり、4 カ所で開催します。お申し込みはお早めに！　詳しくは、beyonddeepblue.com で私たちの学校を調べてみてください。

15. このコースの間に参加者たちは何を学ぶことができますか。
(A) 最新のコンピューターソフトの使い方
(B) 顧客と効果的にコミュニケーションを取る方法
(C) 同僚に助けを求める方法
(D) スキューバダイビングの教え方

16. コースはいつ始まる予定ですか。
(A) 2 週間後
(B) 4 週間後
(C) 2 カ月後
(D) 4 カ月後

17. 広告によると、この職で期待できる利点の 1 つは何ですか。
(A) 労働時間がかなり短い。
(B) 給料が比較的高い。
(C) 地方所得税が免除される。
(D) 自宅勤務が可能である。

18. [1], [2], [3], [4] と記載された箇所のうち、次の文が入るのにふさわしいのはどれですか。
"When you finished the program, a promising future will be awaiting you."

Words passionate 形 熱烈な、熱中した amazing 形 みごとな、驚くべき diligent 形 勤勉な ensure that ~ ~を保証する launch 他動 始める reputable 形 名高い prestige 名 名誉 be confident (that) ~ ~を確信する investment 名 投資

15. 正解 (D) ルール 18 19

解説 第1パラグラフの2文目に consider getting licensed at Beyond the Deep Blue とあり、第2パラグラフの冒頭で、Our program prepares diligent students to be fully qualified instructors とあるので、インストラクターの資格を得るためのプログラムだとわかります。

16. 正解 (C) ルール 20

解説 コースがいつ始まるかという質問なので、本文中に「始まる」という意味の語を探します。すると、第4パラグラフに The next course begins the month after next「次のコースは再来月に始まります」という部分が見つかります。the month after next は「再来月」を意味するので、(C) が正解であるとわかります。

17. 正解 (B) ルール 17 20

解説 選択肢に出てくる語句 working hours、salary、(income) tax、working at home、もしくは同じような内容の表現を本文中に探します。第3パラグラフの2文目に、the average scuba diving instructor earns way more than that of a public high school or private music school teacher.「平均的なダイビングスクールの指導者が受け取る給料は、公立高校や私立の音楽学校の教師に支払われる額よりずっと高い」が見つけられれば、(B) が正解であるとわかります。他の選択肢 (A)(C)(D) の内容に相当する記述は見当たりません。

18. 正解 (B) ルール 16 17 18

解説 文挿入の問題です。挿入する文は「プログラムを終えると、素晴らしい未来が待っている」というような内容です。前後関係がつながるには同じような内容のことを述べていないといけません。第2パラグラフでは、プログラムが資格のあるインストラクターとして世界から評価され、仕事があることを述べているので、[2] に挿入文を入れると「つながり」と「まとまり」が出ます。

訳

問題 19-22 は次の E メールに関するものです。

宛先：zues-hr@zuesarch.com
送信者：megsasaki@botmail.com
日付：8 月 28 日
件名：再開発プロジェクトの職への応募

ご担当者様

貴社のウェブサイトに広告されている、市の美化プロジェクト再開発アシスタントに応募いたします。

Zues Architecture が市の高齢化社会に優しい新たな中心地区の設計と建設の契約を請け負っていることはよく理解しております。貴社はイングランドという本拠地の至る所において、洗練されていながら同時に革新的な建築で評価が高いことも存じております。そのため、貴社のいかなるプロジェクトでも、とりわけ、このように極めて衆目を集めるプロジェクトに従事できれば名誉なことだと認識しております。
現在私は日本に住んでおりますが、イギリスとフランスにおいて国際的な経験がございます。ロンドン市立大学で国際企画開発の修士号を取得しました。実際に、私の研究の一部は、アイルランドの小さな村における高齢者の需要に関するものです。研究の詳細は、『Future Architects』を含むさまざまな出版物でご覧いただけます。

この E メールに履歴書を添付いたしました。もしご質問などございましたら、さらに詳しい情報を提供させていただきます。ご希望であれば、発表された論文数点を含む私のポートフォリオを翌日配達便でお送りすることもできます。

敬具
Megumi Sasaki、理学修士

19. このメッセージは誰に対してのものだと思われますか。
(A) 市長
(B) 大学教授
(C) 雑誌編集者
(D) 人事部長

20. Zues Architecture に関して示されていないことは何ですか。
(A) 本社がイングランドにある。
(B) 新しい中心街の建設を計画中である。
(C) 現在、フランスとアイルランドでのプロジェクトがある。

Unit 6

(D) 洗練されかつ革新的なことで評判が高い。

21. Ms. Sasaki は自分の経歴について何を強調したかったのですか。
(A) 日本に関する知識
(B) 国際的な経験
(C) 受賞した出版物
(D) 管理能力

22. 第 4 パラグラフ・2 行目の provide に最も近い意味の語は
(A) 明記する
(B) 生産する
(C) 伝える
(D) 引き起こす

Words apply 自動 申し込む beautification 名 美化 award X Y X に Y を与える[決定する](= award Y to X) contract 名 契約 construct 他動 建設する reputation 名 評判 sophisticated 形 洗練された innovative 形 革新的な privilege 名 特権 visible 形 目立った overnight 形 翌日配達の

19. 正解 (D) ルール⑬⑲

解説 最初の文 I am applying for the Renovation Assistant Position for your city's beautification project, as advertised on your Web site.「貴社のウェブサイトに広告されている、市の美化プロジェクト再開発アシスタントに応募いたします」より、求職のメールであるとわかります。(A) 市、(B) 大学、(C) 出版物についての言及は本文中にありますが、いずれもこの設問には関係ありません。したがって、(D) が正解です。

20. 正解 (C) ルール⑰⑳

解説 Zues Architecture について述べられている第２パラグラフを読むと、２文目に (A) throughout your home base of England、１文目に (B) ... was awarded the contract to design and construct a new downtown area、２文目に (D) ... has a reputation for sophisticated yet innovative construction と、それぞれの選択肢の内容と一致する記述が見つかります。(C) 応募者の経歴としてフランス、アイルランドに関する記述がありますが、Zues Architecture には関係がないので、これが正解です。

21. 正解 (B) ルール⑳

解説 書き手の経歴について書かれている第３パラグラフを読みます。最初の文 I am currently residing in Japan, but I have international experience in both the U.K. and France. の but に注目します。but の後では重要なことを述べることが多く、この場合はイギリスとフランスでの国際的な経験について述べています。よって、(B) が正解。(A) 日本に住んでいることを述べているにすぎません。(C) 研究が雑誌に載ったとはありますが、賞に関する記述はありません。(D) 全く記述がありません。

22. 正解 (C) ルール④⑲

解説 provide にはいろいろな意味があり、選択肢のどれもが同義語になり得ます。この文では、「質問がある場合は、喜んでもっと詳しい情報を provide する」ということなので、(C) の deliver「伝える、届ける」が一番近い意味の語になります。

例文でチェック！

設問 22 の選択肢 (A)(B)(D) の意味の provide の例です。

The law **provides** that people can make fair use of copyrighted materials without violating the Federal Copyright Act.「法は連邦著作権法を侵すことなく著作権物を公正に利用することができると**定める**」

Leah's smile **provided** me with comfort.

「私は Leah のほほ笑みで癒やされた（Leah のほほ笑みが私に安らぎを**提供した**）」

The show **provides** surprising insights into modern America.

「その番組は現代のアメリカに対する驚くべき洞察を**引き起こしている**」

テーマ別ボキャブラリー　Human Resources「人事」

Nouns 名詞

□ benefit	利益、（職場からの）手当　他動 利益を得る、利益をもたらす、（社会などの）ためになる
□ candidate	候補者、志願者
□ certificate	証明書、免許状　certification 名 証明（書）、保証（書）　certify 他動 証明する、保証する、認定する
□ headquarters	《単数・複数扱い》本部、本社（= main office）*branch 支社
□ health	医療　health care 健康保険（= health plan）
□ reputation	評判　reputable 形 評判のよい
□ travel expense	交通費、旅費（= traveling expense）

Verbs 動詞

□ apply	apply for X　X に申し込む［申請する］ apply to X　X に適用される［当てはまる］ apply X to Y　X を Y に応用する applicant 名 志願者、応募者　application 名 申込書、志願
□ associate	associate X with Y　X を Y と結びつける be associated with X　X と結びついている［関連性のある］ association 名 協会、親交、関連
□ fill X out	X に必要事項を記入する（= fill X in） fill out an application 申込書に記入する
□ qualify	qualify for X［to *do*］X の［…する］資格がある qualify X for Y［to *do*］X に Y の［…する］資格［能力］を与える qualified 形 資格のある、適任の　be qualified to *do*　…する資格［能力］がある　qualification 名 資格、適正
□ register for X	X に登録する（= sign up for X）　registration 名 登録
□ relocate to X	X に移転する　relocate A to B　A を B に移転させる relocation 名 移転、転勤

Adjectives 形容詞

□ full-time	常勤の　副 常勤で ⇔ part-time 形 非常勤の　副 非常勤で
□ temporary	臨時の、一時的な　temporary job ⇔ permanent job 正社員の職　temporarily 副 一時的に

Unit 7

Technical Areas

技術分野

Part 1	1問
Part 2	3問
Part 3	3問
Part 4	3問
Part 5	4問
Part 6	4問
Part 7	5問

合計：23問

リーディング目標時間：10分

問題

Part 1 37

次の写真の描写として最も適切なものを、(A) ~ (D) から 1 つ選びましょう（英文は印刷されていません）。

1.

Part 2 38-40

最初の文への応答として最も適切なものを、(A) ~ (C) から 1 つ選びましょう（最初の文と応答は印刷されていません）。

2. Mark your answer on your answer sheet.
3. Mark your answer on your answer sheet.
4. Mark your answer on your answer sheet.

Part 3 41

会話を聞いて、次の設問文に対する答えとして最も適切なものを (A) ~ (D) から 1 つ選びましょう（会話は印刷されていません）。

Monday	Tuesday	Wednesday	Thursday
17	18 National Holiday	19	20

5. Who most likely is the man?
(A) A graphic designer
(B) An IT engineer
(C) A customer service representative
(D) A real estate agent

6. Why is the woman calling?
(A) To plan a business trip
(B) To arrange an office visit
(C) To reach a repair person
(D) To request a new product

7. Look at the graphic. For which date will the woman make a reservation?
(A) 17th
(B) 18th
(C) 19th
(D) 20th

Part 4 42

説明文を聞いて、次の設問文に対する答えとして最も適切なものを (A) ~ (D) から 1 つ選びましょう（説明文は印刷されていません）。

Briefing	Candice McGill
1st Session	Karl Rosvold
2nd Session	Vickie Winston
3rd Session	Michael Greenberg

8. What department does the speaker work in?
(A) Research and Development
(B) International Sales
(C) Training
(D) Engineering

9. What are the listeners asked to do?
(A) Sign up for an event
(B) Bring their own computers
(C) Fill out a form
(D) Get a set of documents

10. Look at the graphic. Who most likely will speak next?
(A) Candice McGill
(B) Karl Rosvold
(C) Vickie Winston
(D) Michael Greenberg

This is the end of the Listening test. Turn to Part 5 in your test book.

GO ON TO THE NEXT PAGE →

Part 5

空所に入る最も適切なものを (A) ～ (D) から 1 つ選びましょう。

11. Technical assistance will be ------- during our normal business hours of 9:00 A.M. to 6:00 P.M., Monday through Friday.
(A) reliable
(B) available
(C) memorable
(D) suitable

12. Even though a large number of employees complain about the unbearable heat, their offices have ------- to be air-conditioned.
(A) nearly
(B) yet
(C) only
(D) already

13. NG Systems' ------- software applications are winning praise from not only IT specialists but ordinary computer users as well.
(A) later
(B) lately
(C) latter
(D) latest

14. It is ------- recommended that outdated computers be replaced by state-of-the-art models.
(A) strong
(B) strongly
(C) strength
(D) strengthen

Part 6

文書を読んで、空所に入る最も適切なものを (A) ~ (D) から 1 つ選びましょう。

Questions 15-18 refer to the following memo.

MEMO

To: All Company Employees
From: IT Security
Date: March 15
Re: A Service Outage

Next Tuesday evening, all of our network systems will be down temporarily from 9 P.M. to 10:00 P.M. We will be upgrading the software programs -------(**15.**) primarily by the Accounting Department. However, this system outage will affect all of the network. We are hopeful that the new software will -------(**16.**) the security of our customer accounts, so we consider this upgrade to be a high-priority work item. -------(**17.**). If this -------(**18.**) time presents a tremendous burden on any department, please notify us immediately so that we can arrange it for a different time.

15. (A) to utilize
(B) utilizing
(C) utilized
(D) utilizes

16. (A) reinforce
(B) inspect
(C) demonstrate
(D) develop

17. (A) There are some other items to discuss on the same day.
(B) Some of our customers have lost their passwords.
(C) It is based on a considerable number of requests from our clients.
(D) The system should be up and running successfully within an hour.

18. (A) hectic
(B) scheduled
(C) ample
(D) flexible

GO ON TO THE NEXT PAGE →

Part 7

1つ、または複数の文書を読んで、各設問に対する答えとして最も適切なものを(A)～(D)から1つ選びましょう。

Questions 19-23 refer to the following schedule, e-mail and Web site article.

International Engineering and Technology Conference May 7 at the North Berkley Convention Center	
Time/Title	Instructor
10:00 A.M.–12:00 P.M. Technology in education	Melissa Yankee Rushmore Community College
1:00 P.M.–3:00 P.M. Communication for engineers	Thomas Chen Chen & Heinmann Consulting Firm
4:00 P.M.–6:00 P.M. What is the right software for you?	Hiroko Oyamada Berkley Institute of Technology
7:00 P.M.–9:00 P.M. The downside of using technology	Dennis Griffin BLT International Communication
For more information, please e-mail Bobby Zavala at b.zavala@ietc.com	

To:	Abigail Burdett <aburdett@computertrend.com>
From:	Bobby Zavala <b.zavala@ietc.com>
Date:	April 25
Re:	May 7 Conference

Dear Ms. Burdett:

My name is Bobby Zavala, event organizer for the International Engineering and Technology Conference (IETC) to be held on May 7. As a reader of your *Product Review* series on *Computer Trend*, I have been amazed by your familiarity with latest software every month. I am writing to ask you if you could share your knowledge at the IETC.

I am sorry to ask this favor of you at such short notice, but one presenter just informed me that she won't be able to attend the meeting due to a family matter. The theme of her presentation was related to what you wrote on April 15 and to what you stated you will be writing about next. This has led me to believe that you are the best person to ask. Additionally, Melissa Yankee, one of the IETC presenters, recommended you as someone who could fill the vacant slot. She informed me that she had taught you in a community college course.

Should you have any further questions, don't hesitate to contact me. Thanks for considering my request.

Sincerely,
Bobby Zavala

http://computertrend.com/product_review/

Computer Trend

Product Review by Abigail Burdett, April 15

Word Processing Expert™ 4.0 –Yes, I Checked It Out!

Word Processing Expert™ 4.0 is equipped with all the basic functions consumers might expect from their word processing software, including a tracking feature for corrections and comments, and various icons to make finding what you need a breeze. As a matter of fact, this software offers more than that.

The flexibility and functionality of many of the features is truly exceptional. For example, when you create graphs, charts, or tables, you can easily move them around to other areas of your document. In addition, Word Processing Expert™ 4.0 has a variety of fonts, graphics, and other creative elements to uniquely customize your documents.

The only downside I found during my review of Word Processing Expert™ 4.0 is the scan feature. When I tried to scan files I had created with foreign language fonts, the scan feature was unable to recognize the documents' contents.

After comparing Word Processing Expert™ 4.0 to other software programs recently released, I found this to be a great word processing software package for individuals and small business users. The price is very reasonable and is highly competitive with other similar software programs. Overall, I would recommend this product.

In the next issue, I will evaluate UR Music Studio β, which is slated to be released on May 13.

19. What is the purpose of the e-mail?
(A) To inquire about some data
(B) To introduce a college professor
(C) To seek support from Ms. Burdett
(D) To order a software program

20. What is implied about Abigail Burdett?
(A) She will present about communication skills.
(B) She does not understand any foreign languages.
(C) She has met Mr. Zavala before.
(D) She studied at Rushmore Community College.

21. According to the article, what is the problem with Word Processing Expert™ 4.0?
(A) Its basic functions
(B) The document creator feature
(C) The scan feature
(D) Its limited number of fonts

22. What is indicated about *Computer Trend*?
(A) It is widely recognized among programmers.
(B) It often features conferences for engineers.
(C) It publishes Ms. Bardett's article every month.
(D) It was owned by one of the IETC presenters.

23. Who will NOT present on May 7?
(A) Melissa Yankee
(B) Thomas Chen
(C) Hiroko Oyamada
(D) Dennis Griffin

Stop! This is the end of the test. If you finish before time is called, you may go back to Parts 5, 6, and 7 to check your work.

解答と解説

Part 1

1. 37 W: [Canada]

トランスクリプト

(A) She's looking at a computer screen.
(B) She's folding a sheet of paper.
(C) She's holding a writing instrument.
(D) She's adjusting her glasses.

訳

(A) 彼女はコンピューターのスクリーンを確認している。
(B) 彼女は1枚の紙を折っている。
(C) 彼女は筆記用具を持っている。
(D) 彼女は眼鏡を調節している。

Words fold 他動 たたむ　instrument 名 器具、道具　adjust 他動 調節する

正解 (C) ルール 1 4

解説 (A) 女性の後ろにコンピューターのモニターが見えますが、女性の姿勢からすると見ているとは絶対に考えられません 。(B) 書き込んでいる紙は写っていますが、折っている動作は見えません。(C) 女性は手にペンを持っているので、これが正解。ペンを a writing instrument と表現しています。(D) 女性は眼鏡をかけていますが、それに触っていません。

Part 2

2. 38 M: [USA] W: [Australia]

トランスクリプト

This room is very hot, isn't it?
(A) I think this hat is yours.
(B) Yes, it's snowing outside.
(C) Let me turn on the air conditioner.

訳

この部屋はとても暑いですよね。
(A) この帽子はあなたのだと思いますよ。
(B) はい、外は雪が降っています。
(C) 空調を入れましょう。

正解 (C) ルール 6 8 10

解説 付加疑問文。(A) 質問の内容とは全く関係ありません。hot/hat の音のひっかけです。(B) Yes ならば部屋が暑いことに同意していなければなりません。(C) 暑いので空調を入れようと申し出るのは自然な会話の流れです。

3. 39 M: W:

トランスクリプト	訳
Haven't you installed the new version yet?	まだ新しいバージョンをインストールしていなかったのですか。
(A) Yes, I can.	(A) はい、できます。
(B) I don't know how to do it.	(B) やり方がわからないんです。
(C) Somebody stole my data.	(C) 誰かが私のデータを盗みました。

Words install 他動 設定する、設置する

正解 **(B)** ルール 6 10

解説 (A) インストールしたかを尋ねている問いに、I can という、自分で現在の能力や未来の動作を示唆する表現で答えるのは不自然です。(B) インストールしていない理由を述べているので正解になり得ます。(C) install/stole の音のひっかけ。質問と内容が全く違うので、これを選んではいけません。

4. 40 M: W:

トランスクリプト	訳
Who's bringing a camera today?	誰が今日カメラを持ってくるのですか。
(A) Melanie said she would.	(A) メラニーが持ってくると言っていました。
(B) At the warehouse.	(B) 倉庫でです。
(C) No photos were taken.	(C) 写真は1枚も撮られませんでした。

Words warehouse 名 倉庫

正解 **(A)** ルール 5 6

解説 質問文が Who で始まっているので、人物を答えている (A) が正解です。(B) 場所を尋ねる Where ～？に対する答えです。(C) camera に関係する photos という単語を使ったひっかけです。未来のことについての質問に過去形で答えているので誤りです。

Part 3

41 M: W:

トランスクリプト

Questions 5 through 7 refer to the following conversation and schedule.

M: **(#1)** Hello, Phoenix Maintenance Customer Service. How can I help you?

W: Hi, this is Hallie Swanson from A.H.I. Design calling about a problem with the air conditioning at our office.

M: **(#2)** Could you provide a bit more detail?

W: Sure. It's not putting out much cold air now. You know, it's been quite hot these past few days, and we can't stand it anymore. I wonder if you could send out somebody to our office to fix it as soon as possible.

M: Let's see what we can do. **(#3)** Unfortunately, our office hours will be ending soon, and tomorrow is a national holiday, but how about we send somebody on either Wednesday or Thursday?

W: Well, actually on Wednesday, I'll be out of town. Thursday is perfectly fine, though. So can you put me down for Thursday morning?

訳

問題 5-7 は次の会話と予定表に関するものです。

（男性）：Phoenix Maintenance のお客様担当窓口です。ご用件をお伺いします。

（女性）：A.H.I.Design の Hallie Swanson です。うちの会社の空調の不具合の件でお電話しています。

（男性）もう少し詳しく教えていただけませんか。

（女性）はい。冷たい空気が十分に出てこないんです。ここしばらくかなり暑い日が続いていたでしょう。それでもう私たちも我慢の限界で、修理のためにこちらにスタッフの方をできるだけ早く送っていただけないかと思って。

（男性）：確認してみましょう。残念ながら、今日の営業時間はもうすぐ終わってしまい、明日は祝日なんですが、水曜日か木曜日のどちらかに誰かを派遣するというのではいかがでしょうか。

（女性）：そうですね、実は水曜日は出張する予定なんです。でも、木曜日なら大丈夫です。木曜日の午前中に予約を入れておいてくれませんか。

5. 男性は誰だと思われますか。

(A) グラフィックデザイナー
(B) IT エンジニア
(C) 顧客担当者
(D) 不動産業者

6. 女性はなぜ電話をしていますか。

(A) 出張旅行を計画するため。
(B) 会社訪問を手配するため。
(C) 修理工を呼ぶため。
(D) 新製品を注文するため。

7. 図表を見てください。女性は何日に予約を取りますか。
(A) 17日　(C) 19日
(B) 18日　(D) 20日

Words stand 他動 我慢する　at X's earliest convenience X の都合がつく最も早い時間に

5. 正解 (C) ルール⑫⑱

解説 電話の場合、名前、役職などはステージ1で述べられます。Hello, Phoenix Maintenance Customer Service.「Phoenix Maintenance のお客様担当窓口です」の Customer Service を言い換えた (C) が正解です。

6. 正解 (C) ルール⑱⑲

解説 ステージ1の最後で、女性は電話をかけた理由として空調設備に問題があることを述べています。そして、ステージ2では、状況を説明した後、I wonder if you could send out somebody to our office to fix it.「修理のためにこちらにスタッフの方を送っていただけないかと思って」と述べているので、(C) が正解です。

7. 正解 (D) ルール⑳

解説 曜日や日付を尋ねる問題の場合、間違いの選択肢の多くが会話の中に登場するので、混同しないよう注意して聞かなければなりません。この会話では女性は水曜日か木曜日かという選択肢を与えられますが、「水曜日は出張がある」と述べた後、Can you put me down for Thursday morning?「木曜日の午前中に予約を入れておいてくれませんか」と、最後に木曜日を選んでいます。したがって、(D) が正解。

Part 4

42 W:

トランスクリプト

Questions 8 through 10 refer to the following excerpt from a meeting and schedule.
(#1) Good morning. Welcome to the technology training seminar. I'm Candice McGill from the training department and the coordinator of this event. This three-day seminar is designed to help all new employees become familiar with software frequently used at AK2 Company. **(#2)** Before we get started, I'd like to make sure that everybody received a packet of materials when you entered the room. If not, please take one from the stack of packets on the desk by the door. In the packet, you'll find a blue document with

"Agenda" written on the top. This will tell you what to expect during the next three days. It's probably a good idea to look through it at this time. **(#3)** Now it's 9:55. You have five minutes until the first session begins.

訳

問題 8-10 は次のミーティングの一部と予定表に関するものです。
おはようございます。技術研修セミナーにようこそ。私は研修部の Candice McGill で、このイベントの進行役です。この3日間のセミナーは、新入社員の皆さんに、AK2 社で頻繁に使うソフトウエアに慣れていただくためのものです。研修を始める前に、入室の際に資料の入った袋を受け取られたかどうかを確認させていただきたいと思います。もしお持ちでなければ、ドアのそばの机にある袋の山から1つお取りください。袋の中には、上部に「予定表」と書かれた青い書類が入っているはずです。それをご覧になれば、この3日間でどんなことをするかがおわかりいただけると思います。今さっと目を通しておかれることをお勧めします。ただ今 9 時 55 分です。最初のセッションは5分後に始まります。

8. 話し手はどの部署で働いていますか。
(A) 研究開発
(B) 海外営業
(C) 研修
(D) エンジニアリング

9. 聞き手は何をするよう求められていますか。
(A) イベントへの参加申し込みをする
(B) 自分のコンピューターを持ってくる
(C) 用紙に記入する
(D) 書類を一式手に入れる

10. 図表を見てください。次に話すのはおそらく誰ですか。
(A) Candice McGill
(B) Karl Rosvold
(C) Vickie Winston
(D) Michael Greenberg

Words coordinator 名(製作)進行責任者 packet 名包み、束 stack 名山、積み重なったもの

8. 正解 (C) ルール⑱

解説 多くの場合、名前や役職はステージ1で述べられます。今回も I'm Candice McGill from the training department and the coordinator of this event.「私は研修部の Candice McGill で、このイベントのコーディネーターです」と述べているので、(C) が正解です。Part 3、Part 4、Part 7 には企業の中の部署名がよく出てくるので、それぞれの英語をきちんと覚えておくことが重要です。

ここも押さえよう！

企業の中の部署名

Accounting Department「経理部」 Advertising Department「宣伝部」
Client Account Services Department = Customer Service Department
「顧客管理サービス部」
Design Department「デザイン部」
Distribution Department = Supply Chain Management Department「販売部、流通部」
Engineering Department「技術部」 Finance Department「経理部」
Financial Research Department「経理調査部」
General Management Department「総務部」
Human Resources Department = Personnel Department「人事部」
Information Technology Department = IT Department「情報技術部」
Legal Department「法務部」
Manufacturing Department = Production Department「製造部」
Marketing Department「マーケティング部」 Operation Department「事業部」
Public Relations Department = Communications Department「広報部」
Purchasing Department「購買部」 Quality Management Department「品質管理部」
Research & Development Department「研究開発部」 Sales Department「営業部」
Security Department「保安部」
System Programming Department「システムプログラム部」

9. 正解 (D) ルール⑫⑱

解説 トークの具体的な内容はステージ2に来ます。話し手は最初の文で、I'd like to make sure that everybody received a packet of materials「資料の入った袋を受け取られたかどうかを確認させていただきたいと思います」と言っており、さらに If not, please take one「もしお持ちでなければ１つお取りください」と言っているので、(D)が正解です。a packet of materials が a set of documents と言い換えられています。

10. 正解 (B) ルール⑬⑯

解説 トーク冒頭で Briefing を担当している Candice McGill の名前が述べられているので、このトーク全体が Briefing にあたることが推測できます。そして、トークの最後に Now it's 9:55. You have five minutes until the <u>first session</u> begins. と述べられているので、次に話すのは Karl Rosvold であると判断できます。

Part 5

11.

設問と訳

Technical assistance will be ------- during our normal business hours of 9:00 A.M. to 6:00 P.M., Monday through Friday.

(A) reliable (C) memorable
(B) available (D) suitable

技術サポートは、月曜日から金曜日の午前 9 時から午後 6 時までの通常の営業時間に受けることができます。

Words business hours 営業時間

正解 **(B)** ルール⑪

解説 語彙の問題です。形容詞を作る語尾 -able で終わる語が並んでいます。Technical assistance「技術サポート」が主語で、空所の後ろに時間を表す表現が続くことを考え合わせると、(B) available「利用できる」が適切だと判断できます。(A) reliable「信頼できる」、(C) memorable「記憶に残る」、(D) suitable「適した」も頻出する重要語彙です。

12.

設問と訳

Even though a large number of employees complain about the unbearable heat, their offices have ------- to be air-conditioned.

(A) nearly (C) only
(B) yet (D) already

たくさんの従業員が毎年夏になると、建物内の耐えられない暑さに文句を言っているにもかかわらず、部屋にはいまだに空調が備えつけられていません。

Words complain 自動 不満を述べる unbearable 形 耐えられない air-conditioned 形 空調が備えつけられている

正解 **(B)** ルール⑭

解説 選択肢はすべて副詞です。文頭に Even though ～「～にもかかわらず」があることがポイントです。「文句を言っているにもかかわらず」につながる意味を考えると、(B) have yet to *do*「まだ…していない」が正解であるとわかります。(A) nearly = almost「ほとんど、もう少しで」や (D) already「既に」を have to *do*「…しなければならない」の中に挿入することは文法的に可能ですが、文意が通りません。(C) have only to *do* = only have to *do*「…しさえすればよい」も、意味のつながりを考えると不適切。

13.

設問と訳

NG Systems' ------- software applications are winning praise from not only IT specialists but ordinary computer users as well.

(A) later　　(C) latter
(B) lately　　(D) latest

NG Systems 社の最新のソフトは、IT 専門家だけでなく、普通のコンピューター利用者にも大いに称賛されています。

Words praise 名 称賛　ordinary 形 普通の

正解 (D) ルール❷

解説 空所の前に固有名詞 's、後ろに名詞 software applications があり、その後には動詞部分が続いているので、applications までは＜限定詞＋形容詞＋名詞＞の形になっていると判断します。(A) later は形容詞 late「遅い」の比較級とも取れますが、applications とは意味的に結びつきません。(B) lately「最近では」は副詞なので不可。(C) latter「（２者のうちの）後者の」は、前者に関する言及がないので不適切です。(D)「最新の」という意味の形容詞である latest が、形も意味も適切です。

14.

設問と訳

It is ------- recommended that outdated computers be replaced by state-of-the-art models.

(A) strong　　(C) strength
(B) strongly　　(D) strengthen

時代遅れになったコンピューターは、最新のものと取り換えることを強くお勧めします。

Words outdated 形 時代遅れの　replace 他動 取り換える　state-of-the-art 形 最新鋭の (= cutting-edge)

正解 (B) ルール❷❸

解説 品詞の問題です。(B) -ly は副詞、(D) -en は動詞の典型的な語尾です。(A) strong「強い」は形容詞、(C) strength「強さ」は名詞です。空所の前後は It is recommended that ... という形になっているので、＜ be 動詞＋ -ed/en 形＞の間に入って動詞部分にかかることができる、(B) が正解です。この文のように、空所を抜いても英文が構造上完全なものになる場合、原則として空所には副詞が入ります。この strongly の言い換えとして、It is <u>highly</u> recommended that ...もよく使われます。

Part 6

パッセージと訳

Questions 15-18 refer to the following memo.

MEMO

To: All Company Employees

From: IT Security

Date: March 15

Re: A Service Outage

Next Tuesday evening, all of our network systems will be down temporarily from 9 P.M. to 10:00 P.M. We will be upgrading the software programs ------- **15.** primarily by the Accounting Department. However, this system outage will affect all of the network. We are hopeful that the new software will ------- **16.** the security of our customer accounts, so we consider this upgrade to be a high-priority work item. -------. **17.** If this ------- **18.** time presents a tremendous burden on any department, please notify us immediately so that we can arrange it for a different time.

15. (A) to utilize
(B) utilizing
(C) utilized
(D) utilizes

16. (A) reinforce
(B) inspect
(C) demonstrate
(D) develop

17. (A) There are some other items to discuss on the same day.
(B) Some of our customers have lost their passwords.
(C) It is based on a considerable number of requests from our clients.
(D) The system should be up and running successfully within an hour.

18. (A) hectic
(B) scheduled
(C) ample
(D) flexible

問題 15-18 は次のメモに関するものです。

メモ
宛先：全従業員
送信者：IT セキュリティ部
日付：3 月 15 日
件名：サービスの中断

来週の火曜日の午後 9 時から 10 時の間、社内のネットワークシステムが一時的に停止します。主に経理部によって利用されているソフトの更新をしますが、システムの中断はすべてのネットワークに影響を与えます。新しいソフトがわが社の顧客の口座の安全を強化することを期待しているので、私たちはこの更新を業務の最優先事項と考えています。

システムは 1 時間以内に復旧し、正常に機能するようになる予定です。もし、この予定された時間によりいずれかの部署に非常に負担がかかるようであれば、予定を変更いたしますので、至急お知らせください。

Words temporarily 副 一時的に　upgrade 他動 更新する　primarily 副 主に
affect 他動 影響する　reinforce 他動 補強する　priority 名 優先事項
tremendous 形 大変な　burden 名 重荷　notify 他動 知らせる

15. 正解 (C) …… ルール④⑤

解説 動詞の形を問う問題です。空所を含む文には、既に動詞部分 will be upgrading があるので、文の動詞部分をつくる -s 形である (D) は不可。utilize「利用する」は他動詞なので、後ろに利用する対象となるものが続くはずですが、空所の後は primarily by the Accounting Department「主に経理部によって」という副詞句になっています。したがって、ここには受け身をつくる -ed/en 形の (C) しか入れることができません。

16. 正解 (A) …… ルール④⑪

解説 語彙の問題。ネットワークシステムを新しくする話で、新しいソフトウェアが顧客の安全性をどうするかという内容を表わす動詞を選びます。security という言葉との結びつきから考えると、reinforce「補強する」が最も適切とわかります。inspect「調査する」、demonstrate「示す」のでは安全の根本的な解決にはならず、develop「発展させる」というのは security とは意味的に結びつきません。

例文でチェック！

Larry **demonstrated** outstanding leadership skills as section chief.
「Larry は課長としてたぐいまれなリーダーシップを見せた」
Mr. Guy pays frequent visits to all the offices to **inspect** ongoing work.
「Guy さんは進行中の仕事の進捗を調べるために、すべての事務所を頻繁に訪れる」
By carefully reading this manual, you will **develop** your understanding of how to draw in customers.
「このマニュアルを注意深く読むことで、どのように顧客をひきつけるか理解を深めることができます」

17. 正解 (D) ルール⑯⑰

(A) 同日、お話ししなければいけない件がいくつかあります。
(B) 一部のお客様がパスワードを紛失してしまっています。
(C) お客様からのかなりの数お要望に基づくものです。
(D) システムは 1 時間以内に復旧し、正常に機能するようになる予定です。

解説 文挿入の問題です。空所の前を見ると、the new software を採用することによるシステムの変更が述べられていて、空所の後には this … time と工事の時間についての言及があるので、1 時間程度で終わるという内容の（D）が正解です。

18. 正解 (B) ルール⑲

解説 If this … time … , please notify us という時間の言及があって、連絡をうながす文脈を考えると、time を特定する scheduled「予定された」が最も自然です。(A) hectic「大変忙しい」、(C) ample「充分な」、(D) flexible「融通がきく」は合いません。

例文でチェック！

We are having **hectic** days at work.「私たちは仕事で大変忙しい日々を送っている」
There was **ample** opportunity for every attendee in the meeting to speak.
「その会議の出席者それぞれが話す機会が十分にあった」
Her job has **flexible** working hours, so she can work pretty much as she wants.
「彼女の仕事は時間に融通がきくので、かなり好きなように働くことができる」

Part 7

訳

問題 19-23 は次の予定表、E メール、ウェブ上の記事に関するものです。

国際エンジニア・技術者会議 5 月 7 日、North Berkley コンベンションセンター	
時間・題目	講師
10:00 A.M.–12:00 P.M. 教育におけるテクノロジー	Melissa Yankee Rushmore Community College
1:00 P.M.–3:00 P.M. エンジニアのためのコミュニケーション	Thomas Chen Chen & Heinmann Consulting Firm
4:00 P.M.–6:00 P.M. 何が適切なソフトウェアか？	Hiroko Oyamada Berkley Institute of Technology
7:00 P.M.–9:00 P.M. テクノロジー利用の問題点	Dennis Griffin BLT International Communication
より詳細を知るには、Bobby Zavala に b.zavala@ietc.com までメールでご確認ください	

宛先：　Abigail Burdett <aburdett@computertrend.com>
送信者：　Bobby Zavala <b.zavala@ietc.com>
日付：　4 月 25 日
件名：　5 月 7 日の会議

Burdett さま
Bobby Zavala と申します。5 月 7 日に行なわれる国際エンジニア・技術者会議（IETC）のイベントの運営をしています。*Computer Trend* 上のあなたの *Product Review* シリーズの読者として、最新のソフトウエアについてよく通じておられることに感心しております。ご連絡しておりますのは、その知識を IETC で共有していただけないかとお願いするためです。
このような急なお願いで大変恐縮なのですが、発表予定者の 1 人がたった今家族の事情で会議に参加できなくなったと連絡してきました。彼女の発表のテーマは Burdett さまが 4 月 1 5 日にお書きになったものと次回にお書きになる予定のものに関係しています。このことで、Burdett さまがお願いするのに適任かと確信しています。加えて、発表者の一人の Melissa Yankee さんより空きができたら Burdett さまを推薦するように言われております。Yankee さんから Burdett さまをコミュニティーカレッジのクラスで教えたことがあると伺っております。

もし、質問などございましたら、遠慮なくご連絡ください。急なお願いですがご考慮いただけると幸いです。

敬具
Bobby Zavala

http://computertrend.com/product_review/

Computer Trend

Abigail Burdett による製品評価　4月15日
Word Processing Expert™ 4.0 – はい、それなら試してみました！

Word Processing Expert™ 4.0 は、ワープロソフトに対して顧客が望むすべての基本性能である修正やコメントを追跡する機能、必要なものを見つけるのを簡単にするさまざまなアイコンが含まれます。実際は、このソフトはそれ以上のものを備えています。

機能の多くの柔軟性および使いやすさは、まさしく他に類を見ないものです。例えば、グラフ、図表、表を作ると き、それらを文書の別の場所に簡単に移動できます。加えて、Word Processing Expert™ 4.0 には、さまざまなフォント、グラフィック、その他のクリエイティブな要素があり、文書を個性的にカスタマイズできます。

Word Processing Expert™ 4.0 を評価した際に見つけた唯一の欠点は、スキャン機能です。 私が外国語のフォントを含めて作成したファイルをスキャンしてみると、このスキャン機能は文書の内容を解読できず、その文書での作業を行なうことができませんでした。

Word Processing Expert™ 4.0 と、最近発売された他のソフトを比較すると、このソフトが個人用および中小企業の業務用ワープロ・ソフトウエアパッケージとして優れていることがわかりました。価格も大変お得で類似のソフトよりずっと安いです。総合して考えると、この製品はお勧めです。

次の号では、5月13日に発売予定の UR Music Studio β を評価します。

19. メールの目的は何ですか。
(A) データについて尋ねる
(B) 大学教授を紹介する
(C) Ms. Burdett に助けを求める
(D) ソフトウェアを注文する

20. Ms. Burdett について示唆されることは何ですか。
(A) コミュニケーション能力について発表する
(B) 彼女は外国語を理解できない
(C) Zavala さんに以前あったことがある。
(D) 彼女は Rushmore Community College で学んだ。

21. 記事によると、Word Processing Expert™ 4.0 の問題は何ですか。
(A) 基本機能
(B) 文書作成機能
(C) スキャン機能
(D) 少ないフォント

22. *Computer Trend* について示されていることは何ですか。
(A) プログラマーから幅広く認知されている
(B) よくエンジニア向けの会議について特集している
(C) Burdett さんの記事を毎月載せている
(D) IETC の発表者のひとりによって運営されている

23. 5月7日に発表しないのは誰ですか。
(A) Melissa Yankee
(B) Thomas Chen
(C) Hiroko Oyamada
(D) Dennis Griffin

Words downside 名 欠点　organizer 名 運営者、組織する人　at such short notice 急に　fill a vacant slot 空きを埋める　function 名 機能　track 他動 後を追う、追跡する　feature 名 機能　icon 名（肖）像、《コンピューター》アイコン　breeze 名 楽な仕事、たやすいこと　selection 名 選択（されたもの）　proposal 名 企画書　publish 名 出版する、印刷する　table 名 表　convert 他動 換える　manipulate 他動 加工する、処理する　competitive 形 他に負けない　be slated to *do* …する予定である

19. 正解 (C)　ルール⑬⑱

解説 目的を尋ねる問題です。通常、話題や目的の提示はメールの最初の方で示されます。このメールの場合、自己紹介やメールを書いた経緯が最初に述べられているので、少し後の方になっていますが、I am writing to ask you if you could share your knowledge at the IETC. と目的・要件を述べる決まり文句の後に「会議で知識を披露する＝参加する」ことが求められていることがわかります。

20. **正解** **(D)** ルール⑲⑳

解説 このタイプの問題は、ひとつひとつ選択肢の正誤を吟味していく必要があります。(A) 文書のどこにも Burdett さんと communication を結びつける記述はありません。(B) 記事の中に Burdett さんが外国語で文書を作ったという記述があるので違います。(C) E メールで Zavala さんが自己紹介していることから 2 人はおそらく面識がないことが推測されます。(D) E メールの最後の方で Melissa Yankee,.... She informed me that she had taught you in a community college course. という箇所があり、スケジュールを見ると彼女は Rushmore Community College で教えているので、これが最も正解らしいと推測できます。

21. **正解** **(C)** ルール⑳

解説 記事の中に、The only downside I found during my review of Word Processing Expert™ 4.0 is the scan feature. とあるのでそれを選びます。

22. **正解** **(C)** ルール⑰⑳

解説 メールの最初の方で As a reader of your *Product Review* series on *Computer Trend*, I have been amazed by your familiarity with latest software every month. と述べられているので毎月記事を載せているとわかります。

23. **正解** **(C)** ルール⑲⑳

解説 メールの中で、The theme of her presentation was related to what you wrote on April 15 and to what you stated you will be writing about next. とあり、記事はソフトウェアの紹介なので、スケジュールの中では What is the right software for you? が最も近いとわかります。その発表者は Hiroko Oyamada さんなので、これが正解です。

業務・作業に関する口語表現

- What brought you here today?（何しに来たの）
- Stick around.（待っていてよ）
- Give it a shot.（やってみなよ）
- I blew it.（しくじった）
- I wish I could.（残念だけど無理）
- You made it.（ついにやったね）= You finally accomplished it.
- I can live with that.（それには慣れているよ）= I'm familiar with that.

テーマ別ボキャブラリー　Technical Areas「技術分野」

Nouns 名詞

□ technology	科学技術、工業技術　technician 名 技師（= engineer） technical 形 技術的な technically 副 厳密に言えば、技術的には technique 名 技術、技法
□ track	（通り）道、線路、《米》（電車の）番線 他動 追跡（記録）する
□ feature	特徴、機能　他動 特色にする
□ element	要素
□ maintenance	保守、整備　call the maintenance crew 保守作業員を呼ぶ

Verbs 動詞

□ repair	他動 名 修理（する）repair person 修理工
□ contain	含む　container 名 容器
□ convert	convert to X　X に切り替わる
□ demand	要求する 名 要求
□ fix	修理する、固定する、作る I'll fix you something to eat.「何か食べるものを作ります」
□ install	設置する、（ソフトを）インストールする installation 名 設置
□ monitor	監視［監査］する　名 ディスプレイ、モニター
□ replace	取り換える　replacement　名 代わり（の人・もの）
□ update	更新する、最新の情報を伝える　名 最新情報
□ upgrade	高機能にする、変更する、更新する　名 更新
□ customize	注文で特別につくる custom-made 形 特注の

Adjectives 形容詞

□ energy-efficient	エネルギー効率がよい
□ innovative	革新的な　innovation 名 革新
□ state-of-the-art	最新技術の (= cutting-edge)
□ outdated	時代遅れの (⇔ up-to-date)

Unit 8

Transportation

交通

Part 1	1問
Part 2	3問
Part 3	3問
Part 4	3問
Part 5	4問
Part 7	7問

合計：21問

リーディング目標時間：9分

問題

Part 1 43

次の写真の描写として最も適切なものを、(A) ~ (D) から 1 つ選びましょう（英文は印刷されていません）。

1.

Part 2 44-46

最初の文への応答として最も適切なものを、(A) ~ (C) から 1 つ選びましょう（最初の文と応答は印刷されていません）。

2. Mark your answer on your answer sheet.

3. Mark your answer on your answer sheet.

4. Mark your answer on your answer sheet.

Part 3 47

会話を聞いて、次の設問文に対する答えとして最も適切なものを (A) ~ (D) から1つ選びましょう（会話は印刷されていません)。

5. What does the man want to know?
(A) The traffic conditions
(B) The location of a museum
(C) The schedule of a show
(D) The name of a stage director

6. Which exit does the woman suggest the man take?
(A) Exit 30
(B) Exit 43
(C) Exit 48
(D) Exit 73

7. Until what time is the place open?
(A) 3:30 P.M.
(B) 4:00 P.M.
(C) 4:30 P.M.
(C) 5:00 P.M.

Part 4 48

説明文を聞いて、次の設問文に対する答えとして最も適切なものを (A) ~ (D) から1つ選びましょう（説明文は印刷されていません)。

8. Who is the speaker?
(A) A maintenance worker
(B) A pilot
(C) An air traffic controller
(D) A flight attendant

9. What problem does the speaker mention?
(A) Foggy weather
(B) A malfunction in an engine
(C) Heavy turbulence
(D) Missing food

10. What will the flight attendants most likely do next?
(A) Give out headphones
(B) Serve an in-flight meal
(C) Check seat numbers
(D) Ensure passenger safety

This is the end of the Listening test. Turn to Part 5 in your test book.

GO ON TO THE NEXT PAGE

Part 5

空所に入る最も適切なものを (A) ~ (D) から 1 つ選びましょう。

11. Employees are encouraged to use commuting alternatives to driving, ------- carpooling, biking, walking, or riding rapid transit to reduce smog levels in the region.
(A) along with
(B) such as
(C) apart from
(D) in spite of

12. Travel expenses will only be ------- for public transportation unless prior consent is given by Lobix, Inc.
(A) transferred
(B) reimbursed
(C) postponed
(D) generated

13. Ms. Jankowski will be staying in North America for two ------- four weeks in order to promote the company's latest product.
(A) of
(B) with
(C) by
(D) to

14. It is important that all items on the travel reimbursement report form be completed ------- as possible.
(A) more thorough
(B) less thoroughly
(C) the most thorough
(D) as thoroughly

Part 7

1つ、または複数の文書を読んで、各設問に対する答えとして最も適切なものを(A) ~ (D)から1つ選びましょう。

Questions 15-16 refer to the following information.

Mira Museum Bus Schedule (Tuesday – Sunday)

To	Lenox Park	Tuff Beach	Wilkinson Hall	Memorial Lane	120th St. Walkway	Venice Drive
Time	10:35	10:43	10:49	10:54	11:01	11:12
	11:55	12:02	12:09	12:14	12:21	12:32
	1:55	2:02	2:09	2:14	2:21	2:32
	2:35	2:42	2:49	2:54	3:01	3:12
	3:55	4:02	4:09	4:14	4:21	4:32

Fixed Route Cash Fares

Adult (20 to 64):	$1.50
Youth (13 to 19):	$1.25
Child (12 & Under):	Free
Senior (65 to 74):	$0.75
Super Senior (75 & Older):	$0.25

A photo ID must be shown to receive a reduced fare ticket or transfer.

15. What is the fare for a seventy-year-old woman?
(A) She does not have to pay.
(B) $0.25
(C) $0.75
(D) $1.50

16. On what day is the museum bus service NOT available?
(A) Saturday
(B) Sunday
(C) Monday
(D) Tuesday

GO ON TO THE NEXT PAGE

Questions 17-21 refer to the following e-mail and schedule.

E-mail Message

To:	Linda Perez, Sequence One, Inc.<lindaperez@sequence1.co.mx>
From:	Sema West, Business Travels <swest@businesstravels.com>
Date:	June 9
Re:	Travel to Chicago on June 20, Reference # A051807

Dear Ms. Perez,

Mr. Wingate, who has been on vacation since last Friday, asked me to help arrange your trip from Mexico City to Chicago for the exposition from June 21 to June 25. Attached is an itinerary outlining your flight and hotel accommodations. Please use the reference number A051807 in any future correspondence.

I understand that you will bring products for distribution at the expo on the flight with you. Please note there will be an import tax imposed. Report the value and size of the products you are bringing on your flight to Customs when you land at O'Hare International Airport.

I was able to locate a room at this late date only one block from your exposition. The hotel offers the facilities you requested. Since your expo runs until noon on June 25, that afternoon will be the only chance for you to enjoy the complimentary amenities and facilities as seen on the itinerary. These specials were provided due to you making the reservation with a credit card.

After reviewing the attached, please confirm if this schedule is suitable for you. If you have any questions or further requests, please let me know them as well.

Best regards,

Sema West
Business Travels

Proposed Itinerary - Ref.# A051807

Prepared For: Linda Perez, Sequence One, Inc.
Reason for Travel: Chicago Gardening Expo

Notes: *Air Transportation and Hotel have been prepaid by credit card thereby granting you the following specials:*
① Free use of workout room and pool, Hours: 7 A.M.– 7 P.M.
② Free continental breakfasts, Hours: 6 A.M.– 9 A.M.

Departing Flight (6/20):
Mexico City Intl. Airport - Chicago O'Hare Intl.
Flight # 2377, Business Class, Seat 12A, Airline or Carrier: Air Skies
Terminal and Gate: Terminal B / Gate 27
Check-in Time: 10:00 A.M., Departure Time: 12:00 noon, Arrival Time: 7:05 P.M.

Returning Flight (6/26):
Chicago O'Hare Intl.- Mexico City Intl. Airport
Flight # 537, Business Class, Seat 7D, Airline or Carrier: Air Skies
Terminal and Gate: Terminal D / Gate 4
Check-in Time: 6:30 A.M., Departure Time: 8:30 A.M., Arrival Time: 5:05 P.M.

Hotel / Accommodations:
Hotel Name: The Getty Grand **Hotel Address: 1000** W. Grand Ave.
Phone#: 312-555-1000 Reservation Number: J1826LP
Check-in Date: June 20 # of Nights: 6
Check-out Date: June 26 Time: 6:00 A.M.

GO ON TO THE NEXT PAGE

17. What is the purpose of the e-mail?
(A) To notify the recipient of a travel schedule
(B) To make a written claim
(C) To introduce Mr. Wingate to the recipient
(D) To suggest a time to meet up with the recipient

18. By what time should Ms. Perez check in at the airport on June 20?
(A) 6:00 A.M.
(B) 6:30 A.M.
(C) 8:30 A.M.
(D) 10:00 A.M.

19. According to the e-mail, what will Ms. Perez probably bring to the exposition?
(A) A reference number
(B) Items to distribute
(C) A breakfast voucher
(D) Her credit card

20. When will Ms. Perez probably exercise?
(A) On June 19
(B) On June 20
(C) On June 25
(D) On June 26

21. What is suggested about Ms. Perez?
(A) A tax will not be imposed on her belongings.
(B) She used her credit card for the payment.
(C) She writes reviews for a gardening magazine.
(D) She used to live in Chicago.

Stop! This is the end of the test. If you finish before time is called, you may go back to Parts 5 and 7 to check your work.

解答と解説

Part 1

1. 43 W:

トランスクリプト

(A) People are boarding an airplane.
(B) Some people are standing near the counter.
(C) One of the women is unpacking her suitcase.
(D) Two women are resting in a waiting area.

訳

(A) 人々は飛行機に乗り込んでいる。
(B) 何人かの人々がカウンターの近くに立っている。
(C) 女性の 1 人はスーツケースから中身を出している。
(D) 2 人の女性が待合所でくつろいでいる。

Words unpack 他動 開ける、中身を出す　rest 自動 休憩する

正解 (B) ルール❹❺

解説 (A) 空港でチェックインした人はいずれ飛行機に乗り込むはずですが、その動作が写真の中に見てとれないので誤りです。(B) 人々はカウンターの前に立っているので、これが正解です。(C) スーツケースは写っていますが、中身を出している動作は確認できません。(D) 待合所は写真の中にはありません。

Part 2

2. 44 M: W:

トランスクリプト

Does this bus stop at Santa Barbara?
(A) Our office is located in the area.
(B) You're probably asking the wrong person.
(C) Yes, I stopped by her office.

訳

このバスは Santa Barbara に停まりますか。
(A) 弊社はその地域にあります。
(B) 多分、聞く相手を間違っています（私にはわかりません）。
(C) はい、私は彼女のオフィスに立ち寄りました。

Words stop by X X に立ち寄る

正解 (B) ルール❺❻❽❿

解説 (A) たずねていることはバスの停車位置であって、会社の場所ではないので不正解 です。(B) Yes/No とはっきり答えていなくても、会話が自然に流れる応答は正解になります。この場合、「自分にはわからないので他の人に聞いてください」ということ

を伝えているので、これが応答として成り立ちます。(C) Yes で答えるまではいいのですが、その後の内容が質問に関係ありません。

3. 45　W: 🇦🇺　M: 🇺🇸

トランスクリプト	訳
Aren't you leaving for Paris this weekend?	今週末パリに行くのではないのですか。
(A) I don't live in an apartment.	(A) いいえ、私はアパートに住んでいません。
(B) Right. I'm going to the airport after I get this done.	(B) はい、これを終えたら、空港に行きます。
(C) Please leave a message after the tone.	(C) 発信音の後にメッセージを残してください。

Words leave a message 伝言を残す　get X done X を終わらせる　tone 名 発信音

正解 (B) ルール 6 8

解説 leaving と (A) 似た音 live、(C) 同じ音 leave を使った音のひっかけで、内容は質問と全くつながりません。否定疑問文でも Are you leaving ～？という普通の疑問文でも、答え方は同じです。Right. と肯定した上で追加情報を述べている (B) が正解です。

4. 46　M: 🇬🇧　W: 🇨🇦

トランスクリプト	訳
How was the traffic coming over here?	ここに来るまでの交通状態はどうでしたか。
(A) Not too bad.	(A) それほど悪くはありませんでした。
(B) In fifteen minutes.	(B) 15 分後です。
(C) To see a graphic designer.	(C) グラフィックデザイナーに会うためです。

Words traffic 名 交通（量）

正解 (A) ルール 6

解説 How で様態を尋ねています。(A)「交通状態はどうだったか」に「それほど悪くはなかった」とつながるので正解です。(B) は (By) when, How soon に対する応答です。(C)Why に対する応答なので誤りです。

ここも押さえよう！

「かなり」「とても」を表わす副詞

fairly / quite / pretty / rather / considerably / significantly / to some extent
これらの語を否定にすれば「それほど…（で）ない」を表現できます。

Part 3

47 M: W:

トランスクリプト

Questions 5 through 7 refer to the following conversation.

M: **(#1)** Excuse me, but could you give me directions to the Gladstone Theater Museum? **(#2)** I know I am to take the I-48, but I don't know which exit to use.

W: Sure. Get off at Exit 73. From there, you turn right onto Wooster Road at the traffic light. Then, go straight down Wooster Road for about three miles and follow the signs. You can't miss it.

M: Thanks. That really helps.

W: You're very welcome. **(#3)** By the way, you might want to hurry—it's three o'clock now. It'll be closing at four or five, I guess?

M: Right. I know it closes at 4:30. Anyway, thanks again.

訳

問題 5-7 は次の会話に関するものです。

（男性）：すみません。Gladstone 演劇博物館への行き方を教えていただけませんか。I-48 で行くのはわかっているんですが、どの出口から出ればいいか知らないんです。

（女性）：もちろんです。73 番出口を出てください。そこから、信号のところで右折して Wooster Road に出てください。それから、Wooster Road を3マイル真っすぐ進みます。その後は標識に従って進んでください。見逃すことはないはずです。

（男性）ありがとうございます。助かります。

（女性）どういたしまして。ところで、急いだ方がいいですよ。3時ですから。4時か5時に閉まるはずですよ。

（男性）：ええ、閉館は4時 30 分ですよね。ともあれ、助けていただいてありがとうございました。

5. 男性が知りたいことは何ですか。

(A) 交通状況
(B) 博物館の場所
(C) 公演のスケジュール
(D) 演出家の名前

6. 女性は男性にどの出口から出ることを勧めていますか。

(A) 30 番出口
(B) 43 番出口
(C) 48 番出口
(D) 73 番出口

7. この場所は何時まで開いていますか。

(A) 午後3時 30 分
(B) 午後4時
(C) 午後4時 30 分
(D) 午後5時

Words directions 名 行き方、道順

5. **正解** (B) ルール⑦⑧

解説 ステージ 1 で男性が女性に could you give me directions to the Gladstone Theater Museum? と聞いているので、(B) が正解です。(A) については運転に関係のある語が、(C)、(D) については演劇・舞台に関係ある語が会話の中に含まれていますが、いずれも男性が知りたいことではありません。

6. **正解** (D) ルール⑲⑳

解説 男性は「博物館へはどの道を行けばいいか」という質問に続けて、ステージ2で I know I am to take the I-48, but I don't know which exit to use.「I-48 で行くのはわかっているんですが、どの出口から出ればいいか知らないんです」と言っています。ここから、I-48 というのは交通手段の番号であるとわかります。知りたいのは but の後で言っている出口の番号であり、男性の質問に対する女性の応答、Get off at exit 73. から、(D) が正解であるとわかります。

7. **正解** (C) ルール⑧⑬⑮

解説 男性の知りたいことについてひと通り答え終えた女性が、By the way というディスコースマーカーの後、博物館への行き方というこれまでの話題から、別の話題へ切り替えています。ここからステージ3が始まり、博物館の閉館時間が話題となります。この直後に女性が述べているのは現在の時間であり、男性に It'll be closing at four or five, I guess? と確認した後の男性の応答、Right. it closes at 4:30. より、(C) が正解であるとわかります。

Part 4

48 M:

トランスクリプト

Questions 8 through 10 refer to the following announcement.
(#1) Attention passengers. This is your captain speaking. We've just been informed that the plane is likely to encounter severe turbulence in about ten minutes. **(#2)** So we ask all passengers to stay in your seats and fasten your seat belts. Also, we request that you turn off your computers and any other mobile devices until further notice. The flight attendants will now discontinue food service and come through the cabin to be

sure all seat belts have been securely fastened. **(#3)** We apologize for the disruption in food service and appreciate your understanding. Flight attendants, please check on the passengers and then return to your seats.

訳

問題 8-10 は次のアナウンスに関するものです。
乗客の皆様に機長よりお知らせいたします。ただ今、当機が約 10 分後に激しい乱気流に遭遇する可能性があるとの連絡がありました。そのため、皆様にはお席を離れずにシートベルトの着用をお願いします。また、コンピューター、その他のモバイル機器は、次の指示があるまでスイッチをお切りください。これより客室乗務員が機内食のサービスを中止し、機内を回ってシートベルトの装着を点検させていただきます。機内食のサービスを中断することをおわびいたしますと同時に、ご理解賜りますようお願い申し上げます。それでは客室乗務員の皆さん、お客様の安全を確認し、自分の席に戻ってください。

8. 話し手は誰ですか。
(A) 整備員　　(C) 航空管制官
(B) 操縦士　　(D) 客室乗務員

9. 話し手が話題にしている問題は何ですか。
(A) 霧の立ち込める天気　　(C) 激しい乱気流
(B) エンジンの故障　　(D) 不足している食べ物

10. 客室乗務員は次に何をすると考えられますか。
(A) ヘッドホンを配る。　　(C) 座席番号を確認する。
(B) 機内食を出す。　　(D) 乗客の安全確認をする。

Words encounter 他動 遭遇する　turbulence 名 乱気流　electronic device 電子機器
until further notice 追って知らせがあるまで　disruption 名 中断、混乱

8. 正解 (B) ルール 13 18 19

解説 冒頭で、This is your captain speaking.「こちらは機長です」と述べています。多くの場合、Part 4 のステージ 1 は、〈Hello. / Good morning. などのあいさつ〉→〈名前・肩書・地位・職業・居場所など話し手に関する情報〉→〈会話のテーマ・概要〉という流れとなっているので、このパターンを頭にたたき込んでおくとリスニングが楽にできるようになります。

9. 正解 (C) ルール 17 19

解説 ステージ 1 の最後で、We've just been informed that the plane is likely to encounter severe turbulence in about ten minutes.「当機が約 10 分後に激しい乱気流に遭遇する可能性があるとの連絡がありました」と述べているので、(C) が正解です。誤答である (A) の天気、(B) のエンジンなどの機械関係の故障も、離陸・着陸が遅れる理由として、実際の TOEIC でよく出題されます。

10. 正解 (D) ルール⑬⑳

解説 ステージ２の The flight attendants will now ...「これより客室乗務員が…」の部分と、ステージ３の Flight attendants, please ...「それでは客室乗務員の皆さん、…ください」の部分の２カ所で、ヒントになることが述べられています。now というディスコースマーカーと、Flight attendants という呼びかけが、それぞれ答えのヒントになる箇所を教えてくれています。(A) 電子機器のスイッチを切るように言っているのでヘッドホンを配ることは考えにくく、ヘッドホンへの言及もありません。(B) 機内食のサービスは停止されます。(C) 座席番号への言及はありません。

Part 5

11.

設問と訳

Employees are encouraged to use commuting alternatives to driving, ------- carpooling, biking, walking, or riding rapid transit to reduce smog levels in the region.

(A) along with　　(C) apart from
(B) such as　　(D) in spite of

従業員は地域のスモッグのレベルを下げるために、カープールや自転車、徒歩、高速鉄道機関など、自動車とは別の通勤手段を使うことが奨励されています。

Words alternative 名 代用のもの　reduce 他動 減らす

正解 (B) ルール⑭

解説 カープールや自転車、徒歩、高速鉄道機関がそれぞれ commuting alternatives to driving「自動車とは別の通勤手段」の例であることを考えると、(B) such as X「X のような」が正解であるとわかります。(A) along with X「X とともに」。You can find your schedule on the Web site along with other information.「他の情報とともにご自分のスケジュールをウェブサイトでご覧になれます」(C) apart from X「X を除けば、X と離れて」。The movie was good, apart from one actress's poor acting.「その映画は、１人の女優の下手な演技を除けば、よかった」(D) in spite of X「X にもかかわらず」。

12.

設問と訳

Travel expenses will only be ------- for public transportation unless prior consent is given by Lobix, Inc.

(A) transferred　(B) reimbursed　(C) postponed　(D) generated

Lobix 社から事前承諾が与えられない限り、交通費は公共交通機関についてのみ払い戻されます。

Words prior consent 事前承諾

正解 **(B)** .... ルール③④

解説 選択肢の語尾がすべて -ed 形になっていることと、空所の前に will (only) be があることから、設問文が受け身の構造をしていることがわかります。Travel expenses「交通費」が (A) ~ (D) のどの動詞の目的語になるのがふさわしいかを考えると、(B) reimburse「払い戻す」が適切だとわかります。(A) transfer「移す、移転させる」。(C) postpone「延期する」。(D) generate「生み出す」。

13.

設問と訳

Ms. Jankowski will be staying in North America for two ------- four weeks in order to promote the company's latest product.

(A) of　(B) with　(C) by　(D) to

Jankowski さんは会社の最新製品を宣伝するために、2週間から4週間、北米に滞在する予定です。

正解 **(D)** .... ルール⑭

解説 前置詞の用法を問う問題。to には＜ A to B ＞「A から B（の間）」のように数字を2つ並べて範囲を示す用法があるので、(D) が正解です。

ここも押さえよう！

前置詞の使い方

前置詞のややマイナーな使い方も、高得点を狙うなら覚えておきましょう。

several hours **of** intense work

「集中して仕事をした数時間」＜状況・行為の続いた時間的長さを表す＞

I'm **with** you.「私はあなたの味方です」＜賛成を表す⇔ against ＞

The room is 5 feet **by** 8 feet.

「その部屋は、横5フィート、縦8フィートです」＜寸法を表す＞

14.

設問と訳

It is important that all items on the travel reimbursement report form be completed ------- as possible.

(A) more thorough
(B) less thoroughly
(C) the most thorough
(D) as thoroughly

交通費精算書のすべての項目をできるだけ完全に記入することはとても重要です。

正解 **(D)** ルール❷

解説 It is important that の後に続く文の構造は、S = all items (on the travel reimbursement report form)、V = be completed となっており、空所以降がなくても文として成り立っています。空所の後ろには as possible があるので、＜ as ＋原級＋ as possible ＞になる (D) が正解です。比較級・最上級は頻出するわけではありませんが、基本だけは見直しておきましょう。

ここも押さえよう！

これだけは押さえたい比較の基本

①同等比較＜ as ＋形容詞・副詞の原級＋ as ＞

Gayla's weekends are practically **as** busy **as** her weekdays.
「Gayla の週末は平日と同じぐらい忙しい」

②比較級＜形容詞・副詞の -er 形または more/less ＋形容詞・副詞の原級＋ than ＞

Ms. Minekawa works harder **than** everybody else in the team.
「Minekawa さんはチームの誰よりも一生懸命働く」

Conrad eats **less than** Kevin (does).
「Conrad は Kevin より少食だ」

③最上級＜ (the) ＋形容詞・副詞の -est 形または most ＋形容詞・副詞の原級＋範囲を表す語句（of ～、in ～など）＞

Money is **the most** important thing in the world.
「お金は世界で最も重要なものです」

She is **the best** candidate of them all.
「彼女は彼らの中で一番の候補者だ」

Part 7

訳

問題 15-16 は次の情報に関するものです。

Mira Museum バス時刻表（火曜日—日曜日）

行き先	Lenox Park	Tuff Beach	Wilkinson Hall	Memorial Lane	120th St. Walkway	Venice Drive
時刻	10:35	10:43	10:49	10:54	11:01	11:12
	11:55	12:02	12:09	12:14	12:21	12:32
	1:55	2:02	2:09	2:14	2:21	2:32
	2:35	2:42	2:49	2:54	3:01	3:12
	3:55	4:02	4:09	4:14	4:21	4:32

路線バス現金払いの料金
大人（20 歳から 64 歳）：1 ドル 50 セント
中人（13 歳から 19 歳）：1 ドル 25 セント
小人（12 歳以下）：無料
前期高齢者（65 歳から 74 歳）：75 セント
後期高齢者（75 歳以上）：25 セント

割引券や乗り継ぎ切符の購入には写真つき身分証明書の提出が必要です。

15. 70 歳の女性の料金はいくらですか。
(A) お金を支払う必要はない。
(B) 25 セント
(C) 75 セント
(D) 1 ドル 50 セント

16. 美術館のバスが利用できないのは何曜日ですか。
(A) 土曜日
(B) 日曜日
(C) 月曜日
(D) 火曜日

15. 正解 (C) ルール20

解説 文書の料金一覧から、当てはまる金額を探し出します。seventy-year-old woman は前期高齢者ですから、Senior (65 to 74) に当たります。したがって、(C) が正解です。

16. 正解 (C) ルール20

解説 文書の一番上に、Mira Museum Bus Schedule (Tuesday – Sunday) とあるので、バスは月曜日に運行されていないことがわかります。

訳

問題 17-21 は次の E メールとスケジュールに関するものです。

宛先：Linda Perez, Sequence One, Inc.<lindaperez@sequence1.co.mx>
送信者：Sema West, Business Travels <swest@businesstravels.com>
日時：6月9日
件名：6月 20 日のシカゴ旅行、照会番号 A051807

Perez 様

6/21 ～ 25 の展示会のための、Perez 様の Mexico City から Chicago へのご旅行の手配をするよう、先週の金曜日から休暇に出ている Wingate 様よりご依頼を受けました。添付いたしましたのはフライトとホテルの概要を説明した旅程表です。今後ご連絡いただく際は、照会番号 A051807 をお使いください。

展示会で配布される品物をご搭乗の際にお持ちになると伺っております。それには輸入税が課されますのでご注意ください。O'Hare 国際空港にご到着の際に、機内に持ち込まれた品物の価値および大きさを税関にご申告ください。

日が迫っておりますが、展示会の会場からわずか 1 ブロックのところにお部屋をご用意することができました。また、ホテルにはお望みの設備がございます。展示会は 6 月 25 日の正午まで開催されますので、旅程表に示されたアメニティや設備の特別サービスをご利用になれるのは、この日の午後のみになってしまうでしょう。この特別サービスは、クレジットカードでのご予約のため可能になりました。

添付いたしました資料をご覧いただいた後、このスケジュールで問題ないかどうかをお知らせください。その際、ご質問や他のご要望がございましたら、それも併せてお知らせください。

敬具

Sema West
Business Travels 社

ご旅程案 – 照会番号 A051807

お客様ご氏名：Sequence One 社 Linda Perez 様
ご旅行の目的：Chicago 園芸展示会

注：飛行機代・ホテル代を既にクレジットカードでお支払いいただいていますので、次の特別サービスがご利用になれます。
①ワークアウトルームおよびプールの無料でのご利用　午前7時 – 午後7時
②無料コンチネンタル朝食　午前6時 – 午前9時

出発便 (6/20):
Mexico City 国際空港 - Chicago O'Hare 国際空港
フライト番号 2377、ビジネスクラス、座席 12A
航空会社：Air Skies　ターミナル / ゲート：ターミナル B / ゲート 27
チェックイン時刻：午前 10 時、出発時刻：正午、到着時刻：午後7時5分

帰国便 (6/26):
Chicago O'Hare 国際空港 - Mexico City 国際空港
フライト番号 537、ビジネスクラス、座席 7 D
航空会社：Air Skies　ターミナル / ゲート：ターミナル D / ゲート 4
チェックイン時刻：午前6時 30 分、出発時刻：午前8時 30 分、到着時刻：午後5時5分

ホテル／宿泊施設：
ホテル名：The Getty Grand　住所：1000 W. Grand Ave.
電話番号：312-555-1000　予約番号：J1826LP
チェックイン日：6 月 20 日　宿泊日数：6
チェックアウト日：6 月 26 日　時刻：午前 6 時

17. E メールの目的は何ですか。
(A) 受信者に旅行の予定を知らせる。
(B) 書面での申し立てをする。
(C) 受信者に Wingate さんを紹介する。
(D) 受信者と会う時間を提案する。

18. Perez さんは6月 20 日は何時までに空港にチェックインするべきですか。
(A) 午前6時
(B) 午前6時 30 分
(C) 午前8時 30 分
(D) 午前 10 時

19. Eメールによると、Perez さんは展示会に何を持っていくと思われますか。
(A) 照会番号　(C) 朝食のクーポン
(B) 配布する品物　(D) 自分のクレジットカード

20. Perez さんは何日にエクササイズをすると思われますか。
(A) 6月19日　(C) 6月25日
(B) 6月20日　(D) 6月26日

21. Perez さんについてどのようなことがわかりますか。
(A) 彼女の持ち物に税金は課されない。　(C) ガーデニング誌に評論を書いている。
(B) 支払いにクレジットカードを使った。　(D) シカゴに住んでいたことがある。

Words outline 他動 要点［概要］を述べる　distribution 名 配布 (< distribute)　exposition = expo 名 展示会、展覧会　tax 名 税　impose X on Y　X を Y に課す　value 名 価値　customs 名 税関　amenities 名 快適な施設　facilities 名 設備　suitable 形 適した、ふさわしい　grant X Y　X に Y を与える　carrier 名 航空会社

17. 正解 (A) ルール 18 19

解説 Eメールの第1パラグラフに、Attached is an itinerary outlining your flight and hotel accommodations.「添付いたしましたのはフライトとホテルの概要を説明した旅程表です」とあるので、(A) が正解です。文書の前の Questions 17-21 refer to the following e-mail and schedule. から、2つの文書がEメールとスケジュールであり、2つ目の文書がEメールの添付資料で、飛行機やホテルの情報が載っているということがわかれば、そこからも判断することができます。

18. 正解 (D) ルール 17 20

解説 時刻を聞いている問題なので、2つ目の文書を読んで判断します。Departing Flight (6/20) の部分を読むと、Check-in Time に 10:00 A.M. とあるので、(D) が正解です。(A) (B) (C) はいずれも2つ目の文書に掲載されている時刻ですが、聞かれている内容とは関係ない時刻なので不正解です。

19. 正解 (B) ルール 20

解説 According to the e-mail とあるので、1つ目の文書を読みます。設問中の exposition かそれに類する言葉はないかどうかを探すと、第3パラグラフの最初に I understand that you will bring products for distribution at the expo on the flight with you.「展示会で配布される品物をご搭乗の際にお持ちになると伺っております」とあるので、

(B) が正解であるとわかります。

20. 正解 (C) ルール⑲⑳

解説 2つ目の文書に、クレジットカードで前払いをしたことに対するサービスの1つとして、Free use of workout room and pool「ワークアウトルームおよびプールの無料でのご利用」とあります。また、Eメールの第4パラグラフに Since your expo runs until noon on June 25, that afternoon will be the only chance for you to enjoy the complimentary amenities and facilities as seen on the itinerary.「展示会は 6 月 25 日の正午まで開催されますので、旅程表に示されたアメニティや設備の特別サービスをご利用になれるのは、この日の午後のみになってしまうでしょう」とあるので、(C) June 25 が正解です。

21. 正解 (B) ルール④⑳

解説 選択肢のキーワードを探すと、Eメールの第4パラグラフの最後に These specials were provided due to you making the reservation with a credit card.「この特別サービスは、クレジットカードでのご予約のため可能になりました」とあり、さらに2つ目の文書にもクレジットカードを使用した旨の記述があります。したがって、正解は(B)。(A) Eメールの第3パラグラフの Please note there will be an import tax imposed.「それには輸入税が課されますのでご注意ください」と矛盾。(C) Eメールの第5パラグラフに After reviewing the attached とありますが、この review は「評論」ではなく、動詞で「(再) 検討する、見直す」の意味です。(D) 展示会はシカゴで行われますが、Perez さんが住んでいたという記述はありません。

ここも押さえよう！

マルティプルパッセージの解法について

❶まず1つの文書を読みます。多くの場合、1番上（最初）の文書を読めばいいのですが、基本的に長い方、表などではなくメール、記事など文章になっている方を読みます。できれば全部読むのがいいのですが、時間がなければ、ルール18に従い、大意を把握します。

❷❶で読んだ文書以外の文書にも目を通し、文書と文書の関係を把握します。もし1つがメールで、もう1つがその返信メールという場合のように、両方が強い結びつきがあり、状況を理解するのに不可欠だった場合は、2つ目もきちんと読みます。それ以外の表などの場合は、両文書の関係がわかればとりあえずOKとします。

❸設問に進みます。設問文中にWhat is the purpose of the notice?「お知らせの目的は何ですか」、According to the schedule, what time will Mr. Holtzapfel leave Los Angeles?「予定表によると、Holtzapfelさんが LA をたつのはいつですか」のように、読むべき文書を教えてくれるものには、該当する文書から素早く答えを探します。

❹基本的には設問の順番通りに取り組むのが最も解きやすいはずですが、手に負えない問題があれば、飛ばすか後回しにします（この場合、飛ばした解答のマーク欄は適当にマークするか、軽い線でも引いておくことをお勧めします。その欄に次の問題の正解だと思う記号をマークしてしまい、解答欄が1つずつずれていくというマークミスを防ぐためです）。設問文中の語句と同じ語、似た意味の語を探し、その近くにヒントとなる記述を見つけます。ダブルパッセージの設問の多くは、What is suggested about the Woods Movie Company?「Woods映画会社について何が示唆されていますか」のような文書中の情報から内容を類推できるかを問う質問が多く、この場合は固有名詞を中心に探します。典型的でない質問の場合は、動詞部分を頼りにヒントを探すこともあります。

❺ほとんどの場合、マルティプルパッセージ5問のうち、少なくとも1問、ときには2問は複数の文書を参照しないと解けない問題になっています。このタイプの問題は、❷で複数文書の関係を把握していること、メールの場合は差出人、受信者の名前・肩書など、文章でない細かい部分にヒントがあることが多いので、そういう情報を見逃さないことが大事です。

テーマ別ボキャブラリー　Transportation「交通」

Nouns 名詞

- □ captain　機長
- □ carrier　運輸会社、《米》配達人、（電気通信・保険などの）会社
- □ information desk　案内所
- □ itinerary　旅行計画
- □ passenger　乗客
- □ rest　休息、《the ～》残り（のもの）［他動］休む
- □ route　道、路線、手段、経路
- □ terminal　ターミナルビル、終点［始点］
- □ traffic　交通（量）
  traffic congestion 交通渋滞
- □ turbulence　乱気流

Verbs 動詞

- □ board　乗る、搭乗する　boarding［名］搭乗、乗車
- □ correspond　《＋ to》一致［相当］する、《＋ with》文通する
  correspondent［形］一致［相当］する《＋ to/with》
  corresponding［形］対応する、相当する（= equivalent）
- □ direct　道を教える、指図する
  direct X to *do*　X に…するように指示する
  direct X to Y　X（注意など）を Y に向ける
  ［形］直接の
  directly［副］直接に
  direction［名］方角、方向（性）
  directions 行き方、説明（書）
- □ fasten[buckle] one's seatbelt　シートベルトを締める
- □ pull a suitcase　スーツケースを引く

Adjectives 形容詞

- □ inclement　荒れ模様の　inclement weather 悪天候
- □ in-flight　飛行中の、機内の

Unit 9

Purchasing

購買

Part 1	1問
Part 2	3問
Part 3	3問
Part 4	3問
Part 5	4問
Part 7	7問

合計：21問

リーディング目標時間：9分

問題

Part 1 49

次の写真の描写として最も適切なものを、(A) ~ (D) から 1 つ選びましょう（英文は印刷されていません）。

1.

Part 2 50-52

最初の文への応答として最も適切なものを、(A) ~ (C) から 1 つ選びましょう（最初の文と応答は印刷されていません）。

2. Mark your answer on your answer sheet.
3. Mark your answer on your answer sheet.
4. Mark your answer on your answer sheet.

Part 3 53

会話を聞いて、次の設問文に対する答えとして最も適切なものを (A) ~ (D) から1つ選びましょう（会話は印刷されていません）。

5. What is the man's problem?
(A) He has not received his order yet.
(B) He received the wrong order.
(C) His credit card was not accepted.
(D) He was charged more than the purchase price.

6. What is printed on the man's receipt?
(A) The customer's name
(B) The item number
(C) The location of the store
(D) The procedure for getting a replacement

7. What does the woman mean when she says, "I'm terribly sorry about that"?
(A) She is showing sympathy to the man.
(B) She admits a mistake.
(C) She does not follow the man's words.
(D) She needs time to think.

Part 4 54

説明文を聞いて、次の設問文に対する答えとして最も適切なものを (A) ~ (D) から1つ選びましょう（説明文は印刷されていません）。

8. Where would the announcement most likely be heard?
(A) At a stadium
(B) At a supermarket
(C) At a home decorating shop
(D) At a movie theater

9. What should the listeners do to get a $20 coupon?
(A) Purchase some eggs
(B) Apply for a shopping card
(C) Spend more than 150 dollars
(D) Go to the information desk

10. What time does U-Shop close today?
(A) At 8:00 P.M.
(B) At 8:30 P.M.
(C) At 9:00 P.M.
(D) At 9:30 P.M.

This is the end of the Listening test. Turn to Part 5 in your test book.

GO ON TO THE NEXT PAGE →

Part 5

空所に入る最も適切なものを (A) ~ (D) から 1 つ選びましょう。

11. Although the Ameba Note is often considered the best compact laptop, ------- of its features have been known to malfunction.
(A) every
(B) each
(C) several
(D) little

12. Now that more and more companies are seeking opportunities for ------- abroad, exporting issues are making a more significant impact on the food industry.
(A) expand
(B) expansive
(C) expansion
(D) expansively

13. Some brand-new products are being cleared from the display area to make ------- for next season's stock.
(A) appointment
(B) factor
(C) profits
(D) room

14. Smart phones for elderly people, ------- require minimal skills to operate, are selling quite well.
(A) who
(B) whom
(C) which
(D) what

Part 7

１つ、または複数の文書を読んで、各設問に対する答えとして最も適切なものを (A) ~ (D) から１つ選びましょう。

Questions 15-16 refer to the following flyer.

BV Supermarket

Big Values Every Week at BV Supermarket
Come shop at our fresh Deli & Bakery.
See our large Meat & Seafood selection.
Enjoy our fresh and healthy Produce.
Wine and Flowers available in our Gift Center.
Bring in your prescriptions to be filled at our Pharmacy.

Weekly Promotions

Asparagus **$1.77** / lb	**Fudge Brownies** **$2.88**	**Light Chunk Tuna** **$0.58**	**White Bread** **$0.98**
Frozen Chicken Dinners **$5.59**	**Pumpkin Pies** Regularly $8.99 **Reduced to $6.99**	**Bananas** **$0.50** per bunch	**Bagels** **Variety of Flavors!** **$5.00** per dozen
Cabbage **$0.75** per head	**Selected Deli Meats** **$1.50** / lb	**Oranges** **$1.20** each	**Frozen Deli Pizzas** **$5.50** each

Additional discounts with the BV Shopper's Card.

Store Hours:

Sunday – Tuesday, Thursday – Saturday	9 a.m. – Midnight
Wednesday	9 a.m. – 6 p.m.

15. On what item will shoppers get a discount?
(A) Fudge Brownies
(B) Pumpkin Pies
(C) Bagels
(D) Pizzas

16. When does the store close on Sunday?
(A) At 12:00 noon
(B) At 6:00 P.M.
(C) At 9:00 P.M.
(D) At 12:00 midnight

GO ON TO THE NEXT PAGE

Questions 17-21 refer to the following e-mail and form.

E-mail Message

To:	Ronald Dell <ronald.dell@umail.com>
From:	Mary Riley <mriley@jerseywear.com>
Date:	October 27
Subject	Order Confirmation - # 164851154

Dear Mr. Dell,

This e-mail is to confirm receipt of your order dated October 27.Your order number 164851154 will be shipped containing the items listed below.

Item #	Unit	Size	Item	Color
E807	1	XL	Cool Wear Short-Sleeved Jersey	Blue/White
D304	1	XL	Base Layer Long-Sleeved Runners Shirt	Black/Gray
P498	1	XL	Nylon Wicking Waistband Pants	Black
H219	1	10	Water Proof Running Shoes	Red

If you have any problems regarding this order, please use a request form which can be downloaded from our Web site: http://www.jwear.com/

Orders with multiple items may be shipped separately. We will send you confirmation for each shipment to keep you updated on the status of your order.
Expected delivery date is October 30.
Shipping Address:
Ronald Dell
180 S 361st Street
Salt Lake City, UT 84190

Thank you for shopping at Jersey Wear. We truly appreciate your business and hope you enjoy your items.

Mary Riley
Jersey Wear

JERSEY WEAR **Claim Request Form**

Name:	Ronald Dell	**Date:**	November 4
Address	180 S 361st Street, Salt Lake City, UT 84190		
Order #	164851154	**Item #**	D304
Problem	☐ 1. Item Delay ☐ 2. Missing Item ☑ 3. Wrong Item ☐ 4. Defective Item (Please explain:) ☐ Others (Please use Comment Section)		
Preferred Solution (Please check)	☑ 1. Exchange ☐ 2. Refund (☐ Credit card ☐ Money Transfer ☐ Check) ☐ 3. Others (Please use Comment Section)		

Comment:

Enclosed in the delivery was a size L instead of XL. This is too small for me. Please send the item I originally requested immediately. Also, send a prepaid envelope for me to return the L-sized shirt. I would appreciate your prompt attention to this matter since I need this shirt for an upcoming trip.

GO ON TO THE NEXT PAGE

17. What is the purpose of the e-mail?
(A) To make a statement
(B) To confirm an order
(C) To recommend a new product
(D) To renew an expiring service

18. How did Mr. Dell get the request form?
(A) He downloaded it from a Web site.
(B) It was enclosed with the products.
(C) It was attached to the e-mail.
(D) He obtained it at a retail store.

19. What item has Mr. Dell detected a problem about?
(A) Jersey
(B) Pants
(C) Shirts
(D) Shoes

20. What is Jersey Wear requested to do?
(A) Provide reimbursement for the item
(B) Repair one item immediately
(C) Activate his membership account
(D) Send a bigger item

21. What is suggested about Mr. Dell?
(A) He has used this service many times.
(B) He will be away from home soon.
(C) He paid by credit card.
(D) He received a prepaid envelope.

Stop! This is the end of the test. If you finish before time is called, you may go back to Parts 5 and 7 to check your work.

解答と解説

Part 1

1. (49) M: 🇬🇧

トランスクリプト	訳
(A) She's taking bread out of an oven.	(A) 女性はオーブンからパンを取り出している。
(B) She's stepping out of a bakery.	(B) 女性はパン屋から出ようとしている。
(C) She's packing products into sacks.	(C) 女性は製品を袋に詰めている。
(D) She's carrying some food items in both arms.	(D) 女性は食料品を両手に抱えている。

Words bakery 名 パン屋

正解 **(D)** ルール 4 14

解説 (A) bread「パン」は写っていますが、オーブンから出してはいません。(B) 女性は店から出る動作は確認できません。(C) 棚に並べられたパンはビニール袋に詰められていますが、女性が袋に詰めている動作は確認できません。(D) 正解です。bread という具体的な語ではなく、food items という抽象的な言い回しが用いられています。

ここも押さえよう！

抽象的な言い回しへのパラフレーズ例

pool, river, sea → water「水、水域」
knife, spoon, fork → eating utensils「食器」
guitar, piano, drums → instruments「楽器」
basket, box, carton, jar → containers「容器」
microwave, TV → appliances「電化製品」
bed, desk, cabinet, cupboard → furniture「家具」
book, magazine, pamphlet → reading materials「読み物」
lettuce, banana → food items「食料品」
bus, train, street car → public transportation「公共交通システム」

Part 2

2. 50 M: W:

トランスクリプト

How about I bring lunch back to the office for you?

(A) For here or to go?

(B) That would be nice.

(C) The tour includes a lunch break.

訳

私が仕事場まで昼食を持ってきましょうか。

(A) 店内でお召し上がりですか、それともお持ち帰りですか。

(B) それは助かります。

(C) そのツアーには昼食休憩も含まれます。

正解 (B) ルール7

解説 How about ～？は相手に提案する表現で、後ろにはさまざまな形を取ることができます。名詞の場合もあれば、How about telling me any idea you think might work?「うまくいくと思う考えを私に話してみてはどうですか」のように、動詞の -ing 形がくる場合もあります。また、この質問文のように、後ろに SV... の形を続けることも可能です。正解の (B) は提案表現に賛成するときの決まり文句の 1 つです。(A) ファストフードレストランでの決まり文句です。(C) lunch という語を使った表現が出てきますが、内容は質問とは無関係です。

3. 51 M: W:

トランスクリプト

How soon will my order be delivered?

(A) I'll get them in the right order.

(B) You delivered a fantastic presentation.

(C) Within two business days.

訳

私の注文はいつごろ届きますか。

(A) 私が正しい順序に直します。

(B) あなたのプレゼンテーションはすばらしかったです。

(C) 2 営業日以内です。

Words business day 営業日

正解 (C) ルール6 8

解説 How soon ～？は「今からどのくらいの時間［期間］で」ということを尋ねる言い方です。ここではあとどれぐらいで届くのかが問われているので、限定した期間を表す (C) が正解です。business day「営業日」。アメリカ英語では workday という言葉もあり、これは厳密には「一般の人が働く日」を意味します。order は質問文では「注文」、(A) では「順序」の意味で使われています。(B) deliver a presentation「プレゼンテーションをする」は頻出するコロケーションです。

ここも押さえよう！

deliver を使った頻出コロケーション

deliver goods [a package]「商品［小包］を届ける」

deliver a message「メッセージを伝える」

deliver a presentation [speech, lecture]「プレゼンテーション[スピーチ、講義]をする」

4. 52 W: M:

トランスクリプト	訳
Are you finding everything okay?	すべて大丈夫でしたか。
(A) Just fine, thanks.	(A) 大丈夫です、ありがとうございます。
(B) No, they weren't.	(B) いいえ、彼ら（それら）はそうではありませんでした。
(C) Everything at our store is affordable.	(C) 当店のすべての商品は手頃な価格です。

Words affordable 形 手頃な

正解 **(A)** ルール 8 19

解説 Are you finding everything okay? は、店内のお客さんに対して言う決まり文句です。これに対しては、(A) のような応答の他に、Oh, I'm just looking. などと答えるのが普通です。(B) Yes/No 疑問文に No で答えていますが、主語と動詞が質問文とかみ合いません。(C) 質問文は店員のせりふですから、応答は顧客のものでなくてはいけませんが、これも店の人が言うせりふなので不正解です。

ここも押さえよう！

お店で聞く決まり文句

Are you ready to order?「ご注文はお決まりですか」

For here or to go?「こちらでお召し上がりですか、それともお持ち帰りですか」

Are you being helped?「もう、お伺いしましたでしょうか」

Anything else? / Is that all? / That's it?「それで全部ですか」

How would you like to pay?「お支払いはどのようになさいますか」

Sorry to have kept you waiting.「お待たせしてすみません」

Out of twenty (dollars).「《米》20 ドルお預かりします」

Part 3

53 M: W:

トランスクリプト

Questions 5 through 7 refer to the following conversation.

M: **(#1)** Hi, I'm calling about a problem with my order. I'm looking at this month's credit card bill, and it says that you charged me 200 dollars for the cell phone I bought at your store. But I'm pretty sure that the price was 145 dollars, and I have the receipt with me.

W: **(#2)** Okay, sir. Let me confirm your purchase record on our computer. Would you mind telling me the store location and the cashier number on the receipt? They should be found right below our store name.

M: Sure. The store location is Fifth Street Promenade, and the cashier number is 013679.

W: Oh, you're right. **(#3)** We did overcharge you by 55 dollars. I'm terribly sorry about that. We'll refund the 55 dollars as soon as possible. Would you like us to refund it to your card?

訳

問題 5-7 は次の会話に関するものです。

(男性)：注文のことで問題があり、お電話しました。今、今月のクレジットカードの明細書を見ているのですが、それによると、そちらの店で買った携帯電話の代金として 200 ドル請求されています。でも、価格は 145 ドルのはずです。レシートを持っています。

(女性)：かしこまりました、お客様。コンピューターでお客様の購入記録を確認させてください。レシートに書いてある店舗の場所とレジ番号をお教えいただけますか。店の名前のすぐ下にあると思いますが。

(男性)：はい。店舗の場所は5番街遊歩道、レジ番号は 013679 です。

(女性)：おっしゃる通りです。55 ドル過剰請求してしまいました。誠に申し訳ございません。できるだけ早く 55 ドルを払い戻しいたします。カードにご返金いたしましょうか。

5. 男性の問題は何ですか。
(A) 注文した商品をまだ受け取っていない。
(B) 注文とは違う品物を受け取った。
(C) クレジットカードが使えなかった。
(D) 購入価格以上の金額が請求された。

6. 男性のレシートに印刷されていることは何ですか。
(A) 顧客の名前
(B) 商品番号
(C) 店の場所
(D) 交換の手続き

7. 女性は "I'm terribly sorry about that" とどういう意味で言っていますか。
(A) 彼女は男性に同情している。
(B) 彼女は過ちを認めている。
(C) 彼女は男性のいうことがわからない。
(D) 彼女は考える時間を必要としている。

Words bill 名 勘定書　charge 他動 請求する　promenade 名 遊歩道　overcharge 他動 過剰請求する　refund 他動 払い戻す procedure 名 手続き　replacement 名 代用品

5. 正解 (D) …… ルール⑬⑱⑳

解説 ステージ1では会話のテーマが提供されますが、今回は Hi, I'm calling about a problem with my order.「注文のことで問題があり、お電話しました」と単刀直入に用件を切り出しています。この後に you charged me 200 dollars ... But, I'm pretty sure that the price was 145 dollars「200 ドル請求されていますが価格は 145 ドルのはずです」と言っているので、(D) が正解です。

6. 正解 (C) …… ルール⑲

解説 会話のテーマについての詳細はステージ2で述べられます。女性が Would you mind telling me the store location and the cashier number on the receipt?「レシートに書いてある店舗の場所とレジ番号をお教えいただけますか」と言っているので、(C) が正解とわかります。

7. 正解 (B) …… ルール⑯⑲

解説 I'm sorry. 自体は色々な状況で使われる言葉ですが、この前後で何が言われているのかを聞き取れれば正解できます。前には We did overcharge you by 55 dollars. と過ちを認めていて、後では We'll refund the 55 dollars as soon as possible. と対処法も示しているので、正解は (B) とわかります。

Part 4

54 M:

トランスクリプト

Questions 8 through 10 refer to the following announcement.
(#1) Good evening shoppers, and welcome to U-Shop. We take pride in offering affordable prices on items you really need. As this is Wednesday, don't miss out on our Wednesday special discounts on various items. **(#2)** Dairy products and soft drinks are 30% off. Bread and flour are 40% off. Also, if you buy a dozen fresh eggs, you can get another dozen for free! What's more, we'll provide $20 shopping vouchers to customers who spend over $150. You can use these vouchers anytime after Thursday. **(#3)** U-Shop is open every day from 8:30 in the morning to 9:30 in the evening. The time is now 8:00 P.M. You have 90 more minutes to enjoy your shopping.

訳

問題 8-10 は次のアナウンスに関するものです。
買い物客の皆さん、こんばんは。U-Shop へようこそ。当店は、お客様が本当に必要としている物を手頃な価格でご提供することに誇りを持っています。本日は水曜日です。さまざまな商品に対する水曜日の特別割引をお見逃しなく。乳製品とソフトドリンクは 30 パーセント引きです。パンと小麦粉は 40 パーセント引きです。また、新鮮な卵を 1 ダースご購入いただくと、もう 1 ダースが無料になります！　さらに、お買い上げ金額が 150 ドルを超えるお客様には、20 ドルの商品券を差し上げております。この商品券は木曜日以降いつでもご利用いただけます。当店は毎日、朝 8 時 30 分から夜 9 時 30 分まで営業しております。ただ今、時刻は午後 8 時です。まだあと 90 分ありますので、お買い物をお楽しみください。

8. このアナウンスはどこで聞かれると考えられますか。
(A) 競技場　(C) インテリアの店
(B) スーパーマーケット　(D) 映画館

9. 20 ドルの商品券をもらうために聞き手は何をしなければなりませんか。
(A) 卵を購入する。　(C) 150 ドルを超える買い物をする。
(B) 買い物カードを申し込む。　(D) 受付に行く。

10. U-Shop は今日は何時に閉まりますか。
(A) 午後 8 時　(C) 午後 9 時
(B) 午後 8 時 30 分　(D) 午後 9 時 30 分

Words dairy products 乳製品

8. 正解 (B) ルール 19 20

解説 アナウンスが行なわれる場所を聞く設問。ステージ 1 の Good evening shoppers、special discounts などから、(A) と (D) でないことはすぐにわかります。さらに、ステージ 2 から dairy products、soft drinks、bread and flour などが売られていることがわかり、(C) の可能性も消えます。したがって、正解は (B) です。

9. 正解 (C) ルール 18 20

解説 詳細を聞く質問への答えの多くはステージ 2 で述べられています。we'll provide $20 shopping vouchers to customers who spend over $150「お買い上げ金額が 150 ドルを超えるお客様には、20 ドルの商品券を差し上げております」の部分を聞き取れるかどうかが問われています。voucher/coupon の言い換えが再頻出ですが、gift [merchandise] certificate「商品券」など、certificate という単語を使った言い換えになる可能性もあります。

10. 正解 (D) ルール20

解説 ステージ3の U-Shop is open every day from 8:30 in the morning to 9:30 in the evening.「当店は毎日、朝8時30分から夜9時30分まで営業しております」と、The time is now 8:00 P.M. You have 90 more minutes to enjoy your shopping.「ただ今、時刻は午後8時です。まだあと90分ありますので、お買い物をお楽しみください」の2カ所に閉店時間への言及があります。

Part 5

11.

設問と訳

Although the Ameba Note is often considered to be the best compact laptop, ------- of its features have been known to malfunction.

(A) every　　(C) several
(B) each　　(D) little

Ameba Note は最良の小型ノートパソコンと見なされることがよくありますが、機能のいくつかは欠陥として知られています。

Words feature 名 特徴、機能　malfunction 名 正しく機能しないこと、不調

正解 (C) ルール9

解説 機能語の問題。内容語と違い、意味からはまず解けないので、形式に注目します。(C) は数えられる名詞の複数形の代名詞として使えるので、これが正解。(A) every は名詞の働きをすることはありません。常に後に続く名詞を必要とします。(B) each は代名詞として使えますが、単数扱いなので、動詞部分 have been に対応しません。(D) は Little of the money is spent locally.「そのお金のほとんどは地元で使われていない」のように、数えられない名詞の代名詞となります。

12.

設問と訳

Now that more and more companies are seeking opportunities for ------- abroad, exporting issues are making a more significant impact on the food industry.

(A) expand　　(C) expansion
(B) expansive　　(D) expansively

今やますます多くの企業が海外へ拡大するための機会を求めていますので、輸出問題が食品産業により大きな衝撃を与えるようになってきています。

Words now that ~ 今や~であるが　impact 名 衝撃

正解 (C) ルール❶❷

解説 (A) expand「拡張する」は動詞、(B) expansive「拡張的な」は形容詞、(C) expansion「拡大、拡張」は名詞、(D) expansively「幅広く」は副詞です。設問文は Now that S_1 + V_1..., S_2 + V_2...「今や S_1 が V_1 なので、S_2 が V_2 です」という文構造なので、コンマの前で文が完結していなければなりません。空所の前は前置詞 for、後ろは副詞の abroad なので、ここには名詞が入ります。したがって、正解は (C)。

13.

設問と訳

Some brand-new products are being cleared from the display area to make ------- for next season's stock.

(A) appointment　(C) profits
(B) factor　(D) room

来シーズンの在庫のためにスペースを空けるという理由で、いくつかの真新しい製品が展示場所から片づけられています。

Words brand-new 形 真新しい　stock 名 在庫

正解 (D) ルール❾⓫

解説 語彙の問題です。(A) appointment「予約」、(B) factor「要因」は数えられる名詞で、限定詞の a/an を伴うはずなので意味を考えなくても除外できます。(C) profits「利益」は make と結びつく語ですが、「利益を上げるために商品を片づける」では意味が通らないので不正解です。(D) make room「スペースを作る」はよく使われるコロケーション。

ここも押さえよう！

make を使った頻出コロケーション

make a reservation = reserve「予約する」

make a decision = decide「決める」

make arrangements / plans = arrange = set up「取り決める」

make progress = progress「進歩する」

make an appointment = schedule an appointment「予約する」

make a list = list「リストアップする」　make a profit = profit「利益を上げる」

make a contribution = contribute「貢献する」

14.

設問と訳

Smart phones for elderly people, ------- require minimal skills to operate, are selling quite well.

(A) who　(C) which
(B) whom　(D) what

高齢者向けのスマートフォンは、最小限の操作のみで使えるようになっているのですが、これがかなり売れています。

Words minimal 形 最小限の　operation 名 操作

正解 (C) ・・・・・・・・・・ ルール⑮

解説 関係代名詞の問題です。空所の後ろに動詞が続いているので、関係代名詞は節の中で主語の役割をすることがわかります。したがって、目的語の働きをする (B) whom は不可。空所のすぐ前に people があるからといって (A) who を選ばないように注意します。for elderly people は Cellular phones を形容詞的に説明しているので、空所に入る関係代名詞 も people ではなく Cellular phones にかかります。したがって、それを受ける (C) which が正解。(D) what は「…するもの、こと」を意味し、これを Cellular phones の言い換えと考えるには文意が不自然なので不正解です。

Part 7

訳

問題 15-16 は次のチラシに関するものです。

BV スーパー
BV スーパーでは毎週大いにお買い得です。
新鮮な総菜・パンのお買い物にお立ち寄りください。
肉・魚介類の豊富な品ぞろえをご覧ください。
新鮮でヘルシーな品物をお楽しみください。
ギフトセンターではワインや花を取り扱っております。
処方せんをお持ちください。当店薬局で調剤します。

今週のお勧め

アスパラガス ポンド当たり 1 ドル 77 セント	ファッジブラウニー 2 ドル 88 セント	ライトチャンクツナ 58 セント	白パン 98 セント
冷凍鶏肉料理 5 ドル 59 セント	パンプキンパイ 通常 8 ドル 99 セント 6 ドル 99 セントに割引	バナナ 一房 50 セント	ベーグル 種類が豊富です！ 1 ダース 5 ドル
キャベツ 一玉 75 セント	お任せデリ ポンド当たり 1 ドル 50 セント	オレンジ 1 個 1 ドル 20 セント	冷凍ピザ 1 枚 5 ドル 50 セント

BV お客様カードをお持ちの方にはさらに割引がございます。

営業時間：
日曜日—火曜日、木曜日—土曜日　9 時から夜 12 時
水曜日　9 時から 6 時

15. どの商品が割引になりますか。
(A) ファッジブラウニー
(B) パンプキンパイ
(C) ベーグル
(D) ピザ

16. 日曜日は何時に閉店しますか。
(A) 正午
(B) 午後 6 時
(C) 午後 9 時
(D) 深夜 0 時

Words prescription 名 処方せん　additional 形 追加の　discount 名 割引

15. 正解 (B) ルール20

解説 設問文の get a discount に当たるキーワードを探します。Pumpkin Pies の欄に Regularly $8.99、Reduced to $6.99「通常 8 ドル 99 セント、6 ドル 99 セントに割引」とあるので、(B) が正解です。

16. 正解 (D) ルール20

解説 文書の一番下に Store Hours「営業時間」が書かれています。その箇所を見ると日曜日の閉店時間がわかります。

訳

問題 17-21 は次の E メールとフォームに関するものです。

宛先：Ronald Dell <ronald.dell@umail.com>
送信者：Mary Riley <mriley@jerseywear.com>
日時：10 月 27 日
件名：ご注文の確認 - ご注文番号 164851154

Dell 様

この E メールは 10 月 27 日付のご注文の受け取りを確認するためのものです。
ご注文番号 164851154 では下記の品物が配送されます。

商品番号	個数	サイズ	商品	色
E807	1	XL	クールウェア半袖ジャージ	青／白
D304	1	XL	ベースレイヤー長袖ランナーズシャツ	黒／グレー
P498	1	XL	ナイロン製ベルトつきフィットネス用パンツ	黒
H219	1	10	防水ランニングシューズ	赤

この注文に関して問題がございましたら、弊社ウェブサイト http://www.jwear.com/ からダウンロードできるリクエストフォームをお使いください。

複数の商品をご注文の場合は別々に送付されることもございます。お客様のご注文の最新の状況をお知らせするために、発送ごとに確認書をお送りいたします。
配達予定日は 10 月 30 日です。
配達先住所：
Ronald Dell
180 S 361st Street
Salt Lake City, UT 84190

Jersey Wearでお買い上げいただきありがとうございました。ご愛顧に感謝申し上げます。
商品にご満足いただければ幸いです。

Mary Riley
Jersey Wear

JERSEY WEAR　　クレームリクエストフォーム

お名前	Ronald Dell	日付	11月4日
ご住所	180 S 361st Street, Salt Lake City, UT 84190		
注文番号	164851154	商品番号	D304
問題	□ 1. 品物の遅れ　□ 2. 欠品　☑ 3. 品物の誤り □ 4. 不良品（ご説明ください：　　） □その他（コメント欄をお使いください）		
ご希望の解決法（チェックをお願いします）	☑ 1. 交換　□ 2. 返金（□クレジットカード　□振り込み □小切手）　□ 3. その他（コメント欄をお使いください）		
コメント：配達されてきたのはXLではなくLでした。これは私には小さ過ぎます。最初に注文した品物をすぐにお送りください。また、Lサイズのシャツを返品するための、料金支払い済みの封筒も送ってください。もうすぐ予定している旅行にこのシャツが必要ですので、迅速に対応していただけると助かります。			

17. このEメールの目的は何ですか。
(A) 申し立てをする。
(B) 注文を確認する。
(C) 新製品を推薦する。
(D) 期限が切れかけているサービスを更新する。

18. Dellさんはどのようにしてリクエストフォームを入手しましたか。
(A) ウェブサイトからダウンロードした。
(B) 商品に同封されていた。
(C) Eメールに添付されていた。
(D) 小売店で手に入れた。

19. Dellさんが不具合を確認したのは何の品物についてですか。
(A) ジャージ
(B) パンツ
(C) シャツ
(D) 靴

20. Jersey Wearが要求されていることは何ですか。
(A) 品物の代金を返す。
(B) ある品物をすぐに修理する。
(C) 彼のメンバーアカウントを有効にする。
(D) もっと大きい品物を送る。

21. Dell さんについて何がわかりますか。
(A) このサービスを何度も使っている。
(B) もうすぐ家を留守にする。
(C) クレジットカードで支払いをした。
(D) 料金支払い済みの封筒を受け取った。

Words confirm 他動 確認する ship 他動 発送する delivery 名 配達 defective 形 欠陥のある

17. 正解 (B) ルール18 20

解説 Eメールの件名に Order Confirmation「ご注文の確認」とあります。さらに、第1パラグラフに This e-mail is to confirm receipt of your order「このEメールはお客様のご注文の受け取りを確認するためのものです」とあるので、(B) が正解であるとわかります。(A) 2つ目の文書が書かれた目的に当たるかもしれませんが、設問はEメールについて尋ねています。

18. 正解 (A) ルール20

解説 Eメールの第3パラグラフに If you have any problems regarding this order, please use a request form, which can downloaded from our Web site.「この注文に関して問題がございましたら、弊社ウェブサイトからダウンロードできるリクエストフォームをお使いください」とあるので、(A) が正解です。

19. 正解 (C) ルール20

解説 フォームの商品番号は D304 になっています。メールの中でこの商品を確認すると Long-sleeved Runners Shirts とあるので (C) が正解です。

20. 正解 (D) ルール20

解説 リクエストフォームの Preferred Solution「ご希望の解決法」の項目を見ます。Exchange「交換」にチェックが入っており、さらに下のコメント欄に This is too small for me. Please send the item I originally requested immediately.「これは私には小さ過ぎます。最初に注文した品物をすぐにお送りください」とあるので、(D) が正解です。(A) Refund「返金」にはチェックが入っていません。(B)「修理する」、(C)「メンバーアカウントを有効にする」という記述はありません。

21. 正解 (B) ルール20

解説 フォームのコメント欄の最後にI would appreciate your prompt attention to this matter since I need this shirt for an upcoming trip.「もうすぐ予定している旅行にこのシャツが必要ですので、迅速に対応していただけると助かります」とあるので、(B) が予想されます。(A) サービスの利用回数に関する記述はありません。(C) フォームにはクレジットカードの欄がありますが、チェックは入っていません。また、支払いをどのようにしたかの記述はありません。(D) フォームのコメント欄でsend a prepaid envelope for me「料金支払い済みの封筒を送ってください」と要求しているので、まだ受け取っていないことがわかります。

意思決定に関する口語表現

- Are you in?（参加しますか）
- Count me in/out.（参加 / 不参加です）
- Let's go with it/that.（それでいきましょう）
- I'm afraid I'll pass.（残念ながら遠慮させてください）
- X comes first.（X 最優先です）
- Go ahead with it.（それで進めてください） = Start doing it.
- It's up in the air.（まだはっきりしていません）
- Leave it up to me.（それは任せておいてよ）
- I'm staying out of it.（それには関わらないでおきます）
  = I don't make comments about it.
- We'll see. / We'll find/figure (it) out.（後になればわかるよ）
- Let me mull it over.（考えさせてください）
  (I'm) still debating.（まだ決めかねている最中）

Purchasing「購買」

Nouns 名詞

□ cargo	荷物、積み荷
□ charge	料金、使用料、責任　他動（料金を）請求する
□ coupon	クーポン、商品券（= voucher, gift certificate）
□ delivery	配達　cash [collect] on delivery（COD）代金引換払い（= payment on delivery [arrival]）
□ discount	割引　他動 割り引く
□ equipment	設備、備品
□ fixtures	（室内の）備えつけ品
□ furnishings	備えつけ家具
□ inventory	《米》（全）在庫品（= stock）
□ reduction	減少、値下げ　reduce 他動 減らす、値下げする
□ scale	規模、範囲、はかり
□ weight	重量、重さ　weigh 他動 重さを量る

Verbs 動詞

□ exchange	exchange X for Y　X を Y と交換する 名 交換、両替
□ load	load X with Y　X に Y を積む 名 荷物、仕事量、重み
□ deliver	配達する、提供する deliver a speech [presentation]　スピーチ［プレゼンテーション］をする
□ receive	受け取る　recipient 名 受取人、受容者 reception 名 歓迎（会）、反響　receipt 名 領収書、受領 receptacle 名 容器（= container） receptive 形 受容できる、理解が早い
□ send	send X Y = send Y to X　X に Y を送る send X off　X を郵送する、送り出す　sender 名 送り主
□ ship	運ぶ、輸送する　shipment 名 積み荷、発送、出荷

Unit 10

Housing

住宅

Part 1	1問
Part 2	3問
Part 3	3問
Part 4	3問
Part 5	4問
Part 6	4問
Part 7	5問

合計：23問

リーディング目標時間：10分

問題

Part 1 55

次の写真の描写として最も適切なものを、(A) ~ (D) から 1 つ選びましょう（英文は印刷されていません）。

1.

Part 2 56-58

最初の文への応答として最も適切なものを、(A) ~ (C) から 1 つ選びましょう（最初の文と応答は印刷されていません）。

2. Mark your answer on your answer sheet.
3. Mark your answer on your answer sheet.
4. Mark your answer on your answer sheet.

Part 3 59

会話を聞いて、次の設問文に対する答えとして最も適切なものを (A) ~ (D) から1つ選びましょう（会話は印刷されていません）。

5. Why did the man call Ms. Bailey?
(A) To announce a schedule change
(B) To introduce a residential property
(C) To offer some discounts
(D) To join a school event

6. What is true about Ms. Bailey?
(A) Her family knows Natt well.
(B) She plans to study at a school in Liebensdorf.
(C) Her daughter's friend lives in Liebensdorf.
(D) She works for a real estate agency in Natt.

7. Why does the woman say, "I'm glad to hear that"?
(A) To provide the man with relief
(B) To have the man speak louder
(C) To celebrate success
(D) To show interest

Part 4 60

説明文を聞いて、次の設問文に対する答えとして最も適切なものを (A) ~ (D) から1つ選びましょう（説明文は印刷されていません）。

8. What type of business is L&C in?
(A) Food production
(B) Building design
(C) Internet consulting
(D) Music production

9. What problem does the speaker mention?
(A) The company has had fewer clients.
(B) New employees are not used to their work.
(C) A building need to be renovated.
(D) The schedule is very tight.

10. What does the man mean when he says, "However, it's not impossible at all"?
(A) He wants to motivate the listeners.
(B) He apologizes for his errors.
(C) He is concerned about security issues.
(D) He may give up a project soon.

This is the end of the Listening test. Turn to Part 5 in your test book.

GO ON TO THE NEXT PAGE

Part 5

空所に入る最も適切なものを (A) ~ (D) から 1 つ選びましょう。

11. Most problems regarding the heat inside buildings can be solved with ------- of air conditioning systems.

(A) the installation
(B) installing
(C) installed
(D) to install

12. Ms. Haldorsen lives in a house in Ann Arbor, Michigan, ------- at more than $1 million.

(A) to value
(B) value
(C) valued
(D) valuable

13. The rain was so heavy ------- make our company picnic impossible.

(A) in that
(B) except for
(C) such as
(D) as to

14. The house is ------- smaller than advertised although it is well designed and built.

(A) very
(B) most
(C) more
(D) far

Part 6

文書を読んで、空所に入る最も適切なものを (A) ~ (D) から 1 つ選びましょう。

Questions 15-18 refer to the following memo.

MEMO

To: All Employees
From: Management
Date: July 18
Re: Parking Lot Renovations

Long overdue repairs to the parking lot will commence next month. After consideration of scheduled employee vacations, August 8–28 ------- **15.** aside for this work.

In addition, a complete redesign of the layout will be done to create a smoother traffic flow, which will benefit all of ------- **16.**.

------- **17.**. Access to the north end of the lot will be denied from August 8 to 18 and on the south side from August 19 to 28. Individuals with reserved spaces in this lot need to stop by the reception desk for parking passes ------- **18.** for free parking at Century Shopping Center across the street during the renovation period.

GO ON TO THE NEXT PAGE →

15. (A) set
(B) sets
(C) being set
(D) has been set

16. (A) me
(B) it
(C) us
(D) them

17. (A) The work will be done in two parts.
(B) Sorry for the inconvenience.
(C) The traffic is always a problem.
(D) Our new parking lot will satisfy everybody.

18. (A) adjacent
(B) obvious
(C) responsible
(D) valid

Part 7

1つ、または複数の文書を読んで、各設問に対する答えとして最も適切なものを(A)～(D)から1つ選びましょう。

Questions 19-23 refer to the following e-mail and Web site.

E-mail Message

To:	Mike Briscusso <mbriscusso@jkhousing.co.uk>
From:	Carli Thomas <carlithomas@linkedinc.co.uk>
Date:	February 10
Re:	Apartment Search

Dear Mr. Briscusso,

I am writing because I would like you to help me find an apartment in the Birmingham area. I am relocating to this area, and my company, Linked Inc., recommended I get your assistance.

My new office is a ten-minute walk from Wolverhampton Station. Since I will begin working on March 1, it woud be ideal for me to rent a place by February 25.

I was wondering if you might find me something that meets the criteria below. If you are available, I am free to stop by on Saturday the 19th to view anything suitable you have found by that time. A timely reply will be appreciated.

- Within a 30-minute commute to the office
- 2 bedrooms
- Carpeted
- Modern kitchen appliances
- Within walking distance to supermarkets

I look forward to hearing from you.

Sincerely yours,
Carli Thomas

GO ON TO THE NEXT PAGE

Wolverhampton Station

Account ID: mbriscusso@jkhousing.co.uk

Internet Property Explorer found 4 results

1. **Bellview,** Unit 2A
Spacious 2-bedroom apartment. 15 minutes-train ride to Wolverhampton Station. All rooms are carpeted. Walking distance to a supermarket and a dry cleaner. New kitchen appliances have just been installed.

2. **Fiddler Heights,** Unit 205
The building's interior has just been renovated. 2-bedroom, carpeted. 3 minutes-walk from the Knox bus terminal (you can get to both Wolverhampton Station and the BOSTCO supermarket within 15 min.) Both first floor and second floor units are available.

3. **Star Flats,** Unit 104C
20 minutes to Wolverhampton Station by bus. One bedroom only. No two-bedroom apartments available at this time. Just one block to a huge grocery store. There are some restaurants in the area. The building is very new.

4. **The Highlands,** Unit 711A
10 minute-walk to Wolverhampton Station. 2-bedroom. The building's and apartment's interior, especially the kitchen, looks rather old. Good hardwood floors. Pets are permitted. You can get to a large grocery store, a dry cleaner, and the Wolverhampton History Museum within 8 minutes on foot.

19. What is the purpose of the e-mail?
(A) To indicate the sender's preferences
(B) To negotiate a price
(C) To request a refund
(D) To complain about high rent

20. How far is the new office from Wolverhampton Station?
(A) 5-minute walk
(B) 10-minute walk
(C) 15-minute walk
(D) 20-minute walk

21. According to the e-mail, when does Ms. Thomas begin working in Birmingham?
(A) On February 10
(B) On February 19
(C) On February 25
(D) On March 1

22. What is indicated about Ms. Thomas?
(A) She has a cat at her current place.
(B) She used to live in Birmingham.
(C) She usually works on Sundays.
(D) She wants Mr. Briscusso to contact her immediately.

23. What apartment will Ms. Thomas most likely choose?
(A) Bellview
(B) Fiddler Heights
(C) Star Flats
(D) The Highlands

Stop! This is the end of the test. If you finish before time is called, you may go back to Parts 5, 6, and 7 to check your work.

解答と解説

Part 1

1. 55　　W: 🍁

トランスクリプト	訳
(A) The front door has been left open.	(A) 正面玄関が開いている。
(B) Bags are stacked on top of each other.	(B) 袋が積み上げられている。
(C) The dining room is being remodeled.	(C) 食堂が改装中である。
(D) A ladder is casting a shadow.	(D) はしごが影を落としている。

Words stack 他動 積み重ねる　remodel 他動 改装する　ladder 名 はしご　cast a shadow 影を落とす

正解 (B) ルール 1 3 11

解説 (A) 建物の正面のドアは閉まっています。写真の状態を正しく描写している (B) が正解です。on top of each other「重なり合って」は覚えておきたい表現です。(C) 写っている建物の左側は工事中のようですが、作業をしている人の姿は見られませんし、食堂かどうかも確認できません。(D) はしごの影は写真の中には確認できません。

ここも押さえよう！

位置関係を表す表現

＜動詞句＞

face against X「X に面する」　lead up to X「X まで続く」　lean against [on] X「X に寄りかかる」　extend into X「X に伸びる」

＜副詞(句)＞

in the same direction「同じ方向に」　outside 前 形 副「(X の) 外に (ある)」　in a row = in line「1 列に」

＜前置詞(句)＞

beside X = next to X = by X「X のわきに、そばに」　along X「X に沿って」　across from X = opposite X「X の向かいに」

Part 2

2. 56 W: M:

トランスクリプト	訳
When will the renovation be completed?	改築はいつ完了するのですか。
(A) We need a complete solution.	(A) 私たちには完全な解決策が必要です。
(B) Actually, I don't know.	(B) 実は知らないんです。
(C) The new office will have more room.	(C) 新しいオフィスにはもっとスペースがあるでしょう。

Words renovation 名 改築、改修　solution 名 解決策

正解 (B) …… ルール 6 8

解説 (A) 質問では complete「完成させる」という意味の動詞の -ed/-en 形が使われていますが、ここでは「完全な」という意味の形容詞で使われています。 (B) 回答を避けるパターン。これが正解です。(C) 質問とは関係ないことを言っているので不正解です。

> **ここも押さえよう！**
>
> **異なる品詞の用法を持つ語**
>
> measure 名 対策、基準；他動 測る、評価する／ position 名 位置、立場　他動 置く、配置する／ exibit 名 展示物、《米》展覧会 (= exibition); 他動 展示する、出品する／ check 名 小切手、調査、伝票；他動 調べる、確認する／ order 名 注文、命令、順序；他動 注文する、命令する、順序通りに並べる

3. 57 M: W:

トランスクリプト	訳
Would you like me to give you a ride home, or would you rather take a bus?	家まで車で送りましょうか、それともバスを使いますか。
(A) Yes, I'd be happy to.	(A) はい、喜んで。
(B) The bus runs every fifteen minutes.	(B) バスは 15 分おきに運行しています。
(C) Would you mind driving me home?	(C) 家まで車で送ってくれますか。

正解 (C) …… ルール 7 8

解説 A or B という選択を求めています。(A) 相手の頼みに快く応じるときの決まり文句。選択を求めているので、ここで使うのは不自然です。(B) bus について述べてい

ますが、会話が自然に流れません。(C) A or B という選択の A を選んだパターンで、これが正解です。

4. 58 W: M:

トランスクリプト

These apartments look fairly new, don't they?
(A) Yeah, and they are modern as well.
(B) No, I haven't seen her apartment yet.
(C) Yeah, the art fair was amazing.

訳

このアパートはかなり新しく見えますね。
(A) ええ、また現代的ですね。
(B) いいえ、彼女のアパートの部屋はまだ見ていません。
(C) ええ、あの美術展はすばらしかったです。

Words fairly 形 かなり　modern 形 現代の、現代的な　fair 名 展示会

正解 **(A)** ルール 6 8

解説 Do these apartments look fairly new? という、普通の疑問文として考えます。(A) Yeah と肯定した上で、「現代的でもある」というコメントを加えた応答になっているので、これが正解です。(B) No の後の内容が質問文とかみ合いません。(C) fairly/fair の音のひっかけがあります。Yeah 以降の時制・内容が違います。

Part 3

59 M: W:

トランスクリプト

Questions 5 through 7 refer to the following conversation.
M: **(#1)** Hello, Ms. Bailey, it's Dirk Koch. I'm calling to let you know that I've found an apartment you may be interested in. **(#2)** It's in Natt, the nearest town to Liebensdorf.
W: Well, I don't know much about Natt. Is it a safe area? Also, how far is it from Liebensdorf? My daughter's best friend lives in Liebensdorf, and I'm wondering if she could go to the same school as this friend.
M: Yes, actually Natt is one of the safest small towns in Switzerland. Also, the apartment building is located near the city limits. So I don't think there would be any problem for your daughter to go to a school in Liebensdorf.
W: **(#3)** I'm glad to hear that. Yeah, I want to see the apartment.

訳

問題 5-7 は次の会話に関するものです。
(男性):もしもし、Bailey さん。Dirk Koch です。ご興味があるのではないかと思われるアパートが見つかりましたのでお電話しました。Natt という、Liebensdorf に一番近い町にあります。

（女性）：Natt についてはあまりよく知りません。安全な地域ですか。また、Liebensdorf からどれくらいですか。私の娘の親友が Liebensdorf に住んでいるので、その友達と同じ学校に行けないかと思って。
（男性）：大丈夫ですよ。実際、Natt はスイスで最も安全な小さな町の 1 つです。また、アパートは町境近くにございます。ですから、Liebensdorf の学校に娘さんが通われるのに何の問題もないと思います。
（女性）：それはいいことを伺いました。そうですね。そのアパートを見てみたいです。

5. なぜ男性は Bailey さんに電話をしましたか。
(A) スケジュールの変更を知らせるため
(B) 住宅物件を紹介するため
(C) 割引を提供するため
(D) 学校の行事に参加するため

6. Bailey さんについて当てはまることは何ですか。
(A) 家族が Natt についてよく知っている。
(B) Liebensdorf の学校で勉強する計画がある。
(C) 娘の友達が Liebensdorf に住んでいる。
(D) Natt の不動産会社で働いている。

7. なぜ女性は "I'm glad to hear that" と言っていますか。
(A) 男性を安心させるため
(B) 男性に大きな声で話してもらうため
(C) 成功を祝うため
(D) 興味を示すため

Words city limits 町境、市境

5. 正解 (B) ルール⑬⑲

解説 電話の場合、用件は早い段階で述べられるので、ステージ 1 にヒントがあると考えられます。名前を告げた後、I'm calling to let you know that I've found an apartment you may be interested in.「ご興味があるのではないかと思われるアパートが見つかりましたのでお電話しました」と述べているので、これを言い換えた (B) が正解です。let you know を introduce と言い換えています。

6. 正解 (C) ルール⑰⑱

解説 具体的な情報が来る、ステージ 2 から聞き取ります。ステージ 1 で提供された話題に対して応答しながら、女性は自分と自分の家族について具体的な情報を述べています。(A) 自分のことについては I don't know much about Natt と言っていますが、家族については言及していません。(B) Liebensdorf の学校は、娘の友人が通う学校です。Bailey さんが学校で勉強するということに関する言及はありません。(C) My daughter's best friend lives in Liebensdorf「私の娘の親友が Liebensdorf に住んでいる」とあるので、これが正解。(D) 不動産業は男性の職業だと思われます。

7. 正解 (D) ルール⑯⑲

解説 表現の意図を問う設問なので、前後に注目します。問題となっている I'm glad to hear that. の後で、Yeah, I want to see the apartment. とアパートに興味を示しているので正解は (D)。

Part 4

60 M: 🇬🇧

トランスクリプト

Questions 8 through 10 refer to the following excerpt from a talk.
(#1) As president of L&C, I'm pleased to inform you that we've won the McFadden factory contract in Southampton. **(#2)** However, I must tell you that the schedule will be quite hectic. McFadden has just given us only three months for design and consultation. We first have to submit rough outlines to McFadden within three weeks so they can pick out the design they like best. They've promised to cooperate with us. **(#3)** Our schedule until December will be pretty tight, and probably tighter than any other we've experienced. However, it's not impossible at all. Rather, we should take it as a great chance. I'm sure that L&C will gain even more prestige through this work.

訳

問題 8-10 は次の話の一部に関するものです。
L&C の社長として、Southampton での McFadden 社の工場の契約を勝ち取ったことをお知らせできるのは光栄です。ただし、スケジュールはかなりきついものになるだろうということをお伝えしなければなりません。McFadden 社はデザインとコンサルティングに私たちにくれたのはわずか３カ月です。まず３週間以内に概案をいくつか提出し、McFadden 社が一番よいと思うものを選べるようにしなければなりません。彼らは私たちに協力すると約束してくれました。わが社のスケジュールは 12 月までかなり厳しくなるでしょう。おそらくこれまでに経験したどのスケジュールよりもきつくなると思われます。しかし、決して不可能なことではありません。むしろ、これはわが社にとっては大きなチャンスと受けとったほうがいいと思います。この仕事を通じて私たち L&C 社の評判はさらに上がると確信しています。

8. L&C はどのような業種の会社ですか。
(A) 食品
(B) 建築設計
(C) インターネットコンサルティング
(D) 音楽制作

9. どのような問題を話し手は述べていますか。
(A) 会社の顧客の数が少なくなった。
(B) 新入社員たちが仕事に慣れていない。
(C) 建物の改装の必要がある。
(D) スケジュールがとてもきつい。

10. 男性は "However, it's not impossible at all" と、どのような意味で言っていますか。
(A) 聴き手を鼓舞したい。
(B) 自分の誤りを謝罪したい。
(C) 安全性の問題が気になっている。
(D) ある企画をまもなく諦めるかもしれない。

Words consultation 名 相談、協議 rough 形 大まかな demanding 形 きつい、要求が厳しい prestige 名 名声

8. 正解 (B) ルール 18 20

解説 多くの場合、設問の順番は話の流れの順と一致しているので、1問目のヒントはステージ1にあるのが普通です。しかし、「場所」「話題」を尋ねる問いの場合、ステージ2の中のいくつかのキーワードがヒントになることもあります。この話の場合、rough outlines, design などがヒントになります。

9. 正解 (D) ルール 20

解説 ステージ2の初めで話し手は the schedule will be quite hectic「スケジュールがかなりきつくなる」と述べており、その話題が続きます。さらにステージ3でも、Our schedule until December will be pretty tight, and probably tighter than any other we've experienced.「わが社のスケジュールは12月までかなり厳しくなるでしょう。おそらくこれまでに経験したどのスケジュールよりもきつくなると思われます」と言っているので、(D) が正解です。他の選択肢に関する言及はありません。

10. 正解 (A) ルール 16 19

解説 発言の意図を問う問題です。ステージ3では、工事のスケジュールが大変きついものを述べた上で、引用された表現の直後で、Rather, we should take it as a great chance. と positive な内容を述べているので、正解は（A）です。negative → positive という流れを捉えられるかがカギです。

ここも押さえよう！

詳細情報に関する質問も、ヒントが1度しか出なくてそれを聞き逃したら解答できない、ということはそれほど多くはありません。トークの構造を押さえ、内容を深く聞き取るという**総合的なリスニング能力を問う出題が増えている**のが最近の傾向です。詳細を聞く場合もトークの内容にかかわる大事な情報が問われます。

Part 5

11.

設問と訳

Most problems regarding the heat inside buildings can be solved with ------- of air conditioning systems.

(A) the installation　(C) installed
(B) installing　(D) to install

建物内の熱に関するたいていの問題は、空調システムの設置によって解決できます。

Words heat 名 熱　solve 他動 解決する

正解 (A) ルール❷❸❹

解説 品詞および動詞の形を問う問題。空所の前も後ろも前置詞なので、空所には名詞の働きをする要素が必要です。したがって、(A) が正解。(B) install「設置する」は他動詞なので、空所の後ろの of と合いません。of がなければ installing air conditioning systems となり、正しい形になります。(C) -ed/en 形は形容詞の働きをするので、この位置に来ることができません。(D) to *do* は前置詞の後ろに来ることができません。

12.

設問と訳

Ms. Haldorsen lives in a house in Ann Arbor, Michigan, ------- at more than $1 million.

(A) to value　(C) valued
(B) value　(D) valuable

Haldorsen さんは、ミシガン州の Ann Arbor にある 100 万ドルを超える価値の家に住んでいます。

正解 (C) ルール❷❸❹

解説 (A) to *do* 形を名詞の後ろに持ってくることは文法的には可能ですが、形容詞の働きなら「査定するための家」、副詞の働きで「査定するために家に住んでいる」の意味となり、いずれも文意が通りません。(B) 名詞と考えても動詞と考えても、前の部分とつながりません。(C) -ed/en 形は名詞にかかる働きがあり、a house valued at で「X の額で評価される家」という受け身の意味になるので、これが正解です。(D) valuable は「価値が高い」という意味の形容詞で、額などを示す数字とともには用いられません。

13.

設問と訳

The rain was so heavy ------- make our company picnic impossible.

(A) in that (C) such as
(B) except for (D) as to

雨があまりにも強く会社のピクニックを不可能にした。

正解 **(D)** ルール⑭⑮

解説 (D) ＜ so ＋形容詞＋ as to *do* ＞「～するほど…だ」を知っているかどうかが問われている問題です。知らなくても、空所の後ろの動詞 make を後ろに続けることが可能なのは as to だけなので、これが正解だとわかります。(A) in that ～「～という点で」(= because) の後には S ＋ V が続きます。(B) except for ～「～を除いて」、(C) such as ～「～のような」は後ろに名詞（句）が続きます。

14.

設問と訳

The house was ------- smaller than advertised although it is well designed and built.

(A) very (C) more
(B) most (D) far

うまく設計されてしっかり建てられてはいたものの、その家は広告されているよりもかなり小さかったです。

Words advertise 他動 宣伝する、広告する

正解 **(D)** ルール②

解説 空所の後ろが比較級になっていることに注目します。(A) very、(B) most は比較級を強めることはできません。(C) 一部の形容詞は＜ more ＋原級＞で比較級を作りますが、more の後ろに比較級が来ることはありません。(D) が正解。比較級を強めるのに使われるのは、(very) much, far, even, a lot などです。no, a little も比較級を修飾します。

Part 6

パッセージと訳

Questions 15-18 refer to the following memo.

To: All Employees

From: Management

Date: July 18

Re: Parking Lot Renovations

Long overdue repairs to the parking lot will commence next month. After consideration of scheduled employee vacations, August 8–28 ------- (15.) aside for this work.

In addition, a complete redesign of the layout will be done to create a smoother traffic flow, which will benefit all of ------- (16.).

------- (17.). Access to the north end of the lot will be denied from August 8 to 18 and on the south side from August 19 to 28. Individuals with reserved spaces in this lot need to stop by the reception desk for parking passes ------- (18.) for free parking at Century Shopping Center across the street during the renovation period.

15. (A) set
(B) sets
(C) being set
(D) has been set

16. (A) me
(B) it
(C) us
(D) them

17. (A) The work will be done in two parts.
(B) Sorry for the inconvenience.
(C) The traffic is always a problem.
(D) Our new parking lot will satisfy everybody.

18. (A) adjacent
(B) obvious
(C) responsible
(D) valid

問題 15-18 は次のメモに関するものです。

メモ
宛先：従業員各位
送信者：管理部
日付：7月18日
件名：駐車場の改修

延び延びになっていた駐車場の改修が来月始まります。従業員の休暇時期を考慮した結果、8月8日から28日がこの作業に充てられることになりました。

さらに、スムーズな交通の流れを作る上で、レイアウトを完全に刷新します。このことは私たち皆に益をもたらすことになるでしょう。

作業は2カ所で行なわれます。駐車場の北側は8月8日から18日まで、南側は8月19日から28日まで利用禁止となります。この駐車場を予約している方は受付に立ち寄って、改修期間中に通りの向こう側にあるCenturyショッピングセンターでの無料駐車に有効な駐車証を受け取ってください。

Words long overdue 延び延びになっている、ずっと前に行われているはずの　traffic flow 交通の流れ

15. 正解 (D) ルール 5 19

解説 空所を含む文の主語はAugust 8-28で、それに対する動詞がないので、空所は動詞部分となります。よって(C)は除外できます。set X asideで「Xを取っておく、確保しておく」という意味ですが、August 8-28という日付が「取っておく」ことはできません。したがって、(A)、(B)は不可で、受け身の形の(D)が正解です。

16. 正解 (C) ルール 9 19

解説 代名詞の問題ですが、答えの判断は文法力ではなく、文脈をきちんと把握している必要があります。メールの内容は駐車場の改修工事のお知らせであるので、工事が社員全員の役に立つ、という内容にするのがもっとも自然なので、(C) all of usが正解です。

17. 正解 (A) ルール 16 17 19

(A) 作業は2カ所で行なわれます。

(B) ご不便お詫び致します。
(C) 交通量はいつも問題になっています。
(D) 弊社の駐車場は皆さん満足いただけます。

解説 これは続くセンテンスである Access to the north end of the lot will be denied from August 8 to 18 and on the south side from August 19 to 28. をきちんと読めるかにかかっています。and で工事が2箇所それぞれ別日程で行なわれていることをつかめれば (A) が正解だとわかるでしょう。

18. 正解 (D) ルール⑪⑭

解説 語彙の問題です。空所の前は parking passes「駐車証」、後ろは for free parking「無料駐車のための」なので、(D) valid「有効な」が入ると「無料駐車のために有効な駐車証」となり、意味が通ります。(A) adjacent「近い」は、the parking lot adjacent to the station「駅に近い駐車場」のように、to とともに使われます。前後の語句との意味関係を考えると (B) obvious「明らかな」、(C) responsible「責任がある」は不適切であるとわかります。

Part 7

訳

問題 19-23 は次のEメールとウェブサイトに関するものです。

宛先：Mike Briscusso <mbriscusso@jkhousing.co.uk>
送信者：Carli Thomas <carlithomas@linkedinc.co.uk>
日付：2 月 10 日
件名：アパート探し

Briscusso 様

Birmingham 地域にアパートを探すのをお手伝いいただきたくて、メールを書いております。私はそこに転勤することになり、勤務している Linked 社からそちら様からご協力いただくように勧められました。

新しいオフィスは Wolverhampton 駅から徒歩 10 分のところにあります。勤務は3月1日から始まります。そのため、2月 25 日までには住居を借り始めたいと思っています。

下記の基準に合う物件を探していただけないかと思います。もし、ご都合がよろしければ、19 日土曜日に伺って、その時までに見つけていただいた物件を拝見したいと思います。迅速な返答をいただけると助かります。

条件：
オフィスへの通勤時間が 30 分以内
２ベッドルーム
カーペット敷き
最新の台所設備
徒歩圏にスーパーがある

ご連絡をお待ちしております。

よろしくお願いします。
Carli Thomas

Wolverhampton 駅

アカウント ID: mbriscusso@jkhousing.co.uk

インターネット不動産検索の結果４件

1. Bellview　部屋番号 2A
   広い２ベッドルームのアパート。Wolverhampton 駅まで電車で 15 分。すべての部屋がカーペット敷き。スーパーとドライクリーニング店が徒歩圏内。新しい台所設備が備えつけられたばかりです。

2. Fiddler Heights　部屋番号 205
   建物の中は改装されたばかり。２ベッドルームでカーペット敷き。Knox バスターミナルまで徒歩３分（Wolverhampton 駅とスーパー BOSTCO へは 15 分以内に行くことができます）。１階、２階ともに空き室有り。

3. Star Flats　部屋番号 104C
   Wolverhampton 駅までバスで 20 分。１ベッドルームのみ。２ベッドルームは現在空きなし。大型食料品店までたったの１ブロック。周辺に数軒のレストランあり。建物はとても新しい。

4. The Highlands　部屋番号 711A
   Wolverhampton 駅まで徒歩 10 分。２ベッドルーム。建物と部屋の内部、特に台所はかなり古く見える。上質の板張りの床。ペット可。大型食料品店、ドライクリーニング店、Wolverhampton 歴史博物館まで徒歩８分以内。

19. このEメールの目的は何ですか。
(A) 送信者の好みを示す。
(B) 価格交渉をする。
(C) 払い戻しを請求する。
(D) 高い家賃に関して不平を言う。

20. Wolverhampton 駅から新しいオフィスまでどのくらいありますか。
(A) 徒歩5分
(B) 徒歩 10 分
(C) 徒歩 15 分
(D) 徒歩 20 分

21. E メールによると、Thomas さんはいつ Birmingham で働き始めますか。
(A) 2月 10 日
(B) 2月 19 日
(C) 2月 25 日
(D) 3月 1 日

22. Thomas さんについて示されていることは何ですか。
(A) 現在住んでいる場所で猫を飼っている。
(B) かつて Birmingham に住んでいた。
(C) 通常、日曜日に仕事をする。
(D) Briscusso さんからすぐに連絡をもらいたいと思っている。

23. Thomas さんが選びそうなアパートはどれですか。
(A) Bellview
(B) Fiddler Heights
(C) Star Flats
(D) The Highlands

Words relocate 転勤する　criterion (pl. criteria) 名 基準、尺度　commute 名 通勤　appliance 名 器具、設備　distance 名 距離

19. 正解 (A) ルール 17 18

解説 Eメール全体から、物件を探してほしいことを伝えるものだということがわかりますが、選択肢にはそのような内容がありません。Eメールの第3パラグラフに、I was wondering if you might find me something that meets the criteria below.「下記の基準に合う物件を探していただけないかと思います」とあり、希望物件のいろいろな条件を伝えているので、(A) が正解です。(B) ~ (D) はアパートなどの賃貸交渉に出てきそうな内容ですが、Eメールには書かれていません。

20. 正解 (B) ルール 18 20

解説 新しいオフィスについてはEメールの書き手が述べています。第2パラグラフに My new office is a ten-minute walk from Wolverhampton Station.「新しいオフィスは Wolverhampton 駅から徒歩 10 分のところにあります」とあるので、(B) が正解です。

21. 正解 (D) ルール20

解説 Eメールの第2パラグラフに、I will begin working on March 1「勤務は3月1日から始まります」とあるので、(D) が正解。(A) Eメールが送信された日です。(B) Thomas さんが不動産屋に立ち寄ってもいいと言っている日です。(C) Thomas さんはこの日までに部屋を借りたいと言っています。

22. 正解 (D) ルール20

解説 Thomas さんに関する記述なのでEメールを見ます。(A) Criteria を見ても、ペットについては条件として書かれていません。(B) 最初の行に Birmingham への記述がありますが、彼女が住んでいたという事実は確認できません。(C) 第3パラグラフに土曜日に物件を見たいと書いていますが、日曜日勤務であるとは述べられていません。正解は (D)。第3パラグラフの最後に A timely reply will be appreciated. とあります。

23. 正解 (A) ルール19 20

解説 Eメールの中で Thomas さんが出した条件とリストの記述を突き合わせます。すべての条件を満たしているのは (A) です。(B) スーパーにバスで行かなければなりません。(C) One bedroom only.「1ベッドルームのみ」が条件と合いません。(D) The building's and apartment's interior, especially the kitchen, looks rather old. Good hardwood floors.「建物と部屋の内部、特に台所はかなり古く見える。上質の板張りの床」も条件と合いません。

テーマ別ボキャブラリー　Housing「住宅」

Nouns 名詞

□ appliance	（家庭用）器具
□ blueprint	（設計図の）青写真
□ courtyard	（建物・塀で囲まれた）中庭
□ layout	設計、配置、間取り
□ neighbor	隣人、近所の人、隣席者 neighborhood 名 近所、（自分の住む）区域、《the ～》近隣住民　neighboring 形 近所の（= local）
□ patio	中庭、テラス
□ property	（不動産）物件、所有物
□ real estate	不動産
□ tenant	賃借人
□ repair work	修繕工事

Verbs 動詞

□ construct	建設する　construction 名 建設　constructive 形 建設的な constructively 副 建設的に
□ design	設計する　名 設計（図）
□ designate	任命する、指定する
□ remodel	改造［改築］する
□ renovate	修復［修理］する　renovation 名 改築、修繕
□ rent	賃借する　名 賃借料　for rent 賃貸用の rental 形 賃貸の、レンタルの　名 賃貸料、レンタル料
□ solve	解決する　solution 名 解決策、解答

Adjectives 形容詞

□ adjacent	隣の、近接の
□ distant	遠い　distance 名 距離 within walking distance 徒歩で行ける距離で
□ moving	引越しに関する
□ scenic	景色のよい
□ spacious	広々とした
□ widespread	広範囲にわたる、普及した

Unit 11

Sales & Marketing

営業

Part 1	1問
Part 2	3問
Part 3	3問
Part 4	3問
Part 5	4問
Part 7	7問

合計：21問

リーディング目標時間：9分

問題

Part 1 61

次の写真の描写として最も適切なものを、(A) ~ (D) から 1 つ選びましょう（英文は印刷されていません）。

1.

Part 2 62-64

最初の文への応答として最も適切なものを、(A) ~ (C) から 1 つ選びましょう（最初の文と応答は印刷されていません）。

2. Mark your answer on your answer sheet.

3. Mark your answer on your answer sheet.

4. Mark your answer on your answer sheet.

Part 3 65

会話を聞いて、次の設問文に対する答えとして最も適切なものを (A) ~ (D) から1つ選びましょう（会話は印刷されていません)。

5. What are the speakers mainly discussing?
(A) A retiring colleague
(B) Materials for a presentation
(C) The latest software program
(D) A production plant

6. According to the man, what is the problem with the handout?
(A) Some information is incorrect.
(B) Some images should be clearer.
(C) More data should be included.
(D) It is the wrong size.

7. What will the man do next?
(A) Consult with his supervisor
(B) Prepare for a presentation
(C) Order required materials
(D) Send the woman an e-mail

Part 4 66

説明文を聞いて、次の設問文に対する答えとして最も適切なものを (A) ~ (D) から1つ選びましょう（説明文は印刷されていません)。

8. Who is the speaker?
(A) A news reporter
(B) A store owner
(C) A college professor
(D) A financial advisor

9. What does the speaker say was added?
(A) Some additional staff
(B) A variety of discounts
(C) A greater selection of flowers
(D) More floor space

10. What will the listeners most likely hear about next?
(A) The historical background of the store
(B) Details about European flowers
(C) College application deadlines
(D) Travel experiences in the United States

This is the end of the Listening test. Turn to Part 5 in your test book.

GO ON TO THE NEXT PAGE

Part 5

空所に入る最も適切なものを (A) ~ (D) から 1 つ選びましょう。

11. A two-week vacation at a beach resort ------- as a sales incentive last year.
(A) is to be offered
(B) offered
(C) was offered
(D) was offering

12. Nowadays, most local production companies work ------- as a unified network when leasing stores in shopping areas.
(A) with
(B) around
(C) over
(D) together

13. Irene Maxwell explained to her main investors that her company will create only ------- people want or think they need.
(A) which
(B) whether
(C) what
(D) how

14. This advertising campaign aims to attract ------- new customers.
(A) environmentally
(B) rapidly
(C) entirely
(D) reasonably

Part 7

1つ、または複数の文書を読んで、各設問に対する答えとして最も適切なものを (A) ~ (D) から 1 つ選びましょう。

Questions 15-16 refer to the following text message chain.

Alan Harper February 17, 3:15 P.M.
How's RWII coming?

Yu Jeong Kim February 17, 3:16 P.M.
Truthfully, it's not selling well so far.

Alan Harper February 17, 3:17 P.M.
Too bad. I believe this game is far better than Fire Castle or Candy Girl... Can you come up with any good way to improve sales?

Yu Jeong Kim February 17, 3:18 P.M.
Well, I guess we should appeal more to ordinary people, as well as our loyal customers.

Alan Harper February 17, 3:19 P.M.
Right. How about posting a promotional video online?

Yu Jeong Kim February 17, 3:20 P.M.
Sounds like a plan. Let's do that.

15. At 3:17 P.M., what does Mr. Harper mean when he writes, "Too bad"?
(A) He is certain that *RWII* has some defects.
(B) He is disappointed by the quality of *RWII*.
(C) He is unhappy that *RWII* is not selling well.
(D) He feels sorry for Ms. Kim.

16. What will Ms. Kim and Mr. Harper most likely do next?
(A) Contact their supervisor
(B) Post a video on the Web
(C) Create a more charming sound
(D) Try *Fire Castle* and *Candy Girl*

GO ON TO THE NEXT PAGE

Questions 17-21 refer to the following e-mails and report.

E-mail Message

To:	Vincent O'Malley <vomalley@ursmart.com>
From:	Cindy McRae <cmcrae@ursmart.com>
Date:	August 2
Subject:	Monthly Sales Report

Good Morning Vincent,

The monthly sales report for July just came to my desk late yesterday afternoon, so let me have a few words about it.

I have to say I am quite impressed with your store's numbers! In the past year of managing the Nantucket Department Store, apparently you have received nothing but positive reports.

However, on a different note, as marketing manager, I would like to review your product inventory list for Women's Accessories by category and the total amount of sales in each category for the last 12 months. It has come to my attention that hat sales are down in many locations, and I need to confirm if this is occuring at your place as well, and get to the bottom of the problem. Would you have that category list sent to me this week? In addition, I am considering giving more variety to Women's Accessories. If you can come up with any categories you may want to add to the current inventory, please let me know.

Again, keep up your impressive work.
Talk to you later,
Cindy McRae

E-mail Message

To:	Cindy McRae <cmcrae@ursmart.com>
From:	Vincent O'Malley <vomalley@ursmart.com>
Date:	August 4
Subject:	Re: Monthly Sales Report
Attachment:	inventory list

Hello Cindy,

Thank you for your warm words. It definitely encourages me. I have been doing my best here at the Nantucket Department Store, hoping my work will continue to pay off. Also, without the great staff working with me, I wouldn't have made a real difference.

I am attaching a brief summary concerning product categories and sales for Women's Accessories from last August through July with year-on-year comparisons. I hope this is what you need.

I had not noticed that sales of women's hats is down from before. I ran my eyes over the numbers again, and you are correct. Thank you for bringing it to my attention. I should also point out that we have been asked countless times why we do not sell handkerchiefs. I hope we can work together to start that category's sales.

Vincent

Report

	Belts	Hats	Gloves	Scarfs	Sunglasses	Wallets
Sales	$3,413.42	$852.74	$1,297.80	$2,482.47	$7,011.76	$4,925.62
Year on year	+73%	-19%	+45%	+27%	+214%	+29%

GO ON TO THE NEXT PAGE

17. What is a purpose of the first e-mail?
(A) To inform employees of a schedule change
(B) To warn employees of some risks
(C) To negotiate a price with a potential buyer
(D) To show appreciation for an employee's performance

18. Who is Vincent O'Malley?
(A) A store manager
(B) A marketing manager
(C) A shareholder
(D) A finance director

19. What is NOT currently sold in the Nantucket Department Store?
(A) Wallets
(B) Handkerchiefs
(C) Gloves
(D) Belts

20. What is NOT one of Ms. McRae's concerns?
(A) The sales of hats
(B) Monthly sales at the store
(C) Annual sales at the store
(D) The location of a new store

21. What can be inferred about the Nantucket Department Store?
(A) The sales of sunglasses are declining.
(B) Sales of new items will be considered.
(C) Mr. O'Malley has been a manager for one year.
(D) Sales performance has not changed for five years.

Stop! This is the end of the test. If you finish before time is called, you may go back to Parts 5 and 7 to check your work.

解答と解説

Part 1

1. 61 M:

トランスクリプト	訳
(A) A piece of paper has been folded.	(A) 1 枚の紙がたたまれている。
(B) The sidewalk is being mopped.	(B) 歩道にモップがかけられている最中である。
(C) The woman's bending down to write something.	(C) 女性は何かを書くためにかがんでいる。
(D) Different kinds of shoes are on display.	(D) 様々な種類の靴が展示されている 。

Words sidewalk 名《米》舗道 (=《英》pavement) mop 他動 モップをかける
bend down かがむ

正解 (C) ルール 1 3 5

解説 (A) A woman is holding a piece of paper. なら正解です。(B) 石畳の歩道は写っていますが、モップがかけられている様子は写真の中にありません。(C) 写真の状態を適切に表しているので正解です。なじみのない人が多いかもしれませんが、bend down「かがむ」は基本的な日常動作表現です。頻出するので重要です。(D) 写真の中では女性が靴を履いているのが見られますので、A woman is wearing a pair of shoes. ならば正解ですが、たくさんの靴が展示されているということはありません。

ここも押さえよう！

基本的な日常動作表現

glance at X = page［skim］through X「X にざっと目を通す」
stare at X = gaze at X「X をじっと見つめる」
hand X out = give X out = pass X out「X を渡す」
kneel down「ひざまずく」
hang up「電話を切る」
pull X out「X を引き出す」
point at X「X を指す」
pour X into Y「X を Y に注ぐ」

Part 2

2. 62　W: 🇨🇦　M: 🇺🇸

トランスクリプト	訳
Will this work, or should I bring more clothes?	これで大丈夫ですか、それとももっと服を持ってきましょうか。
(A) Does this ring belong to you?	(A) この指輪はあなたのものですか。
(B) Now she's walking closer to me.	(B) 今彼女は私の方に歩み寄っています。
(C) This is good enough.	(C) これで十分です。

Words belong to X　X に属する、X のものである

正解 (C) ルール 6 7 8

解説 状況を考えると、選択疑問文に多い Either will do.「どちらでもよい」などの決まり文句による答えは不自然だとわかります。A or B のいずれかを選んで答えるのが自然なので、最初の方を明確に選んでいる (C) が正解だとわかります。(A) bring/ring、(B) work/walk、clothes/closer の音のひっかけです。

3. 63　W: 🇦🇺　M: 🇬🇧

トランスクリプト	訳
It seems like more and more people are adopting our product.	どうやらますます多くの人が私たちの製品を採用し始めているようです。
(A) That's nice to hear.	(A) それを聞いてうれしいです。
(B) I can predict the number of attendees.	(B) 私は出席者の人数を予想できます。
(C) Peggy needs time to adapt.	(C) Peggy は適応するのに時間が必要です。

Words adopt 他動 採用する　predict 他動 予想する　attendee 名 出席者　adapt 自動 適応する

正解 (A) ルール 8 19

解説 陳述文の内容に沿っているのは、よい知らせを聞いて喜んでいる (A) です。(B) product / predict の音のひっかけ、(C) adopt/adapt の音のひっかけです。 確信を持って (A) が 選べないときは、(B)、(C) の正誤を判断して消去法で選びます。

4. 64　M: [US flag]　W: [Australian flag]

トランスクリプト

We should launch a huge marketing campaign.
(A) I was thinking in the same way.
(B) The campaign succeeded in achieving its goal.
(C) I've already eaten lunch.

訳

大々的なキャンペーンを始めるべきです。
(A) 私も同じように考えていました。
(B) キャンペーンはその目的を成就することに成功しました。
(C) もう昼食は食べました。

Words launch a campaign キャンペーンを開始する　succeed in *doing* …することに成功する

正解 **(A)** ルール 8 10 19

解説 (A) 相手の発言に対して同意を示して、意味が通るのでこれが正解です。(B) campaign を使った音のひっかけです。時制が違うので会話が自然に流れません。(C) launch/lunch の音の引っかけです。

Part 3

65　W: [Australian flag]　M: [UK flag]

トランスクリプト

Questions 5 through 7 refer to the following conversation.

W: **(#1)** Hi Matt, this is Jennifer. I was just asked by my boss to go to Seattle next week to promote our Serendipity series. You gave a presentation at an exhibition in Portland last month, right? So I'm wondering if you still have the brochures for it.

M: **(#2)** Well, I have a handout. It definitely needs to be revised, though. You know, there were so many inquiries about the numbers related to its performance, I should've included more data.

W: **(#3)** That's alright. At least it's better than starting from scratch. Mind if I take a look at the handout?

M: Absolutely not. I'll e-mail you the file right away.

訳

問題 5-7 は次の会話に関するものです。

(女性)：もしもし、Matt、Jennifer だけど。今上司からシアトルに来週、うちのセレンディピティシリーズの宣伝に行くように言われたの。あなた、先月ポートランドの展示会でプレゼンテーションをしたのよね。それで、製品のパンフレットを持っていないかな、と思って。

(男性)：ハンドアウトならあるよ。だけど、直さないといけない。実はプレゼンテーションの時、性能に関する数字についてたくさん質問を受けたんだ。もっとデータを入れておけばよかった。
(女性)：大丈夫よ。まるっきり最初から始めるよりもずっといいから。そのハンドアウトを見せてくれる？
(男性)：もちろん。今すぐに、ファイルをEメールで送るよ。

5. 2人は主に何について話していますか。
(A) 引退する同僚
(B) プレゼンテーション用資料
(C) 最新のソフトウェアプログラム
(D) 製造工場

6. 男性によると、ハンドアウトの何が問題ですか。
(A) 情報が不正確である。
(B) 画像がもっと鮮明であるべきである。
(C) より多くのデータが入るべきである。
(D) サイズがまちがっている。

7. 男性は次に何をしますか。
(A) 彼の上司と話をする。
(B) プレゼンテーションの準備をする。
(C) 必要な材料を注文する。
(D) 女性にEメールを送る。

Words promote 他動 宣伝する　exhibition 名 展示会　revise 他動 直す、訂正する　inquiry 名 問い合わせ　include 他動 含む　from scratch 最初から

5. 正解 (B) ルール 17 18

解説 ステージ1では、話題の提示が行われます。女性はまず名乗り、製品の宣伝のために出張することになったと知らせた後、I'm wondering if you still have the brochures for it「製品のパンフレットを持っていないかな、と思って」と言っています。I'm wondering if ～は、控えめな依頼の表現です。その後もその話題が続くので、(B) が正解です。会話の中には my boss、e-mail you the file という語句が出てきますが、それぞれ選択肢 (A)、(C) の内容とは異なります。(D) 製造工場に関する記述は全くありません。

6. 正解 (C) ルール 19 20

解説 ステージ2の最後の文、I should've included more data.「もっとデータを入れておけばよかった」とあるのでこれが正解です。(A) (B) (D) ともに会話中では述べられていません。

ここも押さえよう！

Part 3、4、7 では **suggest**「示唆する」、**imply**「暗に意味する」、**infer**「推察する」などの言葉が設問文に出てくることがあります。述べられたこと、書かれたことから考えて答えを選ぶ必要があるので、難しい問題と言えます。この問題では内容自体の他にも、though「だけど」、I should've ～「～しておけばよかった」などの表現から、not satisfied「満足していない」が選べます。全部を聞き取らなくても、こうしたポイントとなる表現を押さえて内容を正しく把握することが大事です。

7. 正解 (D) ルール⑫⑳

解説 会話の話し手のこれからの行動についての情報は、たいていステージ3で話されます。男性は2回目の発言で I'll e-mail you the file right away. と言っているので、これを言い換えた (D) が正解です。(A) 男性の上司に関する言及はありません。(B) これからプレゼンテーションをしなければいけないのは女性です。(C) このような言及は会話の中にありません。

Part 4

66 W: 🇨🇦

トランスクリプト

Questions 8 through 10 refer to the following speech.
(#1) Good morning. Welcome to Rainwood Flower & Garden. I'm Shawna Lowe. As the owner, I'm very glad to be here to celebrate the renewal of our shop with all of you. **(#2)** In our new store, you'll be able to find a greater variety of flowers. In particular, we've added rare Northern European flowers you hardly ever find at other florists in the United States. Today, Dr. Rob Somerhalder, a botanist at East Los Angeles State University, will be your guide and tell you about these flowers. He is my longtime friend and he's a special advisor to Rainwood Flower & Garden. **(#3)** Okay, now let me turn it over to Rob.

訳

問題 8-10 は次の話に関するものです。
おはようございます。Rainwood Flower & Garden にようこそ。Shawna Lowe です。店のオーナーとしてこの花屋の再開を皆様とお祝いできるのは非常に光栄です。この新しい店舗では、より多様なお花をご覧いただけます。とりわけ、アメリカ国内の他の花屋ではめったに見ることのできないような、珍しい北ヨーロッパの花を加えました。本日は East Los Angeles

州立大学の植物学者 Rob Somerhalder 博士が、皆さんのガイドとなってこれらの花々について教えてくださいます。彼は私の長年の友人で、Rainwood Flower & Garden の特別顧問です。はい、それでは Rob につなぎます。

8. 話し手は誰ですか。
(A) ニュース報道記者
(B) 店の経営者
(C) 大学教授
(D) 財務顧問

9. 話し手は何が加えられたと言っていますか。
(A) 追加のスタッフ
(B) 様々な割引制度
(C) より多くの種類の花
(D) 店内のスペース

10. 次に聞き手は何について聞くと思われますか。
(A) 店舗の歴史的背景
(B) ヨーロッパの花についての詳細
(C) 大学の申し込み締切日
(D) アメリカでの旅行経験

Words celebrate 他動 祝う　renewal 名 再開、復活　botanist 名 植物学者
longtime 形 長年の

8. 正解 (B) ルール 19 20

解説 話し手の立場・職業は主にステージ１で述べられます。As the owner と言っているので (B) が正解です。(A) 話の中でニュースに関しては一切触れられていません。(C) ステージ２では Dr. Rob Somerhalder という植物学者が登場しますが、話し手ではありません。(D) Dr. Somerhalder は special advisor ですが、話し手ではありません。

9. 正解 (C) ルール 18 20

解説 詳細情報はステージ２に来ます。ステージ２の最初で In our new store, you'll be able to find a greater variety of flowers.「この新しい店舗では、より多様なお花をご覧いただけます」と言っているので、(C) が正解。(A) スタッフ、(D) 店内のスペースについての言及はありません。(B) A variety of …に引っかかる人もいるかもしれませんが、割引制度についても言及されていません。

10. 正解 (B) ルール 13 17 18

解説 ステージ２で「店舗に花の種類が増えた」という話の後、In particular, we've added rare Northern European flowers …「とりわけ、めったに見ることのできないような、珍しい北ヨーロッパの花を加えました」と続き、さらに Today, Dr. Rob

Somerhalder, ... will ... tell you about those flowers.「本日は Rob Somerhalder 博士が、これらの花々について教えてくださいます」と述べています。ステージ3で Okay, now let me turn it over to Rob.「はい、それでは Rob につなぎます」と言っているので、これから Rob が北ヨーロッパの花について話すことがわかります。ディスコースマーカーを頼りに内容を整理しながら聞けば正解できる問題です。

Part 5

11.

設問と訳

A two-week vacation at a beach resort ------- as a sales incentive last year.

(A) is to be offered　(C) was offered

(B) offered　(D) was offering

昨年、営業報奨として海辺のリゾート地での 2 週間の休暇が提供されました。

Words incentive 名 報奨

正解 (C) ルール 3 5

解説 動詞の形を問う問題です。A two-week vacation と動詞 offer「提供する」の意味関係を考えます。The company is offering (its employees) a two-week vacation. のように使うことを考えれば、受け身形が適切であるとわかります。さらに、文末に last year があるので過去を表わす (C) was offered が正解であるとわかります。(A) の is to be offered は is going to be offered と同様、未来を表します。

12.

設問と訳

Nowadays, most local production companies work ------- as a unified network when leasing stores in shopping areas.

(A) with　(C) over

(B) around　(D) together

今日では、ほとんどの地元の製造会社は、商店街の店を賃借する際に 1 つのまとまったネットワークとして活動しています。

Words unify 他動 1 つにまとめる

正解 (D) ルール 14

解説 語彙を問う問題。意味と形の両面から各選択肢を考えます。空所の後の as a closely unified network「1 つのまとまったネットワークとして」という部分に、(D) の

together「一緒に」がうまく結びつくので、これが正解。(A) は前置詞なので、後ろに名詞が続きます。(B) around は「あちこちに」「周囲に」という副詞の用法がある他、come around のように主に動詞とセットで使われます。(C) over は「覆って」の意味で lean over X「X に身を乗り出す」や、「もう一度」の意味で do it over のように使われたり、It's over.「終わった」のように be 動詞の後ろで「終了」を表わすこともあります。

13.

設問と訳

Irene Maxwell explained to her main investors that her company will create only ------- people want or think they need.

(A) which
(B) whether
(C) what
(D) how

Irene Maxwell は、自分の会社は人々が望んでいるもの、もしくは必要だと思うもののみ作るのだ、と主要な株主たちに説明しました。

Words investor 名 投資家、出資者

正解 (C) ルール④⑮

解説 最初の動詞 explain は「A に説明する」という場合、常に explain to A の形で使われます。この文では explain to A that ～「A に that 以下を説明する」の形になっています。問題を解くには that 以降の文構造を考え、create の動作の対象になるものを選びます。(C) what は前にかかる名詞を必要としないので、what people want or think they need で「人々が望んでいるもの、もしくは必要だと思うもの」となり、これが正解。(A) which は前にかかる名詞が必要です。(B) whether A or B「A か B かということ」では意味が通りません。(D) how は want、need の目的語になれませんし、create と意味上つながりません。

ここも押さえよう！

explain to X that S ＋ V「X に that 以下を説明する」と同じパターンを取る動詞として次のようなものがあります。

admit to X that S ＋ V「X に that 以下と認める」
announce to X that S ＋ V「X に that 以下を知らせる」= notify[inform] X that S ＋ V
say to X that S ＋ V「X に that 以下と言う」= tell X that S ＋ V
report to X that S ＋ V「X に that 以下と報告する」
propose[suggest / recommend] to X that S ＋ V「X に that 以下を提案する」

Unit 11

14.

設問と訳

This advertising campaign aims to attract ------- new customers.

(A) environmentally (C) entirely

(B) rapidly (D) reasonably

この広告キャンペーンはまったく新しい顧客を魅きつけることを意図したものである。

Words aim to *do* …することをねらう attract customers 顧客を呼び寄せる

正解 (C) ルール❷❹⓳

解説 すべての選択肢が -ly で終わっている副詞なので語彙問題です。動詞 attract と new customers という〈形容詞＋名詞〉のカタマリの前に空所があるので、new を強めるために最も適切な (C) entirely「全く」が正解です。(A) environmentally「環境的に」、(B) rapidly「速く」、(D) reasonably「合理的に、手ごろな値段で」はあてはまりません。

Part 7

訳

問題 15-16 は次のテキストメッセージに関するものです。

Alan Harper 2月17日，午後3時15分
RWII の調子はどうかな。

Yu Jeong Kim 2月17日，午後3時16分
正直言って、今の所それほど売れてない。

Alan Harper 2月17日，午後3時17分
それは困ったな。このゲームは *Fire Castle* とか *Candy Girl* よりずっといいと思うんだけど。売り上げを伸ばす何かいい方法を思いつかないかな。

Yu Jeong Kim 2月17日，午後3時18分
うーん、多分、固定客だけじゃなくて、もっと普通の人にアピールした方がいいと思う。

Alan Harper 2月17日，午後3時19分
なるほど、じゃあ、プロモーションヴィデオをネットに出してみるというのはどうかな。

Yu Jeong Kim 2月17日，午後3時20分
それはいい。やってみよう。

15. 午後3時17分に、Harper さんが "Too bad" と言っているのはどういう意味ですか。
(A) 彼は *RW II* に欠陥があると確信している
(B) 彼は *RW II* の質にがっかりしている
(C) 彼は *RW II* があまり売れていないのに不満である
(D) 彼は Ms. Kim さんを気の毒に思っている

16. Kim さんと Harper さんが次におそらくすることは何ですか。
(A) 上司に相談する
(B) ビデオをウェブに載せる
(C) より魅力的な音を創造する
(D) *Fire Castle* と *Candy Girl* を試しにやってみる

15. 正解 (C) ルール⑲

解説 文脈の理解を問う問題です。"(That's) too bad." という表現はいろいろな意味がありますが、it's not selling well so far. という相手のコメントに対しての返事である点、そのあとにこのゲームはいいと思う、というよう内容のことを言っているので、前後を抑えていれば (C) と判断できます。

16. 正解 (B) ルール⑦⑧⑲

解説 最後の方のやり取りで、How about posting a promotional video online? と提案があり、それに Sounds like a plan. Let's do that. と応じているので、(B) が正解。

訳

問題 17-21 は次の２つのＥメールと報告書に関するものです。

宛先 : Vincent O'Malley <vomalley@ursmart.com>
送信者 : Cindy McRae <cmcrae@ursmart.com>
日付 : ８月２日
件名 : 月例販売報告書

おはよう、Vincent。

７月分の月例販売報告書が、昨日の午後遅くに私の机に届いたので、いくつか感想を述べさせてください。

あなたの店舗が出した数字には驚くばかりとしか言えません！ Nantucket 百貨店を運営してきたこの１年間において、あなたの店舗にはよい報告以外は見つからなかったようです。

しかしながら、別件ですが、マーケティング部長として、カテゴリー別の女性用アクセサリーの商品在庫リスト、および各カテゴリーの過去 12 カ月の売上総額を確認したいと思っています。多くの店舗で帽子の売り上げが落ちているのが気になっているので、あなたの店舗でも同じことが起きているのかどうかを確認し、この問題の真相を突き止めたいと思っています。今週、カテゴリー別のリストを送ってもらえないでしょうか。また、女性用アクセサリーにもう少しバリエーションを持たせようと思っています。もし、今の在庫に加えたいカテゴリーを思いついたらお知らせください。

繰り返しますが、この調子で頑張ってください。
では後ほど。
Cindy McRae

宛先 : Cindy McRae <cmcrae@ursmart.com>
送信者 : Vincent O'Malley <vomalley@ursmart.com>
日付 : ８月４日
件名 : Re: 月例販売報告書
添付 : 在庫表

こんにちは、Cindy。

温かいお言葉ありがとうございます。はげみになりました。ここ Nantucket 百貨店で最善を尽くしていますが、私の仕事が引き続きうまくいけばと思います。もちろん、すばらしいスタッフのおかげで、このような結果が出ているのですが。

以下に、昨年8月から今年7月までの女性用アクセサリーの製品カテゴリーと売り上げを、前年比とともに簡単にまとめたものを添付して送ります。これがお求めのものであればよいのですが。

女性用の帽子の売り上げが鈍っていることには気づいていませんでした。数字に再びざっと目を通してみましたが、おっしゃる通りです。注意を呼びかけていただきありがとうございます。加えて、なぜハンカチを販売していないのかと何度も尋ねられたことを指摘させていただきます。そのカテゴリーの販売を開始するために、協力していければと思います。

Vincent

レポート

	ベルト	帽子	手袋	スカーフ	サングラス	財布
売り上げ	$3,413.42	$852.74	$1,297.80	$2,482.47	$7,011.76	$4,925.62
前年比	+73%	-19%	+45%	+27%	+214%	+29%

17. 1つ目のEメールの目的は何ですか。
(A) 予定の変更を従業員に知らせる。
(B) 従業員にいくつかのリスクについて知らせる。
(C) 見込み客と価格交渉をする。
(D) 従業員の業績に対する評価を示す。

18. Vincent O'Malleyとは誰ですか。
(A) 店長
(B) マーケティング部長
(C) 株主
(D) 財務部長

19. Nantucket百貨店で現在、売られていないものは何ですか。
(A) 財布
(B) ハンカチ
(C) 手袋
(D) ベルト

20. McRaeさんが心配していないことの1つは何ですか。
(A) 帽子の売り上げ
(B) 店舗の1カ月の売り上げ
(C) 店舗の1年の売り上げ
(D) 新しい店舗の場所

21. Nantucket 百貨店に関してどのようなことが推察されますか。
(A) サングラスの売り上げが減少している。
(B) 新たな商品の販売が検討される。
(C) O'Malley さんは 1 年間部長の職に就いている。
(D) 販売実績は 5 年間変わっていない。

Words get to the bottom of X X の真相を突き止める

17. 正解 (D) ルール⑱

解説 設問文に first e-mail とあるので、最初のEメールを読みます。目的に関する質問はたいてい文書の初めの方にありますが、このEメールの場合、冒頭の文だけでは月例販売報告書を受け取ったことしかわかりません。続く第2パラグラフの最初の文、I have to say I am quite impressed with your store's numbers!「あなたの店舗が出した数字には驚くばかりとしか言えません！」を読むと、ある店舗の販売実績に感心していることがわかるので、(D) が正解です。

18. 正解 (A) ルール⑲⑳

解説 最初のEメールの第2パラグラフに、impressed with your store's numbers! In the past year of managing the Nantucket Department Store とあるので、Vincent O'Malley さんは店舗の責任者だとわかります。したがって、(A) が正解。(B) 同じEメールの第3パラグラフに However, on a different note, as marketing manager とあるので、マーケティング部長は McRae さんであるとわかります。(C)、(D) についての言及はありません。

19. 正解 (B) ルール⑳

解説 これは表と選択肢を照合するだけで、答えにたどり着くことができます。(A) Wallets、(C) Gloves、(D) Belts は表の中に確認することができますが、(B) Handkerchiefs はどこにも見当たりません。

20. 正解 (D) ルール⑬⑳

解説 Ms. McRae's concerns とあるので、McRae さんが書いた最初のEメールから答えを探します。(A) 第3パラグラフ2文目に It has come to my attention that hat sales are down in many locations「多くの店舗で帽子の売り上げが落ちているのが気になっている」とあります。(B) 第1パラグラフの文 The monthly sales report for July just came to my desk「月例販売報告書が、私の机に届きました」から、1カ月の売り上げについて書いていることがわかります。(C) 第３パラグラフ１文目に I would like to review... the total amount of sales in each category for the last 12 months.「各カテゴリーの過去12カ月の売上総額を確認したい」とあります。(D) 店舗移転の話は出ていないので、これが正解。

21. 正解 (B) ルール20

解説 最初のＥメールの第３パラグラフ最後の文 If you can come up with any categories you may want to add to the current inventory, please let me know.「加えたいカテゴリーを知らせてください」に対して、２つ目のＥメールで we have been asked countless times why we do not sell handkerchiefs「なぜハンカチを販売していないのかと何度も尋ねられた」と答えています。また、「このカテゴリーの販売を始めたい」と結んでいるので、今後ハンカチの販売が検討される可能性があります。したがって、正解は (B)。(A) ２つ目の表によると、サングラスの売り上げは前年比＋214%とあります。(C)、(D) は文書中に記述がありません。

テーマ別ボキャブラリー　Sales & Marketing「営業」

Nouns 名詞

□ content	中身、収容物、内容
□ display	展示（会）、陳列、表示、（コンピューターの）ディスプレイ 他動 展示する、はっきりと示す
□ owner	所有者
□ proposal	申し込み、計画、提案（書） propose 他動 提案する、推薦［指名］する
□ renewal	更新
□ store	店、貯蔵、倉庫、備品　他動 保管する、記憶する
□ supplier	納入業者、供給者、仕入れ先
□ warehouse	倉庫
□ workforce	社員、全従業員、労働力

Verbs 動詞

□ carry	carry on *do*ing …し続ける carry X out　A を実行する（= implement）
□ compare	compare X with [to] Y　X を Y と比較する comparable 形 比較し得る、匹敵する
□ insert	挿入する、差し込む
□ introduce	introduce X to Y　X を Y に紹介する introduce X into Y　X を Y に導入する introductory 形 紹介の、入門の introductory offer[price] 新製品の提供価格
□ negotiate	交渉する　negotiation 名 交渉
□ summarize	要約する　summary 名 要約、概要 summarily 副 即座に、要約して

Adjectives 形容詞

□ brief	短い、簡潔な
□ commercial	商業（上）の　名（放送の）広告、コマーシャル
□ cramped	窮屈な、狭苦しい ⇔ spacious
□ narrow	（幅が）狭い ⇔ wide
□ sufficient	十分な
□ valid	有効である

Unit 12

Community

コミュニティー

Part 1	1問
Part 2	3問
Part 3	3問
Part 4	3問
Part 5	4問
Part 7	8問

合計：22問

リーディング目標時間：10分

問題

Part 1 67

次の写真の描写として最も適切なものを、(A) ~ (D) から 1 つ選びましょう（英文は印刷されていません）。

1.

Part 2 68-70

最初の文への応答として最も適切なものを、(A) ~ (C) から 1 つ選びましょう（最初の文と応答は印刷されていません）。

2. Mark your answer on your answer sheet.

3. Mark your answer on your answer sheet.

4. Mark your answer on your answer sheet.

Part 3 71

会話を聞いて、次の設問文に対する答えとして最も適切なものを (A) ~ (D) から1つ選びましょう（会話は印刷されていません）。

Delivery Attempt Notice No.429-6786
We visited you at 6:45 P.M. Wednesday, 3 July.

5. Why is the woman calling?
   (A) To provide a change of address
   (B) To send a claim letter
   (C) To request the delivery of an item
   (D) To address a question

6. Look at the graphic. When is the woman calling?
   (A) On Tuesday
   (B) On Wednesday
   (C) On Thursday
   (D) On Friday

7. What information does the man request?
   (A) A confirmation number
   (B) An item name
   (C) A business address
   (D) A damaged part

Part 4 72

説明文を聞いて、次の設問文に対する答えとして最も適切なものを (A) ~ (D) から1つ選びましょう（説明文は印刷されていません）。

Friday	Saturday
9	10 movie
16	17 X
23	24 concert
30	31 workshop

8. What could the visitor be given at the information desk?
   (A) A newspaper article
   (B) A library card
   (C) A selection of books
   (D) An audio file

9. Look at the graphic. When is the announcement being made?
   (A) On the 9th
   (B) On the 16th
   (C) On the 23rd
   (D) On the 30th

10. By what time do the visitors need to leave today?
   (A) 5:00 P.M.
   (B) 9:00 P.M.
   (C) 10:00 P.M.
   (D) 11:00 P.M.

This is the end of the Listening test. Turn to Part 5 in your test book.

GO ON TO THE NEXT PAGE

Part 5

空所に入る最も適切なものを (A) ~ (D) から 1 つ選びましょう。

11. The mayor is ------- concerned with helping young people develop skills necessary for success in career fields.

(A) greats of
(B) great
(C) greatly
(D) greatness

12. ------- purchases are made in single or multiple payments, customers can plan their pickup schedule up to three months in advance.

(A) What
(B) Whether
(C) Which
(D) While

13. Although she has lived in Canada for more than ten years, Ms. Kim is not ------- with the geography of North America.

(A) keen
(B) knowledgeable
(C) familiar
(D) proficient

14. The number of people who purchase their own house is set to gradually ------- as land prices continue to slide.

(A) increasing
(B) increased
(C) increases
(D) increase

Part 7

1つ、または複数の文書を読んで、各設問に対する答えとして最も適切なものを(A)～(D)から1つ選びましょう。

Questions 15-18 refer to the following article.

Winheimer Just Did It

By Elizabeth Greenberg

MIDDLETON (4 March)—Running a business generally requires years of careful consideration and preparation. — [1] —. Take, for example, Amelia Winheimer, the owner of the automobile repair shop As If New.

What is surprising is that Winheimer needed no more than seven months to set up As If New after relocating to Middleton. The decision was truly intuitive. — [2] —. When asked what inspired her to start up As If New, she replied, "I'd never considered launching a company. After working at a trading company in New York for years, I wanted to chill out in a quiet place before seeking new employment."

— [3] —. Things drastically changed, however, the moment she got out of the railway station, where an unusual sight grabbed her attention. Along the road, numerous automobiles were piled up on top of each other, just thrown away, although some did not appear to be worn out. The sight of those tons of metal weighed on her mind even after she reached her new house.

A few days later, Winheimer made a decision, "I ought to open a body shop." First, she found a location to keep used cars. — [4] —. Fortunately, given the inexpensive land in Middleton, she could afford to purchase a piece large enough to accommodate more than 1,000 cars. Then, she attempted to get acquainted with as many people in town as possible to recruit skilled mechanics. After struggling for a few months, she enlisted support from Mayor Albert Samsung, who had been concerned about Middleton's deteriorating landscape. Once the location and personnel were in place, As If New took off, and presently she is considered to be one of the most successful business women in Nova Scotia.

GO ON TO THE NEXT PAGE

15. What is the article mainly about?
(A) The history of a town
(B) An introduction of a new automobile
(C) The profile of a business owner
(D) An advertisement for a railway service

16. According to the article, what can be inferred about Ms. Winheimer?
(A) She used to work as a mechanic.
(B) She quit a company to start a business.
(C) She had never been to New York.
(D) She had been in contact with the mayor.

17. What is NOT stated about Middleton?
(A) It is quiet.
(B) Its land prices are not high.
(C) It has a train station.
(D) It expects to attract more tourists.

18. In which of the positions marked [1], [2], [3], and [4] does the following sentence best belong?
"However, there are always some exceptions."
(A) [1]
(B) [2]
(C) [3]
(D) [4]

Questions 19-22 refer to the following notice.

NOTICE

Posted: April 16

Glen Eagles Apartment Complex's election for the neighborhood chairperson is May 1. Candidates are currently being accepted for this position.

The chairperson presides over all general and board meetings and heads the administrative offices of the association, with the exception of the Nominating Committee. The chairperson performs duties from time to time as the board and the membership authorize. The chairperson represents the position of the board and the interests of the Neighborhood Association. The chairperson also appoints the Chair of the Special Committee.

An appointee must be a resident or property owner of Glen Eagles, file his or her own candidacy, and be elected by majority vote of the board members. The Chair will serve for one year from May 3 and may serve for a total of two years if re-elected.

The current neighborhood association is discussing a proposal to have a few restaurants on the first floor. This issue is likely to be decided during the term of the next administrative officers. We expect to have somebody who can show great leadership capabilities.

If you are interested in being the top officer of the Neighborhood Association and in helping to make our community of more than 1,500 residents a better one, please contact Paz Chang of the Nominating Committee at pazchang@gleneagles.com by April 25.

Please provide the following:
1) Name
2) Address
3) Why you feel you would be a good chairperson (approximately 50 words)

GO ON TO THE NEXT PAGE

19. For whom is the notice most likely intended?
(A) Job candidates
(B) Apartment residents
(C) A company's board of directors
(D) Local politicians

20. The word "perform" in paragraph 2, line 3, is closest in meaning to
(A) act out
(B) make up
(C) carry through
(D) bring about

21. According to the notice, what information is NOT required when seeking the nomination?
(A) Home address
(B) Name
(C) The reason one is applying
(D) Telephone number

22. What is indicated about Glen Eagles?
(A) A nonresident can become a chairperson.
(B) The chair must serve for at least three years.
(C) More than 5,000 people live in the building.
(D) There is a restaurant inside the building.

Stop! This is the end of the test. If you finish before time is called, you may go back to Parts 5 and 7 to check your work.

解答と解説

Part 1

1. 67 M: [UK flag]

トランスクリプト	訳
(A) Some women are sitting on the grass.	(A) 何人かの女性が草の上に座っている。
(B) A bag has been placed by the bench.	(B) かばんがベンチの近くに置かれている。
(C) People are having an outing on the water.	(C) 人々は水上の遠足を楽しんでいる。
(D) They are paging through a magazine.	(D) 彼女らは雑誌のページをぱらぱらとめくっている。

Words outing 名 遠足、小旅行 (= excursion)　page through X（ページをぱらぱらとめくって）Xにざっと目を通す

正解 (B) ルール❶❸⓬

解説 (A) grass → bench と変えれば正解です。(B) ベンチに座っている女性のわきにかばんが置かれており、それが< have been ＋ -ed/en 形>で表現されています。「置かれた」結果の状態を表しているので、これが正解です。(C) outing は複数の人が picnic や cruise などに出かけて楽しむときに使われます。on the water の部分が不適切です。(D) 雑誌は写真の中に見られないので誤りです。

Part 2

2. 68 M: [US flag] W: [Canada flag]

トランスクリプト	訳
I'm wondering where I can buy some stamps.	どこで切手を買えるかなと思っているのですが。
(A) The girl wearing a uniform is my younger sister.	(A) 制服を着ているのは私の妹です。
(B) Sorry, I'm not familiar with this area.	(B) すみません、この地域には詳しくないのです。
(C) There's a good restaurant right at the corner.	(C) 角にいいレストランがあります。

Words wonder 他動 <<+ SV>> ～かと思う

正解 (B) ルール❼❽❿

解説 冒頭の文は疑問文の形はしていませんが、Where can I buy some stamps? と同

じく場所を尋ねる質問であると考えられます。(B) は場所を答えるのではなく、答えを知らない理由を述べていますが、会話が自然に流れるのでこれが正解です。(C) は場所を答えていますが、レストランについて述べているので不正解です。(A) where/wearing の音のひっかけがありますが、女性の服装について述べているので違います。

ここも押さえよう！

間接的な疑問や依頼

形の上ではただの文が、疑問や依頼などを表していることがあります。頭の中で置き換えて考えられるようになると、正しい応答を選ぶのが楽になります。

I wonder who's in charge of the company picnic. → Who is in charge of the company picnic?

It would be nice if you could help her out. → Do you mind helping her out?

I think it's a bit cold in this room. → Could you turn the heater on?

3. 69 W: (Australia) M: (UK)

トランスクリプト	訳
Melanie would never go there.	Melanie は絶対にそこへ行かないよ。
(A) Yes, that's her apartment.	(A) はい、あれが彼女のアパートです。
(B) I've never done it like this before.	(B) 私は、以前にそれをこのようにしたことがありません。
(C) Why are you so positive?	(C) どうしてあなたはそんな確信があるのですか。

Words positive 形 確信［自信］がある (= sure, certain)

正解 **(C)** ルール 7 8 10

解説 短い文ですが、きちんと聞き取って状況を思い浮かべないと正解を選べない問題です。(A) 話題が違います。設問文は Melanie がある場所に絶対に行っていないと述べているので、彼女の住んでいるところを述べたのではありません。(B) I've never done ... before. と過去の経験について述べているので誤りです。最初の話し手の断定的な言い方に対して、意見を述べる形になっている (C) が、会話が自然に流れるので正解です。

4. 70 W: M:

トランスクリプト

Have you met the new lady who's moved into this apartment complex?
(A) Yes, her name is Bree.
(B) No, it isn't complex at all.
(C) I like the lady in the movie.

訳

このマンションに越してきた新しい女性に会いましたか。
(A) はい、彼女の名前は Bree です。
(B) いいえ、それは全然複雑ではありません。
(C) 私はその映画の中のその女性が好きです。

Words complex 名 総合ビル、複合施設 形 複雑な

正解 (A) ルール 6 8 10

解説 Have you ～？で始まる疑問文なので、文法的には Yes/No での解答は可能ですが、その後ろをしっかり聞き取り、正誤を判断する必要があります。(A) Yes で答えた後、関連した付加情報を述べているのでこれが正解です。(B) 設問文にもある complex という語が使われていますが、内容が違います。(C) lady, moved/movie など音の一部が聞き取れても、内容が把握できないとひっかかります。

Part 3

71 W: M:

トランスクリプト

Questions 5 through 7 refer to the following conversation and notice.

W: **(#1)** Good morning. I'm calling because I'd like to receive an undelivered parcel. **(#2)** I have the delivery attempt notice your company left in my mail box. Seems like the letter carrier came yesterday evening while I was out of town. Could you redeliver it?

M: Certainly. May I have your name and address? Also, I'll need the confirmation number on the delivery attempt notice.

W: Sure. I am Evelyn Thornberry. My address is 351 Columbia Street. The confirmation number is 429-6786.

M: Thank you. Give me a few seconds to check it out.... Yes, we've been keeping your parcel here. **(#3)** So, when would you like us to redeliver the item?

訳

問題 5-7 は次の会話と通知に関するものです。

(女性)：もしもし、未配達の小包を受け取りたくて、お電話しております。そちらの会社が私の郵便受けに入れた不在配達通知書が手元にあります。おそらく配達の人は私が留守の間、昨日の晩に来たのだと思います。再配達していただけますか。

(男性)：かしこまりました。お名前とご住所を伺ってよろしいですか。加えて、不在配達通知

書にある確認番号も必要になります。
（女性）：もちろんです。私は Evelyn Thornberry で、住所は 351 Columbia Street です。確認番号は 429-6786 です。
（男性）：ありがとうございます。ただ今チェックいたしますのでお待ちいただけますか…そうですね。お荷物をお預かりしております。いつの配達をご希望ですか。

不在者通知　429-6786
6:45 P.M. に御宅に伺いました
*7*月 *13* 日の水曜日

5. 女性はなぜ電話をしているのですか。
(A) 住所の変更を知らせるため。
(B) 苦情の手紙を送るため。
(C) 商品の配達を要求するため。
(D) 問題に対処するため。

6. 図表をみてください。いつ女性は電話をかけていますか。
(A) 火曜日
(B) 水曜日
(C) 木曜日
(D) 金曜日

7. 男性はどのような情報を要求していますか。
(A) 確認番号
(B) 商品名
(C) 事務所の住所
(D) 故障箇所

Words delivery (attempt) notice 不在配達通知書　letter carrier 郵便配達人　confirmation number 予約番号、確認番号

5. 正解 (C) …… ルール13

解説 ステージ1で I'm calling because ... とあるので、この後に電話の用件が述べられます。続く I'd like to receive an undelivered parcel を言い換えた (C) が正解です。I'm calling because[to] の後ろはよく設問で問われるので、注意して聞くようにしましょう。

6. 正解 (C) …… ルール20

解説 図表に関する問題です。通知によると水曜日に配達に来て留守だったことがわかります。音声では Seems like the letter carrier came yesterday evening while I was out of town. と流れているので、水曜日は1日前のこととわかるので電話をかけているのは木曜日です。

7. 正解 (A) ルール⑬⑲

解説 詳細について問う、このような質問の答えの多くはステージ2で述べられます。男性が May I have your name and address? と尋ねていますが、女性の名前と住所は選択肢にありません。 続く、Also, I'll need the confirmation number on the delivery attempt notice. から (A) が正解だとわかります。ここではディスコースマーカーの Also が大きなヒントになっています。

ここも押さえよう！

「追加」を表すディスコースマーカー

《口語的》plus / besides / and another [one more] thing / on top of that

《一般的》also / *too / *as well / additionally / in addition　* 文頭で使うことはできません。

《書き言葉・かなり形式的》furthermore / moreover

Part 4

72　W:

トランスクリプト

Questions 8 through 10 refer to the following announcement and calendar.

(#1) Good morning and welcome to Greenbrier State Library. **(#2)** If you are visiting us for the first time, you may want to go to the information desk right next to the entrance. We'll register you as soon as possible and give you a library card, which you will need to use many of our services. Our main book collection is on the first and second floors, and magazines, newspapers, and video and audio equipment are found on the third floor. Plus, on the basement level, which is closed on weekdays, we have a hall for movies, concerts, lectures, or other types of performances. Oh, by the way, although tomorrow is Saturday, there are no events scheduled. **(#3)** The library is open from 9 A.M. to 10 P.M. Monday through Friday, and 11 A.M. to 5 P.M. on weekends. Thank you for coming and enjoy your day.

訳

問題 8-10 は次のお知らせとカレンダーに関するものです。

おはようございます。Greenbrier 州立図書館にようこそ。初めてご利用になる方は、入口のすぐそばにある受付にお越しください。すぐにご登録して、当図書館のサービスの多くをご利用になるのに必要な図書館カードをお渡しします。主要な蔵書は 1 、2 階にございまして、雑誌、新聞と、オーディオ・映像機器は 3 階にあります。加えて、ウイークデーには閉まっていますが、地下に映画、コンサート、講演、その他の催しのためのホールがございます。ところで、明日は土曜日ですが何の催しも予定されておりません。図書館は月曜日から金曜日の午前9時から午後10時まで、週末は午前11時から午後5時まで開館しております。お越しいただきありがとうございます。ご利用をお楽しみください。

金	土
9	10 映画
16	17 X
23	24 コンサート
30	31 ワークショップ

8. 受付で訪問者が受け取ることができるものはなんですか。
(A) 新聞記事
(B) 図書館利用証
(C) 本のセレクション
(D) 音声ファイル

9. 図表をみてください。いつ、お知らせはなされていますか。
(A) 9日
(B) 16日
(C) 23日
(D) 30日

10. 訪問者は今日、何時までに図書館を出なければいけませんか。
(A) 午後5時
(B) 午後9時
(C) 午後10時
(D) 午後11時

Words register 他動 登録する　basement 名 地下

8. 正解 (B) ルール20

解説 ステージ2の2文目に We'll register you as soon as possible and give you a library card とあるので、(B) が正解。場所を表す語句に注意して整理しながら聞くのが大事です。

9. 正解 (B) ルール13 19

解説 by the way, although tomorrow is Saturday, there are no events scheduled「しかし、明日の土曜日には何の催しも予定されておりません」とあるので、明日の土曜日に関してはイベントがないとわかるので、その土曜日は17日とカレンダーからわかります。したがって、放送されているのは1日前の16日で (B) が正解。ここではディスコースマーカーの by the way, although が重要な働きをしています。

10. **正解** **(C)** ・・・・・・・・・・・・・・・・・・・・・・・・・・・・・・・・・ ルール20

解説 ステージ２の最後に tomorrow is Saturday とあるので、今日は金曜日だとわかります。さらに、ステージ３で The library is open from 9 A.M. to 10 P.M. Monday through Friday と述べられているので、(C) が正解です。

Part 5

11.

設問と訳

The mayor is ------- concerned with helping young people develop skills necessary for success in career fields.

(A) greats of
(B) great
(C) greatly
(D) greatness

市長は若者が労働分野の中で成功に必要なスキルを高めるのを手伝うことに深い関心がある。

Words develop 他動 発展させる　career 名 職業経歴　field 名 分野

正解 **(C)** ・・・・・・・・・・・・・・・・・・・・・・・・・・・・・・・・・ ルール２３

解説 空所の前に be 動詞、後ろに動詞の -ed 形が来ているので、空所には動詞部分にかかっているものが入るとわかります。動詞にかかることができるのは副詞。副詞の典型的な語尾 -ly で終わる (C) greatly「非常に、とても」が正解です。(B) great は「偉大な、大きい」の意味の形容詞の他に、Johan Cruyff is one of the all-time greats of soccer.「Johan Cruyff は史上最高のサッカー選手の１人だ」のように、「要人、大家」を意味する名詞の用法もあります。(D) greatness「偉大さ」(名詞)。

12.

設問と訳

------- purchases are made in single or multiple payments, customers can plan their pickup schedule up to three months in advance.

(A) What
(B) Whether
(C) Which
(D) Whom

購入が１回の支払いでなされようと複数回であろうと、客は３カ月先までの集荷予定日時をあらかじめ指定することができます。

Words multiple 形 複数の

正解 **(B)** ・・・・・・・・・・・・・・・・・・・・・・・・・・・・・・・・・ ルール15

解説 空所の後ろからコンマまでが１つの文、コンマの後ろにまた１つの文が来ていることから、空所にはかかってつなぐ接続詞が入ることがわかります。したがって、(B)が正解。Whether A or B「A であろうと B であろうと」がコンマ以下にかかっていきます。

13.

設問と訳

Although she has lived in Canada for more than ten years, Ms. Kim is not ------- with the geography of North America.

(A) keen　(C) familiar
(B) knowledgeable　(D) proficient

カナダに 10 年以上住んでいるにもかかわらず、Kim さんは北米の地理に明るくありません。

Words geography 名 地理

正解 (C) ルール⑪⑭

解説 語彙の問題。選択肢のいずれもが< be ＋形容詞＋前置詞>で 1 つの動詞部分として機能しますが、前置詞 with と結びつくのは (C) の be familiar with ～「～となじみがある」。(A) be keen on ～「～に熱中した」。(B) be knowledgeable about ～「～について よく知っている」。(D) be proficient in [at] ～「～に上手［堪能］な」。

例文でチェック！

Fred is quite **knowledgeable about** movies.
「Fred は映画についての知識がかなり豊富だ」
The company is looking for candidates **proficient in** French and German.
「その会社はフランス語とドイツ語に堪能な候補者を探している」
Kenneth is **keen on** playing golf on weekends.
「Kenneth は週末のゴルフに熱中している」

14.

設問と訳

The number of people who purchase their own house is set to gradually ------- as land prices continue to slide.

(A) increasing　(C) increases
(B) increased　(D) increase

自分の家を購入する人の数は、地価が下がり続けるにつれてだんだん増えそうです。

Words be set to *do*（間違いなく）…しそうである　land price 地価

正解 (D) ・・・ ルール35

解説 動詞の形を問う問題。The number of ... house が長い主語であると気づくと、is set to が助動詞的な役割をして、動詞部分が続くことがわかります。挿入された副詞 gradually の後ろには、to に続く動詞の原形が来るので、正解は (D) です。

Part 7

訳

問題 15-18 は次の記事に関するものです。

Winheimer さんはただやってみた

文・Elizabeth Greenberg

MIDDLETON（3 月 4 日）—事業を興すのには長い年月をかけてじっくり考え、準備が要求されます。しかし、何事においても例外はあります。Amelia Winheimer さんを例に取りましょう。彼女は現在、自動車修理工場 As If New のオーナーです。

驚くべきことに、Winheimer さんが Nova Scotia の Middleton に引っ越してきてから As If New を開業するまで、わずか 7 カ月しかかかっていません。開業の決断は直感によるものでした。なぜ事業を興したのかと尋ねられると、「そのころ事業をやろうなんて考えたこともありませんでした。長年働いたニューヨークの商社を辞めた後、新しい仕事を探す前にゆっくりしたいと思っていました」と答えました。

しかし、鉄道の駅を出て、異様な光景が彼女の注意を引いた瞬間、状況は著しく変わりました。たくさんの自動車が道路に沿って積み上げられていました。ただ単に捨てられていたのですが、それほど古く見えないものもありました。新しい家にたどり着いてからも、大量の金属の山の光景は彼女の頭を離れませんでした。

数日後、Winheimer さんは決断します。「自動車修理工場を開かないと。」まず、中古車を保管する場所を見つけました。幸運なことに、Middleton の地価はニューヨークほど高くありませんでした。1,000 台を超える車を収容できる土地を、購入することができました。それから、町じゅうのできるだけ多くの人に聞き回り、技術の高い機械工を集めました。数カ月の悪戦苦闘ののち、この町の悪化している景観を心配していた Albert Samsung 市長からこの仕事への援助を受けることができました。場所とスタッフが整うと、As If New はすぐに軌道に乗り、Winheimer さんは現在では Nova Scotia で最も成功している女性実業家の 1 人と考えられています。

15. これは主に何についての記事ですか。

(A) 町の歴史　(C) 経営者の紹介
(B) 新しい自動車の紹介　(D) 鉄道サービスの広告

16. 記事によると、Winheimer さんについてどんなことが推測されますか。

(A) 機械工として働いていた。　(C) ニューヨークに行ったことがない。
(B) 事業を興すために会社を辞めた。　(D) 市長と連絡を取り合っていた。

17. Middleton について述べられていないことは何ですか。

(A) 静かな場所である。　(C) 電車の駅がある。
(B) 地価が高くない。　(D) より多くの観光客を引きつけようとしている。

18. [1], [2], [3], [4] と記載された箇所のうち、次の文が入るのに最もふさわしいのはどれですか。

"However, there are always some exceptions."

(A) [1]　(C) [3]
(B) [2]　(D) [4]

Words body shop 自動車修理工場 (= automobile repair shop)
inspire X to *do* Xに…する気を起こさせる　railway 名 鉄道　numerous 形 多数の
afford to *do* …する余裕がある　take off（すぐに、突然）うまくいく

15. 正解 (C) ルール18

解説 記事のように明確な構成で書かれた英文では、基本的に最初のパラグラフで何についての文章かが明確に述べられます。Take, for example, Amelia Winheimer, the owner of an automobile repair shop.「Amelia Winheimer さんを例に取りましょう。彼女は現在、自動車修理工場のオーナーです」という部分より、(C) が正解と判断できます。

16. 正解 (D) ルール20

解説 (A) 第4パラグラフに mechanic を集めたとは書かれていますが、彼女が mechanic だったという記述はありません。(B) 第2パラグラフの内容と矛盾。会社を辞めたのは事業を興すためではありませんでした。(C) 第2パラグラフに New York の trading company で働いていたという記述があります。(D) 第4パラグラフに、市長から援助を受けたという記述があるので、連絡を取り合ったことがあると推測できます。

17. **正解** **(D)** ルール⑳

解説 それぞれ (A) I wanted to chill out in a quiet place（第２パラグラフの最後の文）、(B) given the inexpensive land in Middleton（第４パラグラフ・３文目）、(C) she got out of the railway station（第３パラグラフ・１文目）、と当てはまる記述が見つかるので、消去法で (D) にたどり着くことができます。

18. **正解** **(A)** ルール⑬⑯⑰

解説 文を適切な位置に挿入する問題です。これは、挿入するセンテンスが However, で始まっているので、この前の内容が例外でない一般的なものを述べているものを選ぶ必要があります。冒頭の文に generally という語が含まれていて、内容的にも形式的にもつながるので [1] に入るとわかります。

訳

問題 19-22 は次のお知らせに関するものです。

お知らせ　　4 月 16 日掲示

Glen Eagles Apartment Complex の地区委員長の選出は 5 月 1 日です。ただ今、立候補を受け付けております。

委員長はすべての一般および役員会を取り仕切り、任命委員会を除く組織の管理組合の理事長になります。委員長は役員会や組合員の許可に基づいて、その時々に任務を遂行しなければなりません。委員長は役員会および地区組織の利益を代表します。また、委員長は特別委員会の議長を任命します。

任命される人は、立候補し、役員会の過半数の票を得て選ばれた Glen Eagles の住人あるいは所有者でなければなりません。委員長は 5 月 3 日より 1 年間その地位に就きます。再選された場合、任期は 2 年間になります。

現在の委員会は 1 階にいくつかレストランを作ることを話し合っています。この議題はおそらく次の委員の間で決定されることと思われます。私たちは素晴らしいリーダーシップを発揮してくれる人を求めています。

もし、地区組織の長になること、および 1,500 人を超える居住者のコミュニティをよりよいものにするために尽力することに興味があれば、4 月 25 日までに任命委員会の Paz Chang の pazchang@gleneagles.com にご連絡ください。

以下の情報をお知らせください。
1) お名前
2) ご住所
3) よい委員長になれると考える理由（約 50 語）

19. このお知らせは誰に向けられたものと考えられますか。
(A) 就職希望者
(B) アパートの居住者
(C) 会社の取締役会
(D) 地元の政治家

20. 第 2 パラグラフ、3 行目の perform に最も近い意味は
(A) 演じる
(B) 作り上げる
(C) 行なう
(D) 生じさせる

21. お知らせによると、立候補するに当たって必要とされないのはどのような情報ですか。
(A) 自宅の住所
(B) 名前
(C) 応募理由
(D) 電話番号

22. Glen Eagles について述べられていることは何ですか。
(A) 非居住者でも委員長になることができる。
(B) 最低 3 年間は委員長を務めなければならない。
(C) 建物には 5,000 人以上が住んでいる。
(D) 建物の中にはレストランがある。

Words election 名 選出、選挙　neighborhood 名 近所、地区　chairperson 名 議長、委員長、会長　candidate 名 立候補者　preside over X　X を主催する、取り仕切る
board meeting 委員会、取締役会　administrative 形 管理の、経営の　association 名 組織
committee 名 委員会　duty 名 義務　from time to time ときどき　authorize 他動 許可する
represent 他動 代表する　interest 名 利益　appoint 他動 任命する
appointee 名 任命された人　resident 名 居住者　majority vote 多数決、過半数の票

19. 正解 (B) ルール 17 18 19

解説 文書の概要をつかんでいれば、誰に向けられたものかがわかります。最初のパラグラフと各パラグラフの最初の文を読むだけでも、アパートの委員長を決めることに関するお知らせ、および立候補の呼びかけという内容がわかります。したがって、(B) が正解。

20. 正解 (C) ルール④⑲

解説 第2パラグラフの2文目に The chairperson performs duties from time to time「委員長はその時々に任務を遂行しなければなりません」とあるので、動詞 perform の目的語である duties「義務」との関係から、「行う、遂行する」のような意味になることが推測できます。したがって、(C) が正解。

21. 正解 (D) ルール⑳

解説 文書の下の方に、立候補する人が知らせるべき項目が箇条書きで載っているので、これを選択肢と比較します。すると、(D) に当たる項目はないことがわかります。

22. 正解 (A) ルール⑳

解説 第3パラグラフの1文目に An appointee must be a resident or property owner of Glen Eagles とあるので、居住者でなくても建物の所有者であればよいことがわかります。したがって、(A) が正解。(B) 第3パラグラフの2文目に The Chair will serve for one year from May 3 and may serve for a total of two years if re-elected. とあるので、最短で1年とわかります。(C) 第5パラグラフの1文目に make our community of more than 1,500 residents a better one とあるので、5,000 人には足りません。(D) 第4パラグラフから、建物には今はレストランはないことがわかります。

コミュニケーションに関する口語表現

- Let's put it this way.（つまりこういうことなんだよ）
- Let me get this straight (to the point).（本題から話すけど）
- Do you get the picture?（状況わかった）= Do you understand the situation?
- I'd like your input/feedback.（意見を聞かせて欲しい）
- Don't worry about a thing.（万事順調だよ）= Everything will be taken care of.
- Didn't I tell you?（それぐらい覚えておいてよ）= You should remember that.
- I wouldn't bet/count on it.（それは起こらないでしょ）
- I don't buy it.（それは信じがたい）
- Don't ask me.（知らないよ）= I don't know.
- I'll keep you posted.（何かあれば連絡するよ）
- Filled me in on what I miss.（いないとき何があったか教えて）
- Why didn't pass it on to me?（なんで伝えてくれなかったの）
- I'll keep an eye out for it.（それには目を光らせておくよ）
- Let me check the amount and get back to you with an estimation of completion.（量を確認してから、完了予定時期を知らせるために連絡するよ）

テーマ別ボキャブラリー Community「コミュニティー」

Nouns 名詞

☐ area	地域、区域、範囲、面積
☐ boulevard	大通り
☐ chairperson	議長、委員長、会長
☐ committee	委員会
☐ confirmation number	予約番号、確認番号
☐ convention center	会議場、集会所
☐ duty	義務
☐ election	選出、選挙
☐ majority	大半（の人［物］)、（大）多数（派）、過半数
☐ obligation	義務 obligatory 形 義務的な、強制的な（= mandatory, compulsory）
☐ region	地域
☐ union	（労働）組合
☐ vote	票、投票（結果）

Verbs 動詞

☐ appoint	appoint X as [to] Y　X を Y に任命する appointee 名 被任命者
☐ authorize	authorize X to *do*　X に…することを許可する
☐ dedicate	be dedicated to *do*ing　…することに打ち込む
☐ deliberate	熟慮する　形 意図的な、慎重な deliberately 副 わざと（= on purpose ⇔ accidentally)、慎重に
☐ gaze at X	X を凝視する
☐ glance at X	X をちらっと見る
☐ nominate X as Y	X を Y に指名［推薦］する　nomination 名 指名、候補
☐ page [skim] through X	X（書類など）にざっと目を通す
☐ preside over X	X を主宰する、取り仕切る
☐ represent	代表する

Adjectives & Others 形容詞・その他

☐ administrative	形 管理の、経営の
☐ local	形 地元の、地方の
☐ That will do.	「それで結構です」

Unit 13

Media

メディア

Part 1	1問
Part 2	3問
Part 3	3問
Part 4	3問
Part 5	4問
Part 6	4問
Part 7	5問

合計：23問

リーディング目標時間：9分

問題

Part 1 73

次の写真の描写として最も適切なものを、(A) ~ (D) から 1 つ選びましょう（英文は印刷されていません）。

1.

Part 2 74-76

最初の文への応答として最も適切なものを、(A) ~ (C) から 1 つ選びましょう（最初の文と応答は印刷されていません）。

2. Mark your answer on your answer sheet.
3. Mark your answer on your answer sheet.
4. Mark your answer on your answer sheet.

Part 3 77

会話を聞いて、次の設問文に対する答えとして最も適切なものを (A) ~ (D) から 1 つ選びましょう（会話は印刷されていません）。

5. What is the woman's problem?
(A) She received the wrong invoice.
(B) A repair person has not shown up.
(C) The TV reception is poor.
(D) She needs to move to another city.

6. Why does the woman say, "Why does it matter"?
(A) To show some concern
(B) To request an opinion
(C) To make a complaint
(D) To suggest a solution

7. What information does the man request?
(A) A customer identification number
(B) The production code
(C) The type of TV service
(D) The woman's contact information

Part 4 78

説明文を聞いて、次の設問文に対する答えとして最も適切なものを (A) ~ (D) から 1 つ選びましょう（説明文は印刷されていません）。

8. Who most likely is speaking?
(A) A journalist
(B) A laboratory researcher
(C) A tour guide
(D) A job applicant

9. What does the man imply when he says, "Thanks for your understanding"?
(A) He is trying to show his appreciation.
(B) He must have the listeners follow him.
(C) He will get a few people out of the site.
(D) He does not understand his situation.

10. What does the green light indicate?
(A) The identification card is not valid.
(B) The door will open.
(C) Someone is in the facility.
(D) Cleaning has been done.

This is the end of the Listening test. Turn to Part 5 in your test book.

GO ON TO THE NEXT PAGE

Part 5

空所に入る最も適切なものを (A) ~ (D) から 1 つ選びましょう。

11. *Helen's Cooking Show*, which introduces handy tips for homemakers, is broadcast ------- on the East Coast.

(A) extremely
(B) exclusively
(C) explicitly
(D) explosively

12. On Outré Tube, people can watch a wide range of online TV shows that ------- failed to gain popularity with mainstream American audiences.

(A) largest
(B) largeness
(C) large
(D) largely

13. RemNet's TV-Internet dual purpose devices will be set up and configured with standard settings before ------- and installed on-site.

(A) delivering
(B) being delivered
(C) can deliver
(D) was delivered

14. ------- of comments related to any article in the *New Toronto Times* is strongly encouraged.

(A) Reimbursement
(B) Participation
(C) Submission
(D) Protection

Part 6

文書を読んで、空所に入る最も適切なものを (A) ~ (D) から 1 つ選びましょう。

Questions 15-18 refer to the following article.

These days, more and more people own a smartphone. -------**15.**. For example, they provide an easy way for ordinary people to send information as well as receive it. With your smartphone, you can video record part of your daily life -------**16.** post the video online. This is exemplified by Carly Wendt's -------**17.**. This seventeen-year-old high school girl -------**18.** public attention simply by posting videos that describes what she does in town every day.

15. (A) Most of these phones have a sophisticated camera.
(B) Their rise in popularity is changing how people communicate.
(C) They check information with their phones on a regular basis.
(D) A wide variety of information is available online.

16. (A) but also
(B) in which
(C) and then
(D) above all

17. (A) assignment
(B) interaction
(C) elegance
(D) success

18. (A) has captured
(B) is captured
(C) will capture
(D) was capturing

GO ON TO THE NEXT PAGE

Part 7

1つ、または複数の文書を読んで、各設問に対する答えとして最も適切なものを(A)～(D)から1つ選びましょう。

Questions 19-23 refer to the following e-mails and article.

E-Mail Message

From: Dean Müller <dmuller@todaysamerica.com>
To: Becky Lawrence <beckylawrence@chicagoherald.com>
Date: December 9
Subject: President's Retirement

Dear Becky,
It was nice to meet you yesterday. I admire you as an excellent journalist, and I surely know you have the right to write whatever I told you. Regarding what was said to be discussed between Joseph Will and Ariana Hutfield, however, is something that slipped out of my mouth, and I don't consider it trustworthy. I'd be reluctant to have it described as a news source. You could imply it, but I'd like to ask you to avoid mentioning it as solid information.

Thanks,
Dean

Two Media Giants Are Not The Exception by Becky Lawrence

Chicago (December 11)—Media sources revealed today the merger between the American news group Today's America and the Canadian magazine publisher Amsey Publishing. These two giants proved to be no exception to the slumping economy. Last year, Today's America and Amsey Publishing revenues fell by $522.3 and $549.1 million respectively.

A top executive at Today's America, Dean Müller, revealed the startling news that the Chicago facility would be shut down in May, and the Chicago workforce would be offered jobs at the Winnipeg facilities as the company explores ways of cutting overhead costs.

Some analysts, including Jennifer Caldwell at North American Research Institute, are not surprised by these decisions. They all remark that Amsey Publishing has a reputation for running a tight ship. This seems to be what is required to help these two economically challenged companies gain some leverage.

Müller also implied that one of the companies' presidents will be retiring prior to the merger; Müller refused to comment further or to clarify his inference.

Initial reaction to the merger by industry leaders is that this is an extreme solution, but onlookers are curious to see what will come about as they move forward with the proposed business plan to push this newly formed partnership into a more global position.

beckylawrence@chicagoherald.com

GO ON TO THE NEXT PAGE

E-mail

From:	Ariana Hutfield
To:	Becky Lawrence
Date:	December 12
Subject:	Your December 11 Article

Dear Ms. Lawrence:

I read your article about the merger between Today's America and our company. It is a well-written article, but one part does not reflect the truth—although I am going to step out of the president's position in January, this is not related to this merger. I am planning to open a school in Toronto, and I want to focus on that work. If you want to know about this more, I'd be happy to be interviewed.

Warmest regards,
Ariana Hutfield

19. Who most likely is Joseph Will?
(A) Today's America's president
(B) A journalist who interviewed Dean Müller
(C) An analyst at North American Research Institute
(D) Amsey Publishing's spokesperson

20. What is the article mainly about?
(A) The market in the United States
(B) The employment condition in Canada
(C) The merger of two companies
(D) The construction of a new facility

21. According to the writer, what will probably happen in May?
(A) A facility will be closed.
(B) Some employees will be forced to leave Canada.
(C) An office building will be renovated.
(D) A new business magazine will be published.

22. What is indicated about Today's America?
(A) They will have a new president after the merger.
(B) Some employees will be encouraged to relocate.
(C) They plan to open a new facility soon.
(D) Their current company president is a foreign national.

23. What is suggested about Ms. Hutfield?
(A) She resides in Chicago.
(B) She has talked with Ms. Lawrence.
(C) She is interested in education.
(D) She will be president of Today's America.

Stop! This is the end of the test. If you finish before time is called, you may go back to Parts 5, 6, and 7 to check your work.

解答と解説

Part 1

1. 73 W:

トランスクリプト

(A) A man is speaking into a microphone.
(B) Cameras for sale are being displayed.
(C) Several people are gathered around a speaker.
(D) Some chairs have been set around a table.

訳

(A) 男性はマイクに向かって話している。
(B) カメラは売り物として展示されている。
(C) 何人かの人が話し手の周りに集まっている。
(D) 椅子がテーブルの周りに並べられている。

Words microphone 名 マイク　gather around X　X に集まる

正解 **(C)** ルール❶❸

解説 (A) マイクで音声を拾っている人はいますが、男性がマイクに向かって話している様子は確認できません。(B) カメラは撮影のためのもので、売り物ではありません。(C) 中央の男性が、半円形に座る人々の前で何かを話しているようなので、これが正解です。(D) 椅子はありますが、テーブルは見えません。

Part 2

2. 74 M: W:

トランスクリプト

Do you remember the name of the local news anchor?
(A) I am not familiar with news anchors.
(B) Yes, she is a member of the group.
(C) No, I haven't heard of the news.

訳

あの地元のニュースキャスターの名前を覚えていますか。
(A) 私はニュースキャスターに詳しくありません。
(B) はい、彼女はそのグループのメンバーです。
(C) いいえ、まだその知らせを聞いていません。

Words anchor ニュースキャスター (= anchor person)

正解 **(A)** ルール❽❿

解説 形式上は Yes/No 疑問文なので (B) や (C) のように Yes/No で答えることもできますが、後に続く内容が違います。ただ、実際は What is the name of ～？と聞かれているのと同じなので、ニュースキャスターの名前を答えるのが会話の流れとして自然です。ここではその名前を知らないことを間接的に述べている (A) が正解です。

3. 75 W: [Australia] M: [USA]

トランスクリプト	訳
Do you recommend yesterday's business documentary?	昨日のビジネスドキュメンタリー番組を勧めますか。
(A) I appreciate your comments about my performance.	(A) 出来についてのあなたのコメントに感謝します。
(B) How's your business?	(B) 調子はどうですか。
(C) It's very informative for some people.	(C) 一部の人にはとてもためになると思います。

Words appreciate 他動 評価する、感謝する informative 形 有益な、役立つ情報を与える

正解 (C) ルール 8 10

解説 昨日の番組に対する評価を尋ねているので、具体的に評価している (C) が正解です。(A) recommend/comment の音のひっかけがあり、内容はつながっていません。(B) 最初の発言にあった business が使われていますが、関連した内容ではありません。消去法でも正解できる問題と言えます。

4. 76 W: [Canada] M: [USA]

トランスクリプト	訳
How can we use this digital video camera?	このデジタルビデオカメラをどのように使えばよいのですか。
(A) For three hours at most.	(A) 最大３時間です。
(B) Let's follow the instructions.	(B) 取扱説明書に従いましょう。
(C) This video projector is state-of-the-art.	(C) このビデオプロジェクターは最新型です。

Words at most 最大（で） instructions 名 取扱説明書 state-of-the-art 形 最新技術の

正解 (B) ルール 6 10

解説 How で始まる、手段を尋ねる疑問文です。(A) How long ～？に対する応答です。疑問詞が How だけであることをしっかり聞き取れれば、誤答と判断できます。(C) ビデオに関連する話題ですが、内容が質問とつながっていません。

Unit 13

Part 3

77 W:  M: 

トランスクリプト

Questions 5 through 7 refer to the following conversation.

W: **(#1)** Hi, I'm calling to ask you to fix my TV set. Now the screen has purple and green lines going across it. Plus, sometimes the picture goes out.

M: **(#2)** I see. Um... do you live in the Riverside area?

W: No. I'm on Chestnut Street, in the center of the city. Why does it matter? I just want you to get the TV working properly again.

M: Sorry, ma'am. Some power distribution work is being done in the Riverside area, and we've received some complaints over the phone related to the picture quality from customers there. But it seems like it has nothing to do with your problem. **(#3)** All right. I'll send somebody over to your place. First, can I have your name, telephone number, and address?

訳

問題 5-7 は次の会話に関するものです。

（女性）：もしもし、テレビを直してもらおうと思って電話しました。今、紫と緑の線が画面の上に出てくるんです。それから、時々画面が消えるんです。

（男性）：わかりました。Riverside 地域にお住まいですか。

（女性）：いいえ、町の中心の Chestnut 通りに住んでいます。それが何か関係ありますか。私はただ、またテレビが正常に映るようにしてもらいたいだけなんですが。

（男性）：すみません、お客様。実は、Riverside 地域ではただ今配線工事中でして、その地域のお客様から画質について電話で苦情をお受けしていたのです。しかし、お客様はそれには関係ないようですね。了解しました。誰かをそちらに向かわせます。まず、お名前、電話番号、ご住所を伺ってもよろしいですか。

5. 女性の問題は何ですか。
(A) 間違った請求書を受け取った。
(B) 修理工が現れない。
(C) テレビの映りが悪い。
(D) 他の町に引っ越さなくてはならない。

6. なぜ女性は “Why does it matter?” と言ったのですか。
(A) 感心を示すため
(B) 意思を求めるため
(C) 不平を述べるため
(D) 解決策を提案するため

7. 男性は何の情報を要求していますか。
(A) 顧客番号
(B) 製造番号
(C) テレビのサービスの種類
(D) 女性の連絡先

Words properly 副 正しく　power distribution work 配線工事

5. 正解 (C) ルール⑱⑲

解説 ステージ1で女性が会話の話題を提供しています。テレビの映りが悪いので修理してほしい、というような内容です。I'm calling to ... の後を集中して聞くことが大事です。Now the screen has purple and green lines going across it. Plus, sometimes the picture goes out.「今、紫と緑の線が画面の上に出てくるんです。それから、時々画面が消えるんです」をより抽象的に言い換えた (C) が正解です。

6. 正解 (C) ルール⑯⑰⑱

解説 文中の表現の意図を問う問題です。前後関係をよく押さえる必要があります。男性が女性に Riverside 地域に住んでいるかと尋ねた後、この表現があって、さらにすぐ後に I just want you to get the TV working properly again. と述べてあるので、こちらが尋ねられるよりも早く修理してほしい、という気持ちだと推測できます。

7. 正解 (D) ルール⑫⑬

解説 ステージ3の最後で男性が、First, can I have your name, telephone number, and address?「まず、お名前、電話番号、ご住所を伺ってもよろしいですか」と言っているので、これを言い換えた (D) が正解です。テレビのトラブルの際に必要な情報として (A)、(B)、(C) もありそうな答えですが、ここでは会話中に述べられていないので違います。

ここも押さえよう！

Part 3 の会話文の中には、情報を聞くものから実質上、依頼・提案を表すものまで、たくさんの疑問文が出てきます。会話の中のこれらの疑問文とその応答は、What information does the (wo)man request? / What is the (wo)man asked to do? などの設問で問われる部分なので、逃さず聞き取れるようになると点数が上がってきます。もちろん、この部分の練習を積むことは、応答問題の Part 2 にも貢献することは言うまでもありません。

Part 4

78 M:

トランスクリプト

Questions 8 through 10 refer to the following excerpt from a talk.
(#1) Now, I'll show you the inside of our laboratory. Before going in, let me remind you all again—you're supposed to properly wear the white lab coat and cotton work gloves given to each of you. You aren't allowed to take them off until you leave this facility. **(#2)** We'll probably remind you of what's required and what you're not allowed to do more during the tour. You know, this is our first time letting media crews see what we do, and honestly we're not used to dealing with matters like this. Thanks for your understanding. **(#3)** I'll put my identification badge on this card reader. When the red light turns green, the door will open so we can enter the laboratory. See? Now it has turned green. Let's go inside.

訳

問題 8-10 は次の話の一部に関するものです。
さて、これから私たちの実験室をご案内します。中に入る前にもう一度、皆さんにお配りした白衣と軍手をきちんと身につけてくださいますようお願い申し上げます。それらはこの施設を出るまで決して外さないようにしてください。皆さんが施設の内部にいる間も、何をすべきで何をしてはいけないかをお願いすることがございます。加えて、今回はメディアの方々に私たちがしていることを見ていただく初めての機会ですので、正直申し上げてこのようなことに慣れておりません。寛大なご理解をお願いしたいと思います。これからこのカードリーダーに私の ID バッジを置きます。赤のライトが緑に変わったら、ドアが開き、実験室に入ることができます。さあ、今、緑になりました。中に入りましょう。

8. 誰が話していると考えられますか。
(A) ジャーナリスト
(B) 研究所の研究者
(C) ツアーガイド
(D) 就職希望者

9. 男性はどういう意図で "Thanks for your understanding" と言ったのですか。
(A) 感謝の意を表明しようとしている
(B) 聞き手に彼の言うことに従わさせないといけない
(C) 彼は何人かの人々をこの場所から締め出すつもりである
(D) 彼は自分の状況がわかっていない。

10. 緑のライトは何を意味しますか。
(A) ID カードが有効でない。
(B) ドアが開く。
(C) 誰かが施設内にいる。
(D) 掃除が済んでいる。

Words laboratory 名 実験室　white lab coat 白衣　cotton work glove 軍手　facility 名 施設、設備　crew 名（共同の仕事に携わる）組、一団

8. 正解 (B) ルール⑱⑳

解説 ステージ1の冒頭に I'll show you the inside of our laboratory「これから私たちの実験室をご案内します」とあるので、話し手が研究所に勤めていることが推測できます。よって、正解は (B)。(A) journalist は話の聞き手であり、話し手ではありません。(C)、(D) については言及されていません。

> **ここも押さえよう！**
>
> **TOEIC によく出る職業**
>
> receptionist「受付係」　factory worker「工場の労働者」　bank cashier「銀行の出納係」　auditor「監査役」　secretary = assistant「秘書」　janitor = cleaning staff「清掃スタッフ」　mayor「市長」architect「建築家」　car dealer「車のディーラー」　radio broadcaster「ラジオのアナウンサー」　editor「編集者」　travel agent「旅行代理店社員」　convention planner「会議の企画者」　economist「経済学者」

9. 正解 (B) ルール⑬⑰

解説 ステージ2の2文目で、You know, this is our first time letting media crews see what we do, and honestly we're not used to dealing with matters like this. と言っているので、(B) が正解です。内容が長いので、ディスコースマーカーを頼りにしながら、話の大まかな流れを押さえる必要があります。今回は You know が、「聞き手の理解を求めることをこれから話します」というヒントになっています。

10. 正解 (B) ルール⑬⑲

解説 ステージ3の2文目で、When the red light turns green, the door will open so we can enter the laboratory.「赤のライトが緑に変わったら、ドアが開き、実験室に入ることができます」と言っているので、(B) が正解です。ここを聞き逃しても、続く Now it has turned green. Let's go inside.「さあ、今、緑になりました。中に入りましょう」からも内容を推測できます。ここでも Now というディスコースマーカーが重要な働きをしていることがわかります。

Part 5

11.

設問と訳

Helen's Cooking Show, which introduces handy tips for homemakers, is broadcast ------- on the East Coast.

(A) extremely
(B) exclusively
(C) explicitly
(D) explosively

家事をする人に便利なコツを紹介する『Helen の料理ショー』は、東海岸限定で放送されています。

Words East Coast 東海岸

正解 (B) ルール❷⓫

解説 語彙問題。並んでいるのはすべて ex- で始まり、-ly で終わる副詞です。空所の前の is broadcast「放送されている」と後ろの on the East Coast「東海岸で」が意味的に最も自然につながるのは、(B) exclusively「専ら、独占的に」です。(A) extremely「極めて」、(C) explicitly「はっきりと、明確に」、(D) explosively「爆発的に、急激に」は is broadcast にうまくつながりません。

12.

設問と訳

On Outré Tube, people can watch a wide range of online TV shows that ------- failed to gain popularity with mainstream American audiences.

(A) largest
(B) largeness
(C) large
(D) largely

Outré Tube では、主流のアメリカ人視聴者から人気を得ることができなかった、さまざまな種類のオンラインのテレビ番組を見ることができます。

Words a wide range of X 幅広い種類の X　mainstream 形 主流の

正解 (D) ルール❷

解説 品詞の問題。(C) は形容詞、その最上級が (A)、(B) -ness で終わるので名詞、(D) -ly で終わるので副詞です。空所の前は online TV shows that、空所の後ろは failed to gain popularity なので、関係代名詞の that 以下が online TV shows にかかっているのだと判断できます。空所を除いても文として成り立っているので、空所には動詞部分に意味を添える副詞 (D) largely が入るとわかります。

13.

設問と訳

RemNet's TV-Internet dual purpose devices will be set up and configured with standard settings before ------- and installed on-site.

(A) delivering
(B) being delivered
(C) can deliver
(D) was delivered

RemNetのテレビとインターネットの複合機は、配達後に現場で設置されるまでは、標準装備で環境設定されています。

Words dual purpose devices 複合機　configure 他動 環境設定する

正解 (B) ルール35

解説 動詞の形の問題です。英文の意味内容を考えると、dual purpose devicesは誰かによって「配達される」ものですので、動詞deliverは受け身形になる必要があると判断します。選択肢の中で受け身形< be + -ed/en >は(B)と(D)です。beforeはここでは前置詞なので、be動詞を名詞の働きをする-ing形は後ろにくることができますが、接続詞のときはbefore <u>they</u> <u>are</u> delivered and installed on site.のようにS + Vを後ろにとります。

14.

設問と訳

------- of comments related to any article in the *New Toronto Times* is strongly encouraged.

(A) Reimbursement
(B) Participation
(C) Submission
(D) Protection

『New Toronto Times』紙中のどの記事に関するコメントでも、ぜひお寄せいただけますようお願いいたします。

正解 (C) ルール2411

解説 語彙の問題です。動詞が変化して名詞形になったものが並んでいます。新聞の記事に関係したコメントを「何すること」がstrongly encouraged「強く奨励される」と言っているのかと考えると、「コメントを寄せること」だと判断できるので、(C) submit「提出する」の名詞形submissionが適切です。(A) reimbursementはreimburse「返済する」の名詞形、(B) participationはparticipate「参加する」の名詞形、(D) protectionはprotect「保護する」の名詞形で、どれを入れても意味が通りません。

Part 6

パッセージと訳

Questions 15-18 refer to the following article.

> These days, more and more people own a smartphone. -------(15.). For example, they provide an easy way for ordinary people to send information as well as receive it. With your smartphone, you can video record part of your daily life -------(16.) post the video online. This is exemplified by Carly Wendt's -------(17.). This seventeen-year-old high school girl -------(18.) public attention simply by posting videos that describes what she does in town every day.

15. (A) Most of these phones have a sophisticated camera.
(B) Their rise in popularity is changing how people communicate.
(C) They check information with their phones on a regular basis.
(D) A wide variety of information is available online.

16. (A) but also
(B) in which
(C) and then
(D) above all

17. (A) assignment
(B) interaction
(C) elegance
(D) success

18. (A) has captured
(B) is captured
(C) will capture
(D) was capturing

問題 15-18 は次の記事に関するものです。

> 最近では、スマートフォンの所有者はどんどん増えています。スマートフォンの人気は人々のコミュニケーションのあり方を変えています。例えば、普通の人が情報の受け手だけでなく送り手になるチャンスを与えています。スマートフォンがあれば、自分の生活をビデオに撮り、それからインターネットに載せることができます。 Carly Wendt の成功から説明できます。17 歳の少女は毎日街で自分がすることを描写するビデオを投稿するだけで大衆の注意を惹きつけました。

15. **正解** **(B)** ルール⑬⑯

(A) これらの電話の多くには高性能のカメラが内蔵されています。

(B) これらの人気は人々のコミュニケーションのあり方を変えています。
(C) 彼らは定期的に自分の電話で情報を確認します。
(D) さまざまな情報がインターネット上で手に入れることができます。

解説 文挿入の問題です。空所のすぐ後ろに、For example というディスコースマーカーがあるので、この直後の記述が例になるようなものを選ぶ必要があります。

16. 正解 (C) ルール⑯

解説 空所の前を見ると、video record part of your daily life という動作があり、空所の後ろには post the video online という動作が来ています。この２つは時系列で並べるのが適切なので and then を選びます。

17. 正解 (D) ルール⑲

解説 適切な語句を選ぶ問題です。空所の後ろを見ると、17 歳の女の子が自分の日常を録画したものをインターネットに投稿して注目を集めたことを述べているので、「成功」を意味する success が文脈に最も合致します。

例文でチェック！

My boss always gives me a tough **assignment**.
「上司は私にきつい仕事を課す」
Takako Minekawa is known for her **elegance**.
「Takako Mimekawa さんは彼女の優雅さで知られている」
The company holds a lot of events that encourage **interaction** among employees.
「その会社は従業員の間の交流を促すたくさんの行事を開催する」

18. 正解 (A) ルール❸❹❺

解説 動詞の形を選ぶ問題です。high school girl と public attention という２つの名詞のカタマリの意味関係を考えると capture を受け身で使うのはおかしいと判断できます。さらに、文脈から考えて、未来を表す will + *do* や過去の１時点で起きていたことを表す過去進行形よりも過去から現在に続いている have + -ed/en 形が適切と考えられます。

Part 7

訳

問題 19-23 は次の E メールと記事に関するものです。

送信者： Dean Müller <dmuller@todaysamerica.com>
宛先： Becky Lawrence <beckylawrence@chicagoherald.com>
日付： 12月9日
件名： 社長の引退

Dear Becky,
昨日お会いできてよかったです。あなたが素晴らしい記者であると尊敬していますし、あなたは私が話したことはどれでも書く権利があることは承知しているつもりです。しかし、Joseph Will と Ariana Hutfield について言われたことに関しては、私の口が滑ったことであり、信頼できる内容ではないと思います。それに関して、情報源として描かれることは控えていただければと思います。示唆するのは構いませんが、確かな情報としてそれに言及するのはやめていただければと思います。

敬具
Dean

2 つの大手メディアも例外ではない　　Becky Lawrence 記

シカゴ — メディアは本日、アメリカのニュース関連企業グループ Today's America とカナダの雑誌出版社 Amsey Publishing の合併を発表した。これらの 2 つの大会社も、経済的な困難の例外ではなかったのである。昨年 Today' s America と Amsey Publishing は、収入がそれぞれ 5 億 2,230 万ドル、5 億 4,910 万ドル減少した。

Today's America の重役の 1 人の Dean Müller は、諸経費を削減するため、シカゴの施設を 5 月には閉鎖し、シカゴ勤務の社員にウィニペグの施設での仕事を提供するという驚くべきニュースを明らかにした。

北米研究所の Jennifer Caldwell を含むアナリストの中には、これらの決定に驚いていない人もいる。というのは、Amsey Publishing は厳しい組織運営を行うことに定評があるが、それは経済的に苦境にある 2 つの会社が影響力をもたらすことができるようにするのに必要だと思えるからである。

上のニュースに加え、Dean Müller は、2 社のうちのいずれかの社長が合併前にその地位を退くことを示唆した。Müller 氏はこれ以上のコメントや、明言をしようとはしなかった。

この合併への業界のリーダーによる最初の反応は、思い切った解決法であるというものだったが、傍観者は、新しく形成されるパートナーシップをより世界的な地位にまで押し上げるために、彼らに提案されたビジネスプランを進めることで何が起こるのかを関心を持って見ている。

beckylawrence@chicagoherald.com

送信者： Ariana Hutfield
宛先： Becky Lawrence
日付： 12 月 12 日
件名： 12 月 11 日付の記事

Dear Ms. Lawrence:
私は Today's America と弊社に関する合併の記事を読みました。よく書かれた記事ですが、1 点事実を反映していない部分があります。1 月に私は社長の座から降りるつもりですが、それはこの合併とは関係ありません。私はトロントに学校を開こうと考えていて、その仕事に集中したいのです。もし、このことに関して詳しくお知りになりたければ、喜んで取材に応じます。

敬具
Ariana Hutfield

19. Joseph Will とは誰ですか。
(A) Today's America 社の社長
(B) Dean Müller を取材した記者
(C) North American Research Institute の研究者
(D) Amsey Publishing の広報

20. この記事は主に何についてのものですか。
(A) アメリカの市場
(B) カナダの雇用状況
(C) 2 つの会社の合併
(D) 新しい施設の建設

21. 記者によると、5 月に何が起こりますか。
(A) 施設が閉鎖される。
(B) 従業員の中でカナダを離れなければならない人が出てくる。
(C) 会社のビルが改築される。
(D) 新しいビジネス雑誌が出版される。

22. Today's America について示されていることは何ですか。
(A) 合併の後に新しい社長を迎える。
(B) 何人かの従業員は転勤を勧められる。
(C) まもなく新しい施設を開く予定がある。
(D) 現在の社長は外国人である。

23. Hutfield さんについてわかることは何ですか。
(A) シカゴに住んでいる。
(B) Ms. Lawrence と話したことがある。
(C) 教育に興味がある。
(D) Today's America の社長である。

Words downturn 名（景気の）下降　fiscal 形 財政上の、会計の　overhead costs 間接費、経費　run a tight ship 厳しく組織［会社］を運営する　come about 生じる

19. 正解 (A) ルール 19 20

解説 最初のメールを見ると Regarding what was said to be discussed between Joseph Will and Ariana Hutfield, however, is something that slipped out of my mouth と口を滑らせたこととして出てきます。その後、「ほのめかすのは構わないが」と書いています。記事には Müller also implied that one of the companies' presidents will be retiring prior to the merger; と出てくるので、Joseph Will は合併する会社のどちらかの社長であると推測できます。

20. 正解 (C) ルール 19 20

解説 概要は最初の文 Media sources revealed today the merger between ... Today's America and ... Amsey Publishing.「Today's America と Amsey Publishing の合併を発表」より、企業合併の話であることがわかります。(A) の market、(B) の (un)employment、(D) の facility など、選択肢の単語の一部は本文中にも出てきますが、概要とは関係ありません。

21. **正解** **(A)** ルール⑳

解説 設問文中の May を本文中に探すと、第２パラグラフ１文目に、the Chicago facility would be shut down in May「Chicago の施設は５月には閉鎖」という記述が見つかります。よって正解は (A)。(B) 施設の閉鎖に伴って Chicago で働く人にウィニペグでの仕事が提供されるとはありますが、その逆のことは書かれていません。文書中に (C)、(D) に関する記述はありません。

22. **正解** **(B)** ルール⑯⑲

解説 第２パラグラフ１文目の the Chicago workforce would be offered jobs at the Winnipeg facilities「Chicago 勤務の社員はウィニペグの施設での仕事を与えられる」の内容から、(B) が正解です。(A) 第４パラグラフに implied that one of the companies' presidents will be retiring prior to the merger「２社のうちのいずれかの社長が合併前にその地位を退くことを示唆した」とありますが、その後誰が新しい社長になるかは明言されていません。(C)、(D) についての記述はありません。

23. **正解** **(C)** ルール⑲⑳

解説 Ms. Hutfield は２番目のメールの書き手なので、この記述と各選択肢を較べます。(A) Ms.Hutfield の居住地に関する記述はありません。(B) メールの最後に I'd be happy to be interviewed. とはありますが、２人が会ったとは書いていません。(C) ３文目に I am planning to open a school. とあるので教育に興味があることが推測されます。(D) ２文目に I am going to step out of the president's position とあり社長になるのではなく、社長の座から降りるのだと解ります。

テーマ別ボキャブラリー　Media「メディア」

Nouns 名詞

□ agenda	議題
□ analyst	分析者
□ anchor	《米》ニュースキャスター（= newscaster《主に英》）
□ article	記事
□ correspondent	通信記者、特派員
□ decade	10 年
□ finance	財務（状態）、財政、金融、融資　他動 融資する financial 形 金融の　financially 副 財政的に、金銭的に
□ freeway	高速道路
□ headline	見出し
□ lead	トップニュース［記事］ lead-in 名（番組の）前置き、導入部分
□ magazine	雑誌
□ meteorologist	気象学者、気象予報士（= weather forecaster, weatherperson）
□ network	放送網
□ prime time	ゴールデンアワー、最も視聴率の高い時間帯
□ radio [electrical] wave	電波
□ reporter	（取材）記者　journalist 名 報道記者
□ show	番組（= program）　talk show トーク番組 quiz show クイズ番組
□ upturn	好転 ⇔ downturn
□ wrap-up	ニュースの要約　summary 名 要約

Verbs 動詞

□ broadcast	放送する（= transmit）　名 放送
□ sponsor	～のスポンサーを務める　名 広告主　sponsorship 名 後援
□ subscribe	定期購読する　subscription 名 購読

Adjectives, Adverbs, and others 形容詞・副詞・その他

□ fiscal	形 財政（上）の、国家歳入の　fiscal year《米》会計年度
□ on（the）air	放送中で ⇔ off（the）air 放送されていない
□ partially	副 部分的に
□ up in the air	《話》未決定である

Unit 14

Corporate Organization

会社組織

Part 1	1問
Part 2	3問
Part 3	3問
Part 4	3問
Part 5	4問
Part 6	4問
Part 7	5問

合計：23問

リーディング目標時間：9分

問題

Part 1 79

次の写真の描写として最も適切なものを、(A) ~ (D) から 1 つ選びましょう（英文は印刷されていません）。

1.

Part 1 80-82

最初の文への応答として最も適切なものを、(A) ~ (C) から 1 つ選びましょう（最初の文と応答は印刷されていません）。

2. Mark your answer on your answer sheet.
3. Mark your answer on your answer sheet.
4. Mark your answer on your answer sheet.

Part 3 83

会話を聞いて、次の設問文に対する答えとして最も適切なものを (A) ~ (D) から1つ選びましょう（会話は印刷されていません）。

5. How does Lucas probably feel about the Amsterdam office?
(A) Angry
(B) Content
(C) Shocked
(D) Excited

6. According to Hiroko, what is wrong with the Amsterdam staff?
(A) Their performance is not good enough.
(B) They do not work hard.
(C) They do not conform to the headquarters' wishes.
(D) Their sales are not good.

7. What does Pam think the company should do?
(A) Hire more local employees
(B) Send some managers
(C) Raise their salaries
(D) Plan a meeting

Part 4 84

説明文を聞いて、次の設問文に対する答えとして最も適切なものを (A) ~ (D) から1つ選びましょう（説明文は印刷されていません）。

8. What is the report about?
(A) A business partnership
(B) A public transportation campaign
(C) An opening of a new production facility
(D) A workshop about the world economy

9. According to the speaker, how long has the negotiation taken?
(A) One month
(B) Six weeks
(C) Twelve months
(D) Two years

10. Who does the speaker introduce?
(A) A local reporter
(B) A corporate executive
(C) A professional accountant
(D) An economic analyst

This is the end of the Listening test. Turn to Part 5 in your test book.

GO ON TO THE NEXT PAGE

Part 5

空所に入る最も適切なものを (A) ~ (D) から 1 つ選びましょう。

11. With the growth of the Internet, more and more companies are running ------- businesses online.
(A) its
(B) itself
(C) their
(D) themselves

12. ------- the designer needs some supplementary materials to create the layout, the client must provide them prior to the beginning of the job.
(A) Even as
(B) In case of
(C) In the event that
(D) Aside from

13. Gillian Jacobson ------- became a financial adviser and is starting a new career.
(A) nearly
(B) recently
(C) currently
(D) hopefully

14. Les Secrets des Natalie, which produces its women's wear in France, may operate as ------- as five stores in China in the next five years.
(A) long
(B) soon
(C) many
(D) often

Part 6

文書を読んで、空所に入る適切なものを (A) ~ (D) から 1 つ選びましょう。

Questions 15-18 refer to the following notice.

From: Trisha Bolton, Manager
To: All West House Communication Employees
Date: April 4
Re: Office Relocation

To reduce our renting costs, we -------(15.) to a more cost-efficient location at 108th Ave., Suite 1450 in the Rhodes Building.

Office movers will pick up and deliver office furniture and equipment on Saturday, April 16. We ask that everyone be responsible for transporting their own -------(16.) belongings. -------(17.). They will start disconnecting and removing telephones and computers at 5 P.M. on Friday, April 15.

Our IT department promises to have our systems back to normal by Monday morning, April 18. Therefore, we don't -------(18.) a break in business operations.

15. (A) relocate
(B) relocated
(C) have relocated
(D) are relocating

16. (A) meager
(B) technical
(C) man-made
(D) personal

17. (A) Be sure to vacate the offices before the movers come.
(B) Cardboard boxes are prepared in front of the elevator.
(C) We plan to purchase new telephones and computers.
(D) Inform your supervisors of any expected problems.

18. (A) verify
(B) extend
(C) conduct
(D) anticipate

GO ON TO THE NEXT PAGE →

Part 7

1つ、あるいは複数の文書を読んで、各設問に対する答えとして最も適切なものを (A) ~ (D) から 1 つ選びましょう。

Questions 19-23 refer to the following schedule and e-mail.

Ms. Ogden's Monthly Schedule October

Sun	Mon	Tue	Wed	Thu	Fri	Sat
		1	2 In head office	3 In head office	4 At store 002	5 Off
6 Off	7 In head office	8 At store 012	9 11:00 Management Meeting	10 At store 006	11 In head office	12 Speech at community center
13 Off	14 Fly to New York	15 NYC	16 Fly to Chicago	17 In head office	18 At store 001	19 Off
20 Off	21 In head office	22 At store 016	23 11:00 Management Meeting	24 Exec. Luncheon	25 10:00 Dentist At store 004	26 Off
27 Off	28 In head office	29 2:00 Accounting Dept.	30 Fly to Dallas			

E-mail Message

To:	Irene Ogden <ireneogden@healthearth.com>
From:	John Qualls <Jqualls@chicagofinance.com>
Date:	October 4
Subject:	Request for interview

Dear Ms. Ogden,

I am John Qualls, editor at *Chicago Finance Today*. We are making a business magazine targeting business people in the Chicago area.

We have been informed that you will be announced as the new CEO of Health Earth Mart at the annual stockholders' meeting in November. Given the context of having a new company head in this area, we were wondering if we could trouble you for an interview in October for our December issue. We would prefer to do the interview before October 25 due to publishing deadlines and meet you at your company headquarters so we can get some photos on site as well. We understand that you value your weekends and also realize Mondays are one of the busiest days for companies, so we assume any Tuesday through Friday prior to October 25 would be ideal (with the exception of October 17 since we have to attend an annual day-long journalist workshop).

The topics we would like to bring up include the success of Health Earth Mart's sixteen stores, your theories on the health crazes across the country, food products you predict will be in high demand in the future, the expansion plans of your company, past experiences which have made you the best choice for chief executive officer, and changes that you personally hope to bring to the company.

Please let me know if you would be able to grant us an interview, and if so, which date would work for you. Feel free to contact us if you have any questions. Thank you for your time and consideration.

Sincerely,
John Qualls, Editor, *Chicago Finance Today*

GO ON TO THE NEXT PAGE

19. Why did Mr. Qualls send the e-mail?
(A) To apologize for an error in an article
(B) To express gratitude for a donation
(C) To make a claim for defective products
(D) To request an interview

20. According to the e-mail, what could be included in the December issue of *Chicago Financial Today*?
(A) Irene Ogden's family members
(B) The company's future plans
(C) The history of Health Earth Mart
(D) Trend expectations of a university professor

21. What is suggested about Health Earth Mart?
(A) It deals with food products.
(B) It holds a stockholder's meeting every summer.
(C) Its headquarters are in New York City.
(D) It owns over twenty stores across the country.

22. What is Ms. Ogden planning to do on October 25?
(A) Work in her head office
(B) Visit Store 016
(C) Receive dental treatment
(D) Board an airplane

23. On what day, will Ms. Ogden most likely meet Mr. Qualls?
(A) October 2
(B) October 11
(C) October 17
(D) October 21

Stop! This is the end of the test. If you finish before time is called, you may go back to Parts 5, 6, and 7 to check your work.

解答と解説

Part 1

1. 79　W: [Australia]

トランスクリプト

(A) Women in bathing suits are washing a car.
(B) An artist is drawing a portrait of a model.
(C) Concrete blocks are being piled up on the beach.
(D) A woman is holding a stick in both her hands.

訳

(A) 水着を着た女性たちが車を洗っている。
(B) 芸術家がモデルの肖像画を描いている。
(C) テトラポッドが海辺に積み上げられている。
(D) 女性が棒を両手でつかんでいる。

Words draw 他動 描く　portrait 名 肖像画　stick 名 棒

正解 (D) ルール 1 3

解説 (A) 女性は水着を着ていませんし、車を洗ってはいません。(B) 女性は砂浜に棒で絵を描いていますが、モデルの姿は見えません。(C) 写真の中にブロックはありません。(D) 女性は両手で棒を握って何かを描いているので、これが正解です。

Part 2

2. 80　W: [Canada]　M: [UK]

トランスクリプト

Are we really going to merge with another company?
(A) She's good company.
(B) To get a fair deal.
(C) To be honest, that's news to me.

訳

私たちの会社は他の会社と合併するのですか。
(A) 彼女は話していて楽しい。
(B) 公平な取引をするために。
(C) 正直、それは初耳です。

Words merge 自動 合併する　be good company = be fun to talk to　deal 名 取引

正解 (C) ルール 6 8 10

解説 (A) company が使われていますが、内容が違います。設問文では合併を話題にしているのに、主語が She なので、かみ合いません。(B) 理由を表わす to *do* が使われていますが、設問文とつながりません。(C) 最初の発言を受けてそれについては知らないことを述べていて、会話が自然に流れています。

3. 81 M: W:

トランスクリプト

Could you make me twenty copies of this handout?
(A) Yes, I guess Peggy was.
(B) Yes, coffee is ready.
(C) I'm afraid my hands are full.

訳

すみませんが、この配布資料のコピーを 20 部取ってくれませんか。
(A) はい、私は Peggy だったと思います。
(B) はい、コーヒーはできています。
(C) 残念ながら手いっぱいです。

Words handout 名 配布資料（* résumé は「《米》履歴書」の他「要約 (= summary)」の意味があるが、日本人のビジネスマンが「レジュメ」と呼ぶ会議用資料は handout）

正解 (C) ルール 7 8 10

解説 (A) 内容がかみ合いません。(B) copy / coffee の音のひっかけは定番です。(C) handout / hand で似た音だから間違いだと安易に決めつけるのは早計です。会話が自然に流れる応答を選ぶことを優先させてください。

ここも押さえよう！

Part 2 の誤答の選択肢には音のひっかけがあることが多いのは事実ですが、設問の英語と同じ語が入っている選択肢が正解になることもあります。

A: I'm looking for some **batteries** for my camera.

B: You can find **batteries** downstairs.

4. 82 M: W:

トランスクリプト

How's your new supervisor?
(A) Howard supervised that campaign.
(B) For three hours.
(C) Very accomplished.

訳

新しい上司はいかがですか。
(A) Howard はそのキャンペーンの責任者でした。
(B) 3時間です。
(C) とても有能な人です。

Words supervisor 名 上司 (= boss)　accomplished 形 能力がある (= skillful, skilled, successful)

正解 (C) ルール 8 19

解説 この設問文では How を用いて相手の意見を聞いています。(A) supervisor の動詞 -ed/en 形である supervised が使われていますが、内容は設問と関係ないので誤りです。(B) How long ～？に対する応答です。(C) 上司がどんな人かを描写する形容詞で応答しているので、これが最も的確な返答です。

Part 3

83 W1: W2: M:

トランスクリプト

Questions 5 through 7 refer to the following conversation.

W1: **(#1)** Hi, Lucas and Hiroko. You're just back from the Netherlands, right? So how was our Amsterdam branch?

M: **(#2)** Overall, I'm pretty satisfied with their performance. The staff was quite proficient, dedicated, and cooperative.

W1: Cool. No wonder the Netherlands' share of our European sales is strong. How about you, Hiroko? Is there anything you want to add?

W2: All in all, I have the same opinion as Lucas, but what I'm kind of concerned about is that they don't seem to comply with our managerial decisions much.

W1: I see. Thanks for telling me. Why don't we mention it at the board meeting on Thursday? We probably could send out someone from our headquarters to the Amsterdam branch?

M: **(#3)** Actually, that's exactly what I'm mulling over, Pam. Let's do that.

訳

問題 5-7 は次の会話に関するものです。

（女性 1）：あら、Lucas と Hiroko。オランダから戻ってきたばっかりなんでしょ。アムステルダム支社はどうだった？

（男性）：全体的には彼らの仕事にかなり満足しているよ。能力が高いし、まじめに仕事に取り組んでいるし、互いに協力し合っていたから。

（女性 1）良かった。ヨーロッパの中でオランダの売り上げのシェアが高いのも納得がいくね。あなたはどう思うの、Hiroko。何か付け加えるところはある？

（女性 2）基本的には、Lucas と同じ考えね。ただ、唯一心配しているのは、彼らはあまり当社の経営陣の判断に従っていないみたい。

（女性 1）：なるほどね。話してくれてありがとう。木曜にある取締役会議で発言してみるのはどうかしら。たぶんアムステルダム支社に本社から誰かを送ることができるかも。

（男性）：それを今、考えていたところなんだ、Pam。そうしよう。

5. Lucas はアムステルダム支社についてどのように感じていますか。

(A) 怒っている。
(B) 満足している。
(C) 衝撃を受けている。
(D) 興奮している。

6. Hiroko によると、アムステルダム支社のスタッフについてよくない部分は何ですか。

(A) 業績が十分でない。
(B) 熱心に働かない。
(C) 本社の意向に従わない。
(D) 売り上げがよくない。

7. Pam によると、会社は何をすべきですか。
(A) もっと地元の従業員を雇う。　(C) 給料を上げる。
(B) 管理する立場の人間を送る。　(D) 会議を計画する。

Words comply with X　X に従う　managerial 形 経営上の　mull X over　X について熟考する、検討する (= consider X)

5. 正解 (B)　ルール⑰⑱

解説 ステージ１の最後が how was our Amsterdam branch? という質問になっているので、これに対する男性の返答がそのまま答えになります。ステージ２の最初で Overall, I'm pretty satisfied with their performance.「全体的には彼らの仕事にかなり満足しているよ」と言っているので、(B) が正解です。

> **ここも押さえよう！**
>
> ステージ 2 が Overall で始まっていることからもわかるように、英語では話し言葉でも、多くの場合、**＜抽象的・全体的な内容＞⇒＜具体的な詳細＞**という流れになっています。このような論理構造を押さえると容易に正解を選べます。

6. 正解 (C)　ルール⑲⑳

解説 ステージ２の前半ではアムステルダム支社のスタッフのよい点が述べられています。(A)、(B)、(D) はそれぞれこの部分に矛盾する内容です。その後、４文目で、what I'm kind of concerned about is that ... と断った後、彼らの問題点が指摘されています。they don't seem to comply with our managerial decisions「彼らはあまり当社の経営陣の判断に従っていないみたいなんだ」とあり、これを言い換えた (C) が正解です。

7. 正解 (B)　ルール⑯⑰

解説 １人目の女性がステージ２の最後で we probably could send out someone from our headquarters to the Amsterdam branch?「本社から誰かをアムステルダム支社に送ることができるでしょう？」と聞いたのに対して、男性は That's what I'm mulling over「それを今、考えているところなんだ」と同意しているので、(B) が正解です。(D) １人目の女性がステージ２の最後で「問題について重役会議で話し合う」と言っていますが、会議はもともと計画されていたものなので、これは誤りです。

Part 4

84 M:

トランスクリプト

Questions 8 through 10 refer to the following excerpt from a news report.
(#1) Friedman Motors Co. and Gruber Auto, Inc. are in the final stages of negotiating a wide-ranging partnership to reduce development and production costs for family-sized cars. **(#2)** Although details are still being negotiated, an agreement is likely to come as early as next week. According to those familiar with the discussions, this partnership, which the two companies have been negotiating for almost a year, will probably include a cross-shareholding of roughly 6 to 8% between Israel's Friedman and Austria's Gruber. Plus, some economists point out that this partnership could be the first step toward a future merger within a few years. If what they say really occurs, it will have a big influence on the auto industry in both Europe and the Middle East. **(#3)** Now, I'd like to ask Julia Kowalski, our economic analyst, about the meaning of the partnership and whether the two will really merge.

訳

問題 8-10 は次のニュース放送の一部に関するものです。
Friedman Motors 社と Gruber Auto 社のファミリー向け自動車の開発生産コストを削減するため、幅広いパートナーシップに向けた交渉が最終段階に来ています。詳細はまだ交渉中ですが、早ければ来週にも合意に達する見込みです。この話し合いに詳しい人によると、約 1 年交渉が続いているこの提携は、おそらくイスラエルの Friedman 社とオーストリアの Gruber 社の間でおよそ6から8パーセントの株式持ち合いを含むことになると見られています。加えて、経済学者の中ではこの提携が今後数年以内の合併への最初の 1 歩ではないかという指摘も出ています。その指摘が実際のものとなった場合、ヨーロッパと中東の自動車産業に多大な影響を及ぼすことになるでしょう。さあそれでは、当番組の経済アナリストの Julia Kowalski さんにこの提携の意味、および2社が本当に合併するのかどうかを伺ってみたいと思います。

8. 何についての報道ですか。
(A) 業務提携
(B) 公共交通機関のキャンペーン
(C) 新しい生産施設の開設
(D) 世界経済についての研修会

9. 話し手によると、交渉はどのぐらいの期間行われてきましたか。
(A) 1 カ月
(B) 6 週間
(C) 12 カ月
(D) 2 年

10. 話し手は誰を紹介していますか。
(A) 地元の記者
(B) 会社の重役
(C) 専門の会計士
(D) 経済アナリスト

Words wide-ranging 形 多岐に及ぶ cross-shareholding 名 株式持ち合い、持ち合い株 (= cross-holding) roughly 副 おおよそ influence 名 影響

8. 正解 (A) ルール⑱

解説 全体の内容を問う設問ですが、これらは通常ステージ1で述べられます。1文目に Friedman Motors Co. and Gruber Auto, Inc. are in the final stages of negotiating a wide-ranging partnership「Friedman Motors 社と Gruber Auto 社の、幅広いパートナーシップに向けた交渉が最終段階に来ています」とあるので、(A) が正解です。

9. 正解 (C) ルール⑫⑱⑳

解説 ステージ2の2文目に、this partnership, which the two companies have been negotiating for almost a year「約1年交渉が続いているこの提携」とあるので、1年間を12カ月と言い換えている (C) が正解です。日付、曜日、期間など、時を表す語句は出題されることが多いので、整理しながら聞くことが大事です。

ここも押さえよう！

時間に関するパラフレーズ

計算を要する問題はほとんど出題されないので、下記のような基本的なものさえ押さえておけば十分です。

half an hour → 30 minutes / twenty days → about three weeks

decade → 10 years / half a year → six months

10. 正解 (D) ルール⑬⑱

解説 このニュースのアナウンサーはニュースを報道した後、ステージ3で Now, I'd like to ask Julia Kowalski, our economic analyst「さあそれでは、当番組の経済アナリストの Julia Kowalski さんに伺ってみたいと思います」と、別の人にこの話題についての見解を求めています。したがって、正解は (D)。Now は話題の転換を表すディスコースマーカーで、ここからステージ3が始まることがわかります。

Part 5

11.

設問と訳

With the growth of the Internet, more and more companies are running ------- businesses online.

(A) its　(C) their
(B) itself　(D) themselves

インターネットの発達とともに、オンラインで商売をする企業が増えてきています。

Words growth 名 発達、成長

正解 (C) ルール⑨

解説 代名詞の問題です。空所の前は are running という動詞部分、後ろは動詞の目的語となる名詞 businesses なので、空所には businesses にかかる形が来ます。文の主語は複数形の companies で、「それらの会社の商売」なので、(C) their が正解です。

12.

設問と訳

------- the designer needs some supplementary materials to create the layout, the client must provide them prior to the beginning of the job.

(A) Even as　(C) In the event that
(B) In case of　(D) Aside from

デザイナーが設計図を作るのに追加材料が必要な場合は、顧客は作業開始前にそれらを提供しなければなりません。

Words supplementary 形 補足の、追加の (=《米》supplemental)　prior to X　X する前に

正解 (C) ルール⑭⑮

解説 (B) in case of X「X の場合には」、(D) aside from X「X は別として」は前置詞句で、後ろには名詞のカタマリが来ます。空所の後ろは文の形が来ているので、ここにはかかってつなぐ接続詞が来ます。(C) in the event that ～「～する場合には」は後に文の形が続き、意味もつながるので、これが正解です。(A) even as「～するときでさえ」。

ここも押さえよう！

even as に続く文は、かかっていく文と逆接関係になります。

The Norris Co. increased sales of non-caffeine beverages **even as** overall sales slowed in the three months leading up to August.

「Norris 社は、8月までの3カ月間、全体の売り上げが低迷していた時でさえ、カフェインレス飲料の売り上げが増加した」

13.

設問と訳

Gillian Jacobson ------- became a financial adviser and is starting a new career.

(A) nearly
(B) recently
(C) currently
(D) hopefully

Gillian Jacobson は最近、財務アドバイザーになって、新たな経歴を築きつつあります。

正解 (B) ルール⑪

解説 選択肢はすべて -ly で終わる副詞です。(A) nearly「ほとんど」は almost とほとんど同じ意味で、これを当てはめると「もう少しで～になるところだった」となり、文全体の意味が通りません。(B) recently は「最近」の意味で、動詞の過去形および＜have ＋ -ed/en 形＞とともに使われるので、これが正解。ちなみに、lately も似た意味の単語ですが、こちらは多くの場合、現在完了形とともに用います。(C) currently = now なので、現在形とともに使われます。(D) hopefully は「うまくいけば」の意味なので、動詞の時制は通常、未来です。

14.

設問と訳

Les Secrets des Natalie, which produces its women's wear in France, may operate as ------- as five stores in China in the next five years.

(A) long
(B) soon
(C) many
(D) often

Les Secrets des Natalie は女性用衣料をフランスで生産しているが、これから先 5 年間で中国において 5 つもの店舗を営業する可能性があります。

Words operate 他動 操業する

正解 (C) ルール②⑪

解説 空所の前後に as があるので、as ～ as の形を考えて当てはまる語句を選びます。2番目の as の後に five stores が続いているのがポイント。(C) < as many as ＋数字 >「～もの多くの」と意味がつながるので、これが正解です。(A) の as long as ～は「～する限り」という意味で、かかってつなぐ接続詞として機能するので、後ろには文の形が来ます。(B) as soon as ～は「～するとすぐに」の意味で、これも同様に後ろに文の形が来ます。(D) as often as ～は「～なだけ頻繁に」の意味。後ろに続く five stores と意味がつながりません。

Part 6

パッセージと訳

Questions 15-18 refer to the following notice.

From: Trisha Bolton, Manager

To: All West House Communication Employees

Date: April 4

Re: Office Relocation

To reduce our renting costs, we ------- (15.) to a more cost-efficient location at 108th Ave., Suite 1450 in the Rhodes Building.

Office movers will pick up and deliver office furniture and equipment on Saturday, April 16. We ask that everyone be responsible for transporting their own ------- (16.) belongings. ------- (17.). They will start disconnecting and removing telephones and computers at 5 P.M. on Friday, April 15.

Our IT department promises to have our systems back to normal by Monday morning, April 18. Therefore, we don't ------- (18.) a break in business operations.

15. (A) relocate
(B) relocated
(C) have relocated
(D) are relocating

16. (A) meager
(B) technical
(C) man-made
(D) personal

17. (A) Be sure to vacate the offices before the movers come.
(B) Cardboard boxes are prepared in front of the elevator.
(C) We plan to purchase new telephones and computers.
(D) Inform your supervisors of any expected problems.

18. (A) verify
(B) extend
(C) conduct
(D) anticipate

問題 15-18 は次のお知らせに関するものです。

お知らせ
送信者 : Trisha Bolton 部長
宛先 : West House Communication 全従業員
日付 : 4 月 4 日
件名 : オフィス移転

最近の予算削減のため、私たちは費用のあまりかからない 108 番街にある Rhodes ビルの 1450 号室に移転することになりました。
4 月 16 日土曜日に、会社専門の引っ越し業者がオフィス家具や備品を取りに来て、運びます。そこでお願いですが、私物の移動については各自が責任を持つようにお願いいたします。引っ越し業者が来る前に、忘れずにオフィスを空にしてください。4 月 15 日金曜日の午後５時になると、引っ越し業者が電話とコンピューターを取り外し始めます。
IT 部は、4 月 18 日月曜日の朝にはわが社のシステムの稼働準備が整うと約束してくれました。したがいまして、業務が中断することはないようです。

Words budgetary 形 予算上の、財政上の　cost-efficient 形 費用効果が高い (= cost-effective)　transport 他動 運ぶ、運搬する　belongings 名 持ち物、所持品　disconnect 他動 止める、電源を切る　anticipate 他動 予想する

Unit 14

15. 正解 (D) …… ルール 3 5 19

解説 文脈から時制を考える問題。引っ越しをする方法を伝えている文章なので、引っ越し自体はまだ完了していないので、「いま進行中」「まだ終わっていない」状態をさすのは be + -ing 形の (D) が最も適当です。

16. 正解 (D) …… ルール 4 11 19

解説 コロケーションとして belongings に付きそうなのは (A) meager 形「乏しい」と (D) personal 形「個人の」ですが、引っ越しの際の「私物」をどうするかという文脈を考えると後者が適切とわかります。(B) technical 形「技術的な」(C) man-made 形「人の手で作った」は文法的にはこの位置に来ることができますが、意味を考えると不適切です。

17. 正解 (A) ルール❾⑯

(A) 引っ越し業者が来る前に忘れずにオフィスを空にしてください。

(B) ダンボールはエレベーターの前に用意されています。

(C) 新しい電話とコンピュータを購入する予定です。

(D) 予測できる問題を上司に知らせてください。

解説 空所の直後の代名詞が何を指すかを考え、それに合うセンテンスを選びます。文脈から They = the movers と考えられます。したがって、(A) Be sure to vacate the offices before the movers come. が最も適当です。他の選択肢だと They が文法上指すものを考えると、意味的な整合性が取れなくなります。

18. 正解 (D) ルール❷❹⓫⓳

解説 空所の前を見ると don't があり、後ろに a break があるので、a break と結びつく動詞を選ぶことになります。すると（A）verify=determine the truth of（真実であることを証明する）、（C）conduct「行なう」はおかしいことがわかります。（B）extend で休憩を延ばすことはできそうですが、システムが元通りになるという文脈を考えると不自然です。そこで（D）anticipate=expect が最も適切だと判断できます。

Part 7

訳

問題 19-23 は次のスケジュールとEメールに関するものです。

Ogden さんの月間スケジュール　10 月

日	月	火	水	木	金	土
		1	2 本社	3 本社	4 002 号店	5 休み
6 休み	7 本社	8 012 号店	9 11 時 経営会議	10 006 号店	11 本社	12 コミュニティー・センターで講演
13 休み	14 飛行機でニューヨークへ	15 ニューヨーク市	16 飛行機でシカゴへ	17 本社	18 001 号店	19 休み
20 休み	21 本社	22 016 号店	23 11 時 経営会議	24 重役昼食会	25 10 時 歯医者 004 号店	26 休み
27 休み	28 本社	29 2 時 経理部	30 飛行機でダラスへ			

宛先： Irene Ogden <ireneogden@healthearth.com>
送信者： John Qualls <Jqualls@chicagofinance.com>
日付： 10月4日
件名： インタビューのご依頼

Ogden 様

『Chicago Finance Today』の John Qualls と申します。本誌はシカゴ地区でビジネスマン、ビジネスウーマンを対象としたビジネス雑誌です。

11月の年次株主会議にて、Ogden 様が Health Earth Mart の新しい最高経営責任者として発表されると伺っております。そこで、この地域で新しい会社のトップを迎えるにあたって、『Chicago Finance Today』の12月号に載せる、10月のインタビューに応じていただけないでしょうか。印刷の締め切りがあるため、10月25日よりも前にインタビューを行ないたく、また、職場での写真を撮らせていただきたいこともございまして、御社の本部でお会いできたらと思います。週末のお時間は尊重いたします。また、月曜日はどの会社にとっても最も忙しい日ですので、10月25日より前の火曜日から金曜日のいずれかが理想的です（10月17日は私どもが毎年行われるジャーナリスト研修に1日中参加いたしますので除いてください）。

私どもが取り上げたい話題は、Health Earth Mart の16店舗の成功、国内の健康ブームに対するお考え、将来において需要が高くなると思われる食品、貴社の拡張計画、最高経営責任者の最適任者にならしめた過去のご経験、会社にもたらそうと個人的に思われている変革などです。

お手数ですが私たちにインタビューの機会を設けていただくことは可能かどうか、可能な場合はいつがご都合がよろしいかをお知らせください。また、ご質問がございましたらご連絡ください。ご検討のほど、よろしくお願い申し上げます。

敬具
John Qualls、編集者、Chicago Finance Today

19. Qualls さんはなぜ E メールを送ったのですか。
(A) 記事の誤りについて謝罪するため。
(B) 寄付に対して感謝の意を表明するため。
(C) 欠陥商品に申し立てをするため。
(D) インタビューを依頼するため。

20. E メールによると『Chicago Financial Today』の 12 月号に含まれる可能性のあるものは何ですか。
(A) Irene Ogden の家族
(B) 会社の将来への計画
(C) Health Earth Mart の歴史
(D) 大学教授の人気予測

21. Health Earth Mart について何がわかりますか。
(A) 食品を扱っている。
(B) 株主総会を毎年夏に開く。
(C) 本社がニューヨーク市にある。
(D) 20 店を超える店舗が国内にある。

22. Ogden さんは 10 月 25 日に何を予定していますか。
(A) 本社で働くこと。
(B) 016 号店を訪ねること。
(C) 歯の治療を受けること。
(D) 飛行機に搭乗すること。

23. Ogden さんが Qualls さんに会うのはいつだと考えられますか。
(A) 10 月 2 日
(B) 10 月 11 日
(C) 10 月 17 日
(D) 10 月 21 日

Words annual 形 毎年恒例の　stockholder 名 株主　trouble 他動 悩ます、困らせる　value 他動 価値を置く　craze 名（一時的な）大流行　expansion 名 拡張

19. 正解 (D) ルール⑲

解説 「Eメールを送った理由」が問われているので、2つ目の文書を読みます。第2パラグラフの2文目に Therefore, we were wondering if we could trouble you for an October interview「そこで、10月のインタビューに応じていただけないでしょうか」とあるので、(D) が正解です。

20. 正解 (B) ルール⑫⑳

解説 Eメールの第3パラグラフでは、インタビューで話題にしたいことが列挙されており、その部分の情報と各選択肢を見比べます。パラグラフの一番最後に述べられている changes that you personally hope to bring to the company を言い換えた (B) company's future plans が正解です。

21. 正解 (A) ルール⑳

解説 第3パラグラフに food products you predict will be in high demand とあるのでこの会社が食品を扱うことがわかります。(B) 第2パラグラフで at the annual stockholders' meeting in November と矛盾します。(C) Given the context of having a new company head in this area とあるのでおそらく headquarters は Chicago にあると推測されます。(D) the success of Health Mart's sixteen stores とあります。

22. 正解 (C) ルール⑲

解説 これは10月25日のスケジュールを見るだけで解ける問題です。10:00 Dentist と At store 004 という2つの記述が見つかりますが、後者は選択肢の中にありません。歯の治療を受けるという内容の (C) が正解です。

23. 正解 (B) ルール⑯⑰

解説 インタビューの日付については、Eメールの第2パラグラフで条件が述べられています。3文目で「10月25日より前」、4文目で「週末はなし」と書いた後、with the exception of October 17「10月17日を除いて」より (C) は除外できます。realize Mondays are one of the busiest days for companies, so any Tuesday through Friday「月曜日はどの会社にとっても最も忙しい日ですので、火曜日から金曜日のいずれか」とあるので、(D) は不正解です。(A) はEメールの送信日より前なので不可能です。したがって、残った (B) が正解です。

テーマ別ボキャブラリー　Corporate Organization「会社組織」

Nouns 名詞

□ addition	追加
□ assembly line	組み立てライン
□ board	取締役会、重役会（= board of directors）
□ compromise	妥協　自動 妥協する、譲歩する
□ cooperation	協力、共同　cooperative 形 協力的な、共同の
□ dividend	（株式などの）配当、分配金
□ incentive	刺激、誘因、報奨金、奨励金、成功報酬 tax incentives 税制上の優遇措置
□ investment	投資
□ organization	組織　organize 他動 組織する
□ partnership	提携、協力
□ pension	年金
□ privilege	特権
□ quality control	品質管理
□ subordinate	部下（⇔ supervisor）
□ subsidiary	子会社
□ venture	冒険的事業

Verbs 動詞

□ emerge	現れる
□ manage	経営する、処理する、扱う manage to *do*　なんとか…する
□ merge	合併する　merger 名 吸収合併
□ run	運営する、起動する、運行する
□ suspend	保留する、延期する、（一時）中止する
□ undertake	引き受ける、約束する、着手する

Adjectives 形容詞

□ fund-raising	資金集めの
□ prominent	著名な
□ start-up	新進の、新興の

Photo Credits

© Amrit G - Fotolia.com

© Maslov Dmitry - Fotolia.com

© microimages - Fotolia.com

© B. Piccoli - Fotolia.com

© Pavel Losevsky - Fotolia.com

© Heiner Witthake - Fotolia.com

© TOM ANG - Fotolia.com

© Anyka - Fotolia.com

[執筆者紹介]

石井 洋佑（Yosuke Ishii）

University of Central Missouri で TESL（第二言語としての英語教授法）修士課程修了。専門は Pragmatics と Critical Thinking。英語教材執筆の傍ら、大学・企業・語学学校などで英語·資格試験対策を教える。著書に『TOEIC L&R テスト 600 点攻略ルールブック』『英語スピーキングルールブック』『ネイティブなら小学生でも知っている会話の基本ルール』（テイエス企画）、『TOEIC LISTENING AND READING TEST おまかせ 730 点 !』（アルク）、共著書に『英語ライティングルールブック』（テイエス企画）、『はじめての TOEIC L&R テスト きほんのきほん』（スリーエーネットワーク）、『「意味順」で学ぶ英会話』（日本能率協会マネジメントセンター）、『「意味順」英語表現トレーニングブック』（Clover 出版）、『Words for Production アウトプットのための基本語彙ワークブック』（東海大学出版部）がある。

英文校閲：Michael McDowell
編集・本文デザイン・DTP：有限会社ギルド
編集協力：青山薫・柳澤由佳
装丁：高橋明香（おかっぱ製作所）
録音・編集：株式会社ルーキー
ナレーション：Josh Keller ／ Michael Rhys
Donna Burke ／ Edith Kayumi
Jack Merluzzi ／ Carolyn Miller

TOEIC® L&R テスト 800 点攻略ルールブック 改訂版

発行：2017 年 3 月 30 日　第 1 版第 1 刷
2022 年 1 月 20 日　改訂版第 2 刷

著　者　：石井洋佑
発行者　：山内哲夫
企画・編集：トフルゼミナール英語教育研究所
発行所　：テイエス企画株式会社
〒 169-0075
東京都新宿区高田馬場 1-30-5 千寿ビル 6F
TEL　(03) 3207-7590
E-mail　books@tseminar.co.jp
URL　https://www.tofl.jp/books
印刷・製本：図書印刷株式会社

ISBN978-4-88784-246-5　Printed in Japan